十三五 职业教育财经类“十三五”规划教材

网络营销

主　编　黄　伟　冼丽英
副主编　李　宁　曾秋玲

WUHAN UNIVERSITY PRESS
武汉大学出版社

图书在版编目(CIP)数据

网络营销/黄伟,冼丽英主编. —武汉：武汉大学出版社,2017.2
职业教育财经类“十三五”规划教材
ISBN 978-7-307-19203-4

Ⅰ.网… Ⅱ.①黄… ②冼… Ⅲ.网络营销—高等职业教育—教材
Ⅳ.F713.365.2

中国版本图书馆 CIP 数据核字(2016)第 326821 号

责任编辑:唐　伟　　　责任校对:李孟潇　　　版式设计:马　佳

出版发行：**武汉大学出版社**　（430072　武昌　珞珈山）
（电子邮件：cbs22@whu.edu.cn　网址：www.wdp.com.cn）
印刷：湖北省荆州市今印印务有限公司
开本：787×1092　1/16　印张:16.5　字数:388 千字　插页:1
版次：2017 年 2 月第 1 版　　2017 年 2 月第 1 次印刷
ISBN 978-7-307-19203-4　　定价:33.00 元

前　言

本书为适应网络营销的快速发展，满足企业网络营销活动和高职高专网络营销教学研究的需要而编写。根据高职高专教育的特点，本书从基础理论出发，结合现代信息技术，全方位阐述了网络营销的特点、应用和技术创新，注重网络营销的基本理论、基本知识和基本应用的同时，突出了网络营销的创新性和前沿性，强调理论与应用相结合，比较完整地反映了网络营销专业知识的基本概貌和网络营销理论与应用的最新发展。全书共实训任务 11 项，依次是认识网络营销、网络市场调查、网络商务信息收集、企业网站规划与建设、企业网站推广、搜索引擎营销、许可 E-mail 营销、域名营销、博客营销、网络客户服务、网络营销实施效果评价。通过本教材的学习，可以为网络营销初学者奠定坚实的专业基础。

本书根据高职高专教育教学特点，集教、学、练于一体，每章有大量的案例、思考与练习以及实训指导，以提高学生对知识的理解、分析和应用能力。

本书编写分工如下：任务一和任务二由李宁编写，任务三由宁轲编写，任务四和任务十一由柳玉寿编写，任务五和任务七由黄伟编写，任务六和任务八由曾秋玲编写，任务九由冼丽英编写，任务十由陆弘彦编写。黄伟负责全书的主审工作。

在本书编写的过程中，我们参阅了许多与网络营销相关的教材和网站资料，以及相关研究成果，在此一并表示感谢！由于网络营销是一门新兴的学科，而且发展速度快，它的理论、技术和应用都是在不断发展和变化中得以逐渐成熟与完善的。同时，由于编者水平和时间有限，书中错漏和不妥之处在所难免，恳请专家、学者和读者批评指正。

编　者

2017 年 1 月

目　录

实训任务一　认识网络营销

子任务一　网络营销的含义

一、引例

江苏威特集团的网络营销

江苏威特集团是一家生产和销售汽车离合器总成、压盖总成等汽车配件的外向型企业集团。近几年来，该企业每年的出口总额一直保持在900万美元以上，自营出口额达500万美元，市场的外向度由1997年的45%上升到2005年的80%，国际市场由1997年的15个国家和地区发展到2005年的50多个国家和地区，产品一直处于供不应求的态势，这些业绩的取得与该公司务实而有效的网络营销工作是分不开的。

1. 设计独立网址的网站，全方位展示企业形象和产品服务

从1997年开始该公司根据国际市场情况和客户的要求在因特网上设置了自己的主页。但由于资料更新麻烦和域名宣传不方便，该公司很快将其升级为具有独立域名的网站。从1998年至2005年，公司网站先后改版6次，上传产品图片300余张，页面修改190次（页）以上，使网站真正成为展示集团经营活动的宣传窗口。公司网站不仅给访问者带来有商业价值的实时信息，提高了访问量和潜在的商业机会，还使合作伙伴和企业员工能时刻感受到集团经济工作的勃勃生机。

2. 借助网络媒体，高强度、低成本、有针对性地进行网站推广

（1）在国内外知名网站的电子商务平台网站上进行轮番宣传。包括中文的阿里巴巴网站、中华商务网、中国汽车配件网，英文的中国制造网、ECplaza、EC21等。

（2）加入商业信息库，提高被检索的几率。许多综合型的商贸网站上都有一些开放的商业信息库，供企业自由登录，该公司就有选择地注册了30多个，并且保持在这些数据库中的信息与网站同步更新。

（3）向客户群定期发送电子邮件。经过多年的市场开拓，该公司收集和整理了大约1000个有效客户的E-mail，主要包括汽车制造商的采购主管、零部件经销商、贸易公司的负责人、产品设计人员和汽车发烧友。当然，这些客户群也是动态的，有新进的，也有退出的，但始终保持在1000个左右。他们也往往是集团网站忠诚的访问者，其反馈的信息对该公司产品的改进、市场拓展有着非同寻常的参考作用，而获得这些意见的成本几乎可以忽略不计。三年来该公司向16万人次发送邮件2000多

封，其成本不过区区几百元。

（4）为不同的人群设计不同的宣传主题。公司对不同的客户群设计了不同主题的信息，进行有针对性的宣传，取得很好的效果。比如，对于半金属基质面的离合器总成，该公司就设计了环保专题、商机专题、节耗专题、安全专题和广告专题等，吸引各类网民的关注。

3. 强化网络营销队伍建设，促进网络信息力向现实的市场生产力转化

（1）精心培养属于自己的“网络营销专家”，在应用和实践中锻炼和培养人才。公司的“网络营销专家”一方面能务实地应用各种网络技术来拓展市场，另一方面能为客商跟单交易。同时，通过“网络营销专家”把这些技能扩散到业务部门，逐步形成一个团队。目前，集团80%的业务员具备网络商务的应用技能，网络营销技能已经被该公司列入了业务人员考核、聘用的常规项目。

（2）网络营销团队的主要工作内容。这支队伍的工作除了上面介绍的网络宣传外，重点还有两个方面：

①收集、分析、加工商贸信息。其渠道和网络宣传的渠道基本接近，涉及国外的，主要通过外文的商业目录网站和搜索引擎进行客户信息的收集。

②即时处理信息和函件。公司规定凡是主动发邮件到公司或者正常的往来邮件均在半个工作日内回复，有时候一天来往询价、订货确认的邮件达三四个来回。收集到的信息经过去伪存真、去粗存精的操作后，也在第一时间内给对方消息，以保证公司尽可能多的获得商贸机会，真正地使信息力转化为生产力。

资料来源：刘喜敏．网络营销．大连：大连理工大学出版社，2009.

案例思考：

随着跨国汽车制造企业实施零部件全球采购计划，越来越多的中小型企业有机会进入大型制造企业的零部件供应商名录中。为了使自己能进入采购商的视线，提高企业的曝光率、知名度和美誉度成为中小型企业营销队伍的首要工作之一。互联网络的普及和网络营销市场的快速发展，又为生产和贸易企业提供了非常便利且低成本的沟通途径和交易平台。江苏威特集团抓住了时机，迅速地开展网络营销工作，成功地利用互联网开拓了国际市场。然而，互联网新技术、新应用在不断地更新和发展，网络营销对于大部分企业来说是新生事物，互联网市场的形成速度和发展变化与传统市场存在很大的区别，因此，企业在将网络营销纳入整体营销计划之前必须对网络营销有充分的认识。

1. 什么是网络营销？
2. 企业网络营销工作包括哪些内容？
3. 网络营销在企业营销计划中应该占据什么样的地位？

二、任务描述

1998年5月，联合国新闻委员会年会正式提出，互联网成为“第四媒体”，这个时间距离因特网诞生仅有不到20年的时间。2012年1月23日，据美国调研机构Royal Pingdom公布的调查数据，2011年全球网络用户总数达到21亿，网站总数5.55亿，注册

域名数 2.2 亿，电子邮箱账户人数 31.46 亿，移动宽带用户 59 亿，全球社交网络账户达 24 亿，其中 Facebook、Twitter 注册用户总数分别达到 8 亿和 2.25 亿……

目前，互联网新技术、新应用层出不穷，网民快速增长和互联网应用广泛普及，互联网已经逐渐成为人们日常生活和工作不可或缺的重要平台或工具。面对前景广阔的互联网的市场和竞争日益白热化的传统市场，企业必须了解互联网的市场环境，学会应用网络技术，更广泛深入地了解消费者，积极有效地与上下游客户进行沟通，这样才能更有效地开展企业营销活动。

【实训案例】 某行业网络营销市场发展现状

【参考网站】 阿里巴巴、淘宝网、易趣网、京东商城

近日，某企业的负责人陈总经理经常接到来自 B2B 网站、搜索引擎和网络科技公司业务人员的拜访电话或电子邮件，向他推荐"企业电子商务解决方案"，并附有本行业内一些成功开展网络营销的企业的案例资料。虽然，陈总经理并不认为这些案例中的企业的出色业绩，都是所谓的解决方案带来的成效，但他毫不怀疑互联网在当前企业经营管理业务中的作用。只是他从来没有认真考虑过如何把企业的经营管理活动建立在互联网平台上，并通过这些平台把企业管理者、员工、客户、消费者、社区、行政主管部门紧密地联系在一起。

经过一番思考，陈总经理把公司负责营销的王经理找来商量，他要王经理先跟那些提供解决方案的公司业务员接触，并搜集同行企业的一些做法，并在下周公司例会上谈一谈这个问题。

三、任务要求

以某行业市场为背景，调查了解相关企业的网络营销应用情况，包括行业信息网站运营、访客情况，行业上下游客户上网情况，行业关键词搜索引擎排名情况，行业内企业网站建设情况，网络信息发布情况，具体企业网络营销的计划、内容、形式和应用工具，以及最终产品消费者（用户）网络应用情况等。厘清以下几个问题。

（1）企业为什么要开展网络营销?

（2）企业开展网络营销主要有哪些做法?

（3）企业如何将网络营销纳入日常经营活动，使之成为企业营销计划中的一部分?

四、实践步骤

学生每三人组成一个小组，选择某一行业并调查了解本行业的网络营销应用情况，列举网络营销活动的内容，分析所选企业的网络营销活动在企业营销计划中的地位和作用。具体步骤包括：

（1）选定某个行业，列举该行业的主要知名生产企业、贸易企业和产品的主要消费人群。

（2）查找该行业的信息网站，了解行业发展动态、原材料供应、产品销售及相关服务信息。

（3）选择本行业在当地较知名的一家企业，访问公司网站，了解企业网站的建设

情况。

（4）在知名搜索引擎中搜索本行业的产品（服务）的关键词，了解关键词注册排名情况。

（5）在阿里巴巴等知名商务平台网站搜索该行业企业及产品的推广情况。

（6）记录并整理该行业主要企业及产品（服务）网络营销的基本情况。

五、理论知识点

网络营销的产生是互联网与现代电子通信技术的应用、消费者价值观变革和激烈市场竞争等多种因素综合作用的产物。随着网民人数不断激增，各类网络应用越来越普及，互联网市场不但对企业的营销团队产生强大的吸引力，而且也成为市场营销学者研究的新课题，探究网络营销产生的根源，可以让企业能更准确地抓住市场机遇，更快速地部署市场战略，在新兴的网络市场中获取竞争优势。

（一）网络营销的概念

网络营销是指借助互联网、网络通信技术和各类网络应用平台，运用新的营销理念、新的营销模式、新的营销渠道和新的营销策略，来实现企业营销目标的各种经营活动。网络营销是企业整体营销战略的一个组成部分。

（二）网络营销产生的根源

1. 互联网的发展是网络营销产生的技术基础

网络的出现使原本相互独立的计算机终端之间实现了资源共享和信息交换。与此同时，互联网也提高了企业之间交换的效率，促进了企业与消费者之间的沟通和交流，并由此产生交易机会。企业利用互联网开展营销活动，是市场发展的必然选择。

2. 消费者价值观念的改变是网络营销产生的观念原因

随着科技发展、社会进步、文明程度的提高，消费者的观念也在不断地变化，并创造出多样化的需求和个性化的消费行为。现代网民对网络的依赖性越来越强，其消费行为也与互联网密不可分，如追求个性化的消费、消费主动性增强、追求购物的便捷性、价格的低廉性等。

3. 激烈的竞争是网络营销产生的现实基础

经济全球化和互联网的开放性使各行业的企业，不仅要面临来自跨国企业的竞争压力，同时也要面对小型和微型企业对市场的渗透。而利用互联网开展营销活动，企业可以在大幅降低成本的前提下，提高与现有和潜在客户（消费者）的沟通效率，提供便捷、优质的服务。因此，网络营销成为企业在互联网络时代的竞争利器。

（三）网络营销的特点

作为一种新型的营销方式，网络营销在营销理念、营销过程、营销范围、信息沟通及营销成本等方面，具有自身的特点和优势。

（1）营销理念体现个性化、人性化和休闲化。

（2）营销过程具有虚拟性、交互性和全程性。

（3）营销范围全球化。

（4）信息沟通具有电子化、数字化和形象化。

（5）营销成本呈低廉化。

（四）网络营销应用的层次

企业对网络营销从认识到应用，再到全面战略规划，需要经过一定的过程和阶段，一般可分为三个层次。

（1）企业网上宣传展示。

企业通过自建网站，在 B2B 商贸平台或相关网站上发布企业产品（服务）信息，推广企业品牌，宣传企业形象。

（2）企业营销活动网络化。

企业营销部门通过网络进行市场调查，采用电子邮件、论坛、在线客服、在线订单系统等方式，建立与客户、消费者的联系，并完成售前服务、产品销售和售后跟踪等工作。

（3）企业网络营销集成。

企业将网络营销纳入企业整体营销战略中，通过电子商务系统建立与原料供应商、制造商、贸易商、消费者的合作关系，实现产品设计、制造、销售及服务全过程互动化信息沟通，使企业网络营销活动系统化。

（五）网络营销的功能

企业开展网络营销可以实现的功能包括信息搜索、信息发布、网上调研、开拓销售渠道、建立网络品牌、推广网络品牌、管理顾客关系等。

1. 信息搜索

网络营销人员可以利用多种搜索方法，积极主动地获取有用的信息、商机和情报，了解国家政策、行业动态、竞争态势、产品知识等。通常可借助知名的综合搜索引擎和行业网站内的站内搜索来进行信息搜索。

2. 信息发布

通过企业网站、B2B 商务网站、新闻综合网站、社交网站等平台，企业可将企业新闻、广告、产品目录、服务指南等信息进行直接发布，也可放置链接跳转到相关页面，充分向客户、消费者和公众传递企业信息。

3. 网上调研

企业在互联网上开展调查一般采用三种方式。一是通过在线搜索收集行业、竞争对手的信息及二手市场资料；二是采用电子问卷以电子邮件形式、注册会员等方式对调查对象进行访问调查；三是通过对网站访问者的注册信息、浏览记录进行分析，了解网民兴趣和偏好。

4. 开拓销售渠道

企业可以在公司网站上设置交易系统，或者借助专业 B2B 或 B2C 电子商务平台，或与其他电子商务网站合作等形式建立网上销售渠道。

5. 建立网络品牌

企业在公司网站介绍企业历史和现状，或在其他网站上发布广告，或建立在线客服系统及提供网上社区服务等方式进行企业品牌推广，与传统的品牌推广活动相呼应，提高企业曝光率，增加企业知名度。

6. 管理客户关系

客户关系管理可以在网上以多种形式开展，包括在公司网站上专门开设会员（客户）版块、邮件列表服务、提供FAQ（常见问题解答）和在线客服为客户答疑解惑、开设在线论坛等。

（六）网络营销的几个认识误区

网络营销是一个新兴事物，许多企业管理者并没有系统地了解网络营销，利用网络辅助营销也并非有计划地组织开展，因此营销人员对网络营销容易存在一些认识上的误区，需要明确以下几个观点。

1. 网络营销不能等同于网上销售

网络营销的最终目的是实现产品销售、提升品牌形象，但网络营销不能等同于网上销售。网络营销的实质是让企业获得了更加便捷的途径与客户（消费者）进行沟通，并因为良好的沟通效果，获得客户（消费者）对企业和产品的认可，促进产品的销售。

2. 网络营销不是“虚拟”营销

网络营销活动借助“虚拟”的互联网对企业、产品和服务等信息的进行传播，实现与网民的良好沟通，促成交易。网络营销所传播的信息都是来自于实体企业，依托企业真实的产品和服务，在互联网上以文字、图片、动画、视频等形式来传播，最终以产品、服务的成功销售，以及网民获得的体验和反馈，构成完整的企业营销过程。

3. 网络营销不是电子商务

电子商务是指企业或个人利用电子化的手段进行以商品交换为中心的各种商务活动。网络营销是企业电子商务计划中的一部分内容，主要目的是实现企业与网络消费者或网络客户的有效沟通，促进企业产品和服务的销售。两者并不是平行的关系。

4. 网络营销不是营销人员的个人行为，而是企业整体营销计划的一部分

企业的网络营销活动通常借助于企业的网站、B2B网站和其他公共信息网站等平台，其中包括营销人员个人通过论坛、社区和即时通信工具为客户或潜在客户提供产品、服务信息或咨询服务等活动，营销人员的网络营销活动代表企业，属于企业网络营销计划中安排的活动。

六、实验报告

以实训案例为背景，对所选行业的企业的网络营销活动现象进行了解，并将了解的情况记录在以下实验报告中。

1. 实验报告书

实验项目名称	________行业的企业网络营销情况	课程名称	网络营销	实验类型	课程实训
学生姓名		班级		学号	
团队成员姓名				指导老师	
实验地点		实验日期		课时	

续表

<table>
<tr><td>实验目的和原理</td><td colspan="5">目的：了解某行业中代表企业的网络营销活动形式和内容
原理：网络调查问卷可应用先进的计算机技术和互联网络技术，快速有效地开展网络调查</td></tr>
<tr><td>实验内容和要求</td><td colspan="5">内容：按要求查找行业信息网站，搜集行业代表企业的网站信息并在搜索引擎、B2B网站上了解企业网络营销活动的开展情况
要求：设计调查问题，在规定的期限内完成调查结果统计与分析</td></tr>
<tr><td>实验软件或网站</td><td colspan="5">IE 浏览器、Office 办公软件
调查网站包括：行业信息网站、企业网站、搜索引擎、B2B 网站等</td></tr>
<tr><td>实验操作方法与实验步骤</td><td colspan="5"></td></tr>
<tr><td rowspan="9">实验数据记录和处理</td><td>行业</td><td colspan="2"></td><td>行业网站</td><td></td></tr>
<tr><td>行业代表企业及企业网站</td><td colspan="4"></td></tr>
<tr><td>主要产品及行业客户</td><td colspan="4"></td></tr>
<tr><td rowspan="3">代表企业主要网络营销活动</td><td>行业网站</td><td colspan="3"></td></tr>
<tr><td>搜索引擎</td><td colspan="3"></td></tr>
<tr><td>B2B网站</td><td colspan="3"></td></tr>
<tr><td>情况简报</td><td colspan="4"></td></tr>
<tr><td>网络营销建议</td><td colspan="4"></td></tr>
<tr><td>实验结果与分析</td><td colspan="4"></td></tr>
<tr><td>实验讨论与心得</td><td colspan="5"></td></tr>
<tr><td>实验指导老师评语</td><td colspan="5"></td></tr>
<tr><td>成绩评定</td><td colspan="5">成绩评定：________________ 签名：__________</td></tr>
</table>

七、小组讨论及讲演

根据任务一的学习内容，结合实训案例背景，组织各小组进行讨论，并制作PPT进行课堂讲演，讲演内容需包括以下几点。

（1）行业情况简报。

（2）代表企业网络营销活动情况简报。

（3）本行业企业网络营销建议。

八、拓展案例

卡萨帝感官营销获网络营销案例·SNS营销奖

2012年3月31日，在第三届金鼠标·网络营销高峰论坛暨金鼠标网络营销大赛颁奖盛典中，海尔的高端品牌卡萨帝凭借“卡萨帝·真实触动豆瓣小站”活动，喜获“优秀网络营销案例·SNS营销奖”。

卡萨帝品牌是海尔集团在2007年推出的定位于世界高端家电的第一品牌，该品牌以“创艺家电、格调生活”的理念，诠释卡萨帝“传承意大利的艺术传统，依托全球设计和制造资源，以富含人文关怀的艺术家电和嵌入一体化橱电产品，携手热爱生活的精英人群，共同打造格调生活”的品牌内涵。为迎合卡萨帝高端的、艺术的品牌调性，新意互动（CIG）特以“年度感官营销”为切入点，将豆瓣作为主平台，通过系列互动体验形式的活动培育、塑造卡萨帝的品牌美誉度和知名度。

此次互动体验活动围绕豆瓣用户，层层深入，从简易的“晒”到有趣的“测”、再落点到缤纷绚彩的“创”，多维度、深层次、高品质地通过“五感体验”，通过嗅觉、触觉、视觉、听觉和味觉的互动，最后将高质量UGC（user generated content，也就是用户生成内容）作品落地，达到多重强化，推动目标消费群体对卡萨帝“创意家电、格调生活”品牌定位的认识和理解。

新意互动（CIG）所采取的感官营销，借助互联网络SNS平台的开放性、互动性和草根性，吸引了众多追求品味生活、富有创意激情、喜欢分享交流的网民，成功营造了“卡萨帝小站”的情感氛围，有效增加粉丝黏度。活动期间，卡萨帝小站得到了近三万粉丝的支持，远远超过豆瓣商业小站半年期推广的累积平均粉丝数。

目前，豆瓣网上的卡萨帝小站仍以各种主题活动和论坛交流吸引着50多万网友的访问。与此同时，卡萨帝品牌官方网站也成功地针对普通网民、会员、创意家、经销商、媒体等访问者开辟了不同主题的栏目和专区，在宣传推广产品和品牌的同时，不断创新品牌细分客户群的营销模式。

资料来源：易车网网络新闻报道，http://news.bitauto.com/others/20120502/0905679102.html，2012-05-02.

案例思考：

1. 海尔卡萨帝从哪个角度入手提升网民互动性？

2. 请你从网民消费者的角度为海尔卡萨帝品牌设计几项提高网民参与度的主题活动。
3. 请在互联网上查找其他产品或品牌类似的网络营销活动。

子任务二　网络营销的工具

一、引例

凡客诚品的网络营销

随着互联网的发展，电子商务企业一批批涌现出来。在服装类的网购市场中，曾经创造了“服装直销模式”神话的PPG在短暂的辉煌之后随即走向没落。而采取同样模式的凡客诚品（VANCL）却在短期内取得了令人瞩目的成功。凡客诚品的网络营销功不可没。

（1）网络联盟。不管是浏览某个门户网站，还是进入某个不太知名的中小网站，或者浏览某个人的博客，很多网民会发现VANCL的影子，接着是不经意地点击后，便进入了VANCL的官方网站。这是VANCL推出的“网络联盟”营销模式。即大大小小的网站通过申请成为VANCL的“联盟网站”，在他们的网站页面可植入旗帜、按钮、弹出、视频等形式的VANCL广告，如果消费者从VANCL的“联盟网站”进入到VANCL的官方网站并且形成购买，VANCL会把最高达18%的利润分给联盟网站。由于VANCL提供了非常好的分成政策，有近4000个网站加入联盟，使VANCL的品牌在网络上无处不在。

（2）会员制体系。VANCL建立起了类似贝塔斯曼书友会模式的会员制体系，凡是订购VANCL商品的网民会自动成为VANCL会员，无需缴纳任何入会费与年会费，会员们会收到VANCL的DM杂志。会员制大大提高了VANCL消费者的归属感和品牌忠诚度。

（3）体验营销。VANCL采取让网民“试用”产品来进行体验营销。用户只需要填写真实信息和邮寄地址，就可以拿到试用装。当消费者试用过VANCL产品后，就会对此评价，并且和其他潜在消费者交流，形成对某产品的口碑。

（4）网络红人。陈潇，一个在淘宝上开店“拍卖剩余人生”的女孩在2009年初迅速在网络上蹿红。VANCL很快找到了这位颇受争议的网络红人，并邀请她代言并拍照，很快VANCL也跟着陈潇吸引了网民的高度关注。VANCL助理总裁许晓辉把网络红人请来担任代言人的推广模式称为“娱乐营销”。

资料来源：根据互联网资料整理。

案例思考：

凡客诚品通过多种形式的在线推广，使其品牌在互联网上获得较高的认知度，高曝光率和各种应季促销活动又吸引了大量的网民进行尝试购买，为凡客诚品迅速打开了B2C

网络零售市场。但是，这种经营模式并不具有排他性，很容易被竞争对手模仿，从而导致市场竞争白热化，甚至使企业的网络推广活动成本不断增加。如何利用现有的互联网技术，结合网民在线的网络应用，用好各种网络营销工具；或者根据互联网发展趋势，开发出新的网络营销工具，加强企业的网络推广活动和效果，成为电子商务企业的网络营销经理最迫切要解决的问题。

1. 当前，网民有哪些在线网络应用？

2. 企业可借助哪些工具或网络应用，将产品、服务信息传递给目标顾客？

3. 新的网络终端出现和应用普及（如智能手机、平板电脑等），给企业网络营销带来哪些机遇和挑战？

二、任务描述

中国互联网络信息中心（CNNIC）在京发布第38次《中国互联网络发展状况统计报告》（以下简称为《报告》）。《报告》显示，截至2016年6月，中国网民规模达7.10亿，互联网普及率达到51.7%，超过全球平均水平3.1个百分点。同时，移动互联网塑造的社会生活形态进一步加强，“互联网+”行动计划推动政企服务多元化、移动化发展。

（1）网民规模突破7亿，互联网普及率增长稳健。截至2016年6月，我国网民规模达7.10亿，上半年新增网民2132万人，增长率为3.1%。我国互联网普及率达到51.7%，与2015年底相比提高1.3个百分点，超过全球平均水平3.1个百分点，超过亚洲平均水平8.1个百分点。

（2）手机网民规模达6.56亿，手机上网主导地位强化。截至2016年6月，我国手机网民规模达6.56亿，网民中使用手机上网的人群占比由2015年底的90.1%提升至92.5%，仅通过手机上网的网民占比达到24.5%，网民上网设备进一步向移动端集中。随着移动通讯网络环境的不断完善以及智能手机的进一步普及，移动互联网应用向用户各类生活需求深入渗透，促进手机上网使用率增长。

（3）农村互联网普及率保持平稳，城乡差异依然较大。农村互联网普及率保持稳定，截至2016年6月为31.7%。但是，城镇地区互联网普及率超过农村地区35.6个百分点，城乡差距仍然较大。“不会上网”和“不愿上网”仍是农村人口上网的主要障碍，68.0%的农村非网民因为“不懂电脑/网络”不上网，认为“不需要/不感兴趣”的农村非网民比例为10.9%。

（4）网上支付线下场景不断丰富，大众线上理财习惯逐步养成。互联网金融类应用在2016年上半年保持增长态势，网上支付、互联网理财用户规模增长率分别为9.3%和12.3%。电子商务应用的快速发展、网上支付厂商不断拓展和丰富线下消费支付场景，以及实施各类打通社交关系链的营销策略，带动非网络支付用户的转化；互联网理财用户规模不断扩大，理财产品的日益增多、产品用户体验的持续提升，带动大众线上理财的习惯逐步养成。平台化、场景化、智能化成为互联网理财发展新方向。

（5）在线教育、在线政务服务发展迅速，互联网带动公共服务行业发展。2016年上半年，各类互联网公共服务类应用均实现用户规模增长，在线教育、网上预约出租车、在线政务服务用户规模均突破1亿，多元化、移动化特征明显。在线教育领域不断细化，用户边界不断扩大，服务朝着多样化方向发展，同时移动教育提供的个性化学习场景以及移动设备触感、语音输出等功能性优势，促使其成为在线教育主流；网络约租车领域，基于庞大的市场需求和日益完善的技术应用，行业规模不断扩大；在线政务领域，政府网站与政务微博、微信、客户端的结合，充分发挥互联网和信息化技术的载体作用，优化政务服务的用户体验。

【实训案例】海尔卡萨帝品牌推广

【参考网站】海尔网站、卡萨帝官网、卡萨帝小站、百度百科、百度知道

卡萨帝是海尔集团在 2007 年 9 月推出的国际高端艺术家电和嵌入一体化橱电品牌，其品牌定位为“创艺家电、格调生活”，凭借出色的设计创意，卡萨帝频频摘得国际大奖。在 2009 年 12 月份的 IPSOS 品牌资产调查报告中显示，卡萨帝在中国一线城市高端人群中的品牌提及率已经达到了 29%。作为一个高端家电品牌，卡萨帝的客户群在家电市场中的占比并不高，但却容易区分和寻找。因此，针对目标客户群，卡萨帝除了以传统渠道进行推广，互联网也成为其品牌推广的重要渠道。面对日新月异快速发展的网络应用，卡萨帝品牌经理需要根据目标客户群网络应用偏好和习惯，设计和应用有效的网络营销工具，树立品牌形象，提高品牌知名度和美誉度，进而带动产品销售。卡萨帝品牌网站如图 1-1 所示。

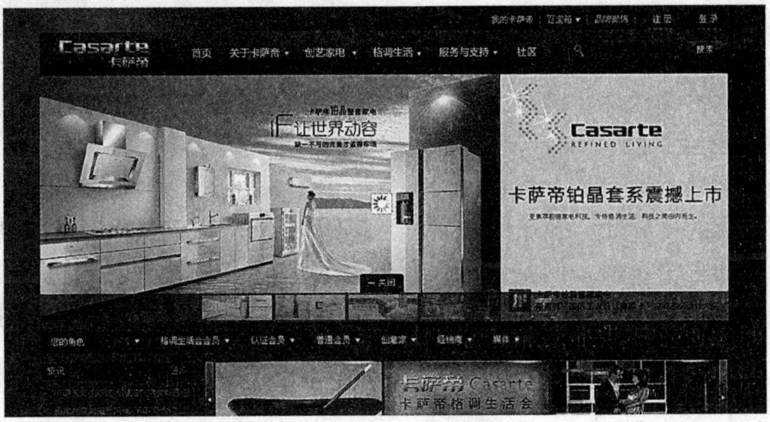

图 1-1 卡萨帝品牌网站

三、任务要求

根据海尔集团卡萨帝品牌在互联网上开展的营销活动情况，列举企业开展网络营销可使用哪些工具。分析不同的网络营销工具在卡萨帝的品牌推广、产品销售、客户服务和同业竞争等方面各有什么样的应用形式。

（1）了解网民主要的网络应用及其普及率排名。

（2）了解哪些网络应用可以成为网络营销的工具。

（3）企业通常如何应用这些网络营销工具开展营销活动。

四、实践步骤

网络营销工具实质上是企业依托某些具体的网络应用形式，来开展广告宣传、销售促进、咨询服务和社会公关等营销活动。要了解企业网络营销工具就要从网民的网络应用调查开始，从中找出企业开展营销活动的方式和内容。

（1）访问中国互联网络信息中心（CNNIC），下载《中国互联网络发展状况统计报告》，了解网民互联网应用状况。

（2）访问互联网研究网站或统计网站，如艾瑞网（www. iresearch. com. cn）或 alexa. com 等，了解网站热门站点和网站排名情况。

（3）针对网民的主要网络应用，访问排名前 3 位的网站，记录企业开展营销活动的形式和内容。

（4）列举企业可应用的网络营销工具。

（5）根据网民网络应用增长情况，分析未来互联网应用发展趋势，讨论未来可能出现的网络应用新形式，以及企业网络营销的新工具。

（6）完成实验报告，并进行讨论交流。

五、理论知识点

随着互联网技术和应用的不断创新和发展，适合于企业开展网络营销的工具会发生变化，新工具会不断出现。目前，企业通常采用的网络营销工具包括网站、电子邮件、搜索引擎、电子书、客户端软件、博客等。

（一）企业网站

企业网站是网络营销工具中最基础，也是最重要的一个。企业许多网络营销活动是通过企业网站来实现的，因此，企业应加强对公司网站的设计、建设、维护和应用。

企业网站包括多个页面，网站结构、内容和形式由企业根据营销目标自行规划和设计。目前，企业网站上可开展的营销活动包括：企业形象展示、产品和服务推荐、企业新闻发布、客户（会员）在线服务、网上社区活动、网上调研、网上销售等。

企业网站按功能划分可分为三种类型：

（1）信息发布型网站。

这种类型的网站属于企业网站的基础形式，不需要太复杂的技术支持，网站只作为一个企业发布信息的平台，主要信息内容包括公司概况、公司新闻、产品/服务信息、采购信息和招聘信息等。

（2）网上销售型网站。

网站以在线产品销售为主要功能，其重要的栏目应包括产品目录、产品详细说明、订单系统、在线支付系统、商品配送、服务协议等。销售型网站要求强大的后台技术支持，以保证交易的安全和便捷。

（3）社区型网站。

企业建立社区型网站主要是为了提供现有客户和潜在客户一个社交平台，加强企业与客户沟通，为他们提供信息咨询服务，以提高现有客户忠诚度，吸引潜在客户产生购买。

（二）电子邮件

电子邮件（也称电子邮箱或 E-mail 地址，简称 E-mail）是网民最常用的互联网服务之一，也是企业网络营销活动普遍采用的工具之一。企业通过邮件发送产品/服务广告信息，吸引消费者点击邮件内的链接去访问企业网站或网店。同时，企业或营销人员也常使用电子邮件与客户或消费者进行沟通和交流，实现客户关系管理。

电子邮件在网络营销中主要的作用表现在以下几个方面。

1. 传播企业品牌形象

企业电子邮件中包含了多个体现企业品牌形象的因素，如独立的企业域名邮箱、邮件格式、公司 logo、企业网站链接、信笺式样、邮件主题、邮件内容等。网民不但可以通过以上因素来判断邮件是否为垃圾邮件，而且可以由此产生对企业的整体印象。

2. 在线客户服务

电子邮件是企业客服人员与客户进行沟通的一种有效方式。由于电子邮件的便捷性、规范性、可追溯，企业客服人员可以借此为客户提供良好的信息服务，并增进顾客关系。

3. 邮寄会员通信与电子刊物

会员通信和电子刊物是企业精心制作的电子版公关宣传手册。网民通过注册会员或订阅方式，加入企业的邮件列表名单，定期从企业接收会员通信或电子刊物，由此获得企业新闻、产品或服务的最新信息。

4. 电子邮件广告

企业直接将标题为广告的企业产品或服务信息发送到网民的邮箱，也可以将包含广告信息的其他形式邮件发送给网民。由于邮件广告可实现“一对一”沟通，方便的转发功能，因此，其效率要高于其他形式的网页广告。

5. 企业网站推广

企业发送的邮件都可以加入企业网站链接，网民阅读邮件时可以直接点击带有企业 Logo、新闻标题、关键词、图片等的链接，页面就很方便地跳转到企业的网站。

6. 产品、服务推广

企业营销人员可将企业产品或服务信息，直接通过电子邮件发送给潜在顾客。为了提高推广的效果，企业还可以让网民下载邮件中的电子优惠券、会员号、短信、二维码等形式的信息，作为获得企业促销优惠的凭证。

7. 收集市场信息

电子邮件也是企业开展市场调查的重要形式，通过发放电子调查问卷、订阅行业信息、收集客户邮件反馈、分析邮件列表运行情况等方式，可以收集到来自消费者、供应商、经销商、行业专家等方面的信息。

8. 在线市场调查

利用电子邮件投递调查问卷或转发调查网页链接是企业常用的一种在线调查方式。网民通过鼠标点击可以方便地填写问卷，并提交回邮给企业。

（三）搜索引擎

随着互联网不断扩张，网络应用越来越丰富，网络上的信息爆炸性增长，为了满足网民方便快速地找到所需信息，搜索引擎应运而生，并成为网民常用的信息检索工具。企业网站借助搜索引擎可以实现网民的有效访问，进而达到推广网站、传播产品服务信息或相关资讯的目的。

目前，企业利用搜索引擎开展营销活动的主要有两种方式：

(1) 把企业的名称、品牌、主要产品、服务等信息设置成关键词，并用 HTML 语句描述放在网站（网页）里，实现在搜索引擎登记备案的目的。

(2) 企业直接在搜索引擎的搜索结果页面里购买广告链接位置，在网页搜索相关信息的时候，企业的广告链接就出面在搜索结果页面中。

随着互联网的发展，搜索引擎的功能和应用模式也在不断发展，企业应注重网民的信息需求特点，更好地利用搜索引擎开展营销活动。

(四) 电子书

随着数字化出版技术的发展和移动电子终端普及率提高，电子书越来越受到青年人的追捧。电子书作为一种信息载体，应用了数字化网络技术，可以植入大量的企业营销信息，用于品牌推广、网站推广、产品和服务推广等。

企业编制的电子书可以以多种方式来开展营销活动。

(1) 编写网民感兴趣的书籍或文章，并在书中合理地插入产品或服务信息，或企业网站链接。

(2) 将电子书与企业营销信息捆绑在一起，供网民下载阅读。

(3) 通过促销活动吸引网民相互传播分享电子书。

企业使用电子书开展促销活动具有以下特点：

(1) 信息完整并或长期保存。

(2) 离线浏览可方便阅读。

(3) 便于网民间相互传播。

(4) 促销和广告信息形式灵活。

(5) 营销效果可以测量。

(五) 客户端软件

客户端软件是指由企业提供免费软件，客户安装在本地终端后即可在线获得企业提供的免费服务或信息，与此同时，企业也通过加载在软件界面上的广告栏或弹出窗口来同时发布产品或服务信息。常见的客户端软件包括即时通信工具（如 QQ、MSN、阿里旺旺、Skype 等）、杀毒软件（如 360、瑞星等）、浏览器（如火狐、谷歌、搜狗、傲游等）、视频播放器（如暴风影音、QQ 影音、迅雷看看、PPS 等）、音频播放器（如千千静听、Foobar2000、酷狗音乐等）等。下面以即时通信工具为例，说明企业开展营销活动的方式。

即时通信工具（instant messaging，IM）指可以在线实时交流的工具，即人们常说的在线聊天工具，主要包括针对个人应用和企业应用两种类型，目前占主导地位的是个人应用，并且大多是免费服务的。

企业应用即时聊天工具开展营销活动主要形式包括：

(1) 营销人员与客户实时交流提高沟通效率，增进顾客关系。

(2) 在线为顾客提供信息咨询服务。

（3）在线销售中为顾客提供导购服务。

（4）企业加载在软件界面上的广告栏或弹出窗口。

（5）建立网民群组，增强网民聚合度和黏度。

（6）网民间相互转发信息，传递产品促销信息。

（六）博客

博客（BLOG）也称网络日志，是一种通常由网民个人管理、不定期张贴新的文章的网站。企业营销人员可以利用博客网站提供的免费空间，建立本企业或个人的专题博客，采用日记的形式来描述企业、产品、服务或进行相关的评论。因为博客由个人建立，其形式灵活，开放自由，容易吸引创办人的亲戚朋友的关注，而广为传播。企业通过博客营销可采取以下几种方式：

（1）企业在自己的品牌或产品网站上设置微博专栏，吸引产品用户或专业评论员对产品进行议论或评价。网站汽车频道中的微博专区如图 1-2 所示。

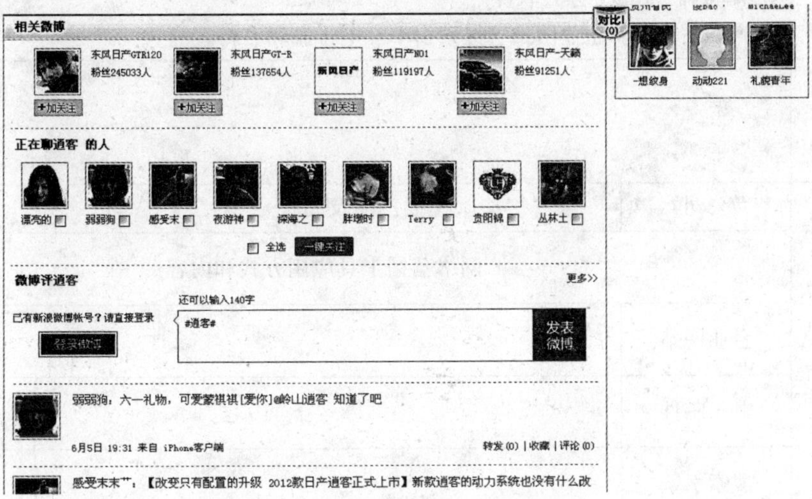

图 1-2　网站汽车频道中的微博专区

（2）企业营销团队负责人开设博客，建立与下属营销人员的信息交换和沟通平台。

（3）企业销售人员开设个人博客，通过介绍行业、产品知识来吸引网民对企业产品的关注。

（4）企业鼓励产品用户或会员以个人身份开设与本企业品牌或产品相关的博客，分享产品体验。

六、实验报告

以实训案例为背景，选择家电企业某品牌，对其营销活动中使用的工具进行调查，并将了解的情况记录在以下实验报告中。

1. 实验报告书

<table>
<tr><td>实验项目名称</td><td>__________公司网络营销工具应用情况调查</td><td>课程名称</td><td>网络营销</td><td>实验类型</td><td>课程实训</td></tr>
<tr><td>学生姓名</td><td></td><td>班级</td><td></td><td>学号</td><td></td></tr>
<tr><td>团队成员姓名</td><td colspan="3"></td><td>指导老师</td><td></td></tr>
<tr><td>实验地点</td><td></td><td>实验日期</td><td></td><td>课时</td><td></td></tr>
<tr><td>实验目的和原理</td><td colspan="5">目的：了解某企业的网络营销活动中使用的网络营销工具情况
原理：网络营销工具产生于互联网络各类应用，其形式会随着网络应用的变化而不断发展</td></tr>
<tr><td>实验内容和要求</td><td colspan="5">内容：了解各种网络营销工具的企业应用情况及应用方法
要求：针对某企业的品牌或产品来进行资料的收集和整理，以便完整地呈现企业网络营销的活动过程及内容</td></tr>
<tr><td>实验软件或网站</td><td colspan="5">IE 浏览器、Office 办公软件
调查网站包括：企业网站、搜索引擎、电子邮箱、博客等</td></tr>
<tr><td>实验操作方法与实验步骤</td><td colspan="5"></td></tr>
<tr><td rowspan="8">实验数据记录和处理</td><td>公司</td><td></td><td>主要产品及品牌</td><td colspan="2"></td></tr>
<tr><td colspan="5">网络营销工具应用方式和内容</td></tr>
<tr><td>企业网站</td><td colspan="4"></td></tr>
<tr><td>电子邮件</td><td colspan="4"></td></tr>
<tr><td>搜索引擎</td><td colspan="4"></td></tr>
<tr><td>电子书</td><td colspan="4"></td></tr>
<tr><td>软件</td><td colspan="4"></td></tr>
<tr><td>博客</td><td colspan="4"></td></tr>
<tr><td>实验结果与分析</td><td colspan="5"></td></tr>
<tr><td>实验讨论与心得</td><td colspan="5"></td></tr>
</table>

续表

实验指导 老师评语	
成绩评定	成绩评定：________ 签名：________

七、小组讨论及讲演

根据本子任务的学习内容，结合实训案例背景，组织各小组进行讨论，并制作 PPT 进行课堂讲演，讲演需包括以下几点内容。

(1) 企业网络营销工具应用举例。

(2) 网络营销工具应用建议。

(3) 网络营销工具创新。

八、拓展案例

微博营销导致博客/论坛推广过时了吗

微博信息的传播特点是类似病毒的裂变式传播，粉丝的一个转发行为就可以将一个信息传递渠道瞬间递增到多个渠道，受众触及很广，加上实时和便捷等诸多优势，营销者对微博的青睐一时间压过了博客和传统互联网时代的论坛 BBS 类社区推广，很多人将营销阵地转移到微博，博客、论坛营销则疏于打理，有被边缘化的倾向。对大量中小企业来说，微博营销真有那么神吗？微博营销导致博客/论坛推广过时了吗？答案显然是否定的！

微博营销一个重要的问题，搜索引擎对大部分微博帖子的不可见，导致微博营销推广不能达成“双渠道”效果，即除了信息发布平台本身渠道，还整合搜索引擎这个高流量渠道，而这恰恰是博客营销和论坛营销的优势，无法替代。

不仅如此，微博还有一个硬伤，就是信息沉没太快，一个帖子再火，也火不过一两天，论坛和博客虽然同样存在信息沉没的问题，但显然远不如微博严重，所以一些重要的营销信息，不仅要通过微博发出去，官网和博客、社区等全渠道都应重视，后者不仅信息沉没相对较慢，更重要的是一旦被搜索引擎索引，日后还有的是曝光机会，可以产生持久的营销效力。

运营微博者都心知肚明，要维护好一个微博，时间和脑力的付出远远超过维护博客，表面看只有 140 个字，但需要天天憋段子、整话题、找热点、挣粉丝、凑转发，需要投入大量的时间和精力，而且每天都要坚持。偶尔还面临被粉丝威胁要取消关注。博客和论坛推广的节奏就轻松多了，不需要天天更新，受众也没必要时时关注。

目前微博营销效果最好的行业仍然集中在面向直接消费者的 B2C 类企业，对 B2B 企业，尤其针对很多传统行业如原材料、机械设备行业，微博营销对这些企业来说，“占位”比追求直接订单来得重要。通过占位，在互联网的主流渠道拥有自己的位置和声音。而获取新客户的主流网络营销的渠道，还得倚靠传统互联网渠道如搜索引擎，B2B平台推广。

实际上，在微博当道的互联网环境下，聪明的营销人思考问题的方向不是该不该转移传统网络推广渠道，而是如何将微博、博客和其他传统网络推广有机结合。比如，虽然微博和博客所能承载的内容格式都很丰富，文字、图片、视频的链接一起使用，但要充分说明一个事物仅有140个字显然远远不够，这种情况下，人们习惯于将微博直接链接到官网，但有些时候直接链接官网这种明显的广告和促销行为令粉丝不悦甚至反感，如果博客有产品知识方面的介绍，将用户链接到知识型博文中，再从博文迂回链接到官网，通过博客达到“软着陆”，效果是不是会更好？

所以，对大部分企业来说，微博营销固然不可怠慢，但博客/论坛等传统网络推广同样轻慢不得。

资料来源：胡宝介，新竞争力网站，www. jingzhengli. cn/Blog/hbj/1352. html，2012-04-30，有修改。

案例思考：

1. 微博营销有哪些特点？
2. 企业如何通过博客与论坛开展网络营销？
3. 请在互联网上查找微博、博客和论坛中的营销软文并进行对比，讨论它们之间的区别。

子任务三　了解网络营销的环境

一、引例

中小企业面向东盟网络营销的环境

1. 东盟各国网络营销环境差异大

东盟各国的网络营销环境差异大可从四个方面来说明。其一，东盟各国的信息化程度差异大，新加坡、文莱和马来西亚的网民占人口比例均超过50%，而菲律宾、印尼、柬埔寨等国网民比例不到15%。其二，东盟各国的电子商务法规不尽相同，司法协调和合作需要进一步完善。其三，国际物流和电子结算等服务质量和标准差异大，成为制约在线交易的瓶颈。其四，经济发展不均衡，各国的网络消费观念和行为各不相同。

2. 语言文字造成沟通障碍

东盟各国的语言文字具有多样性的特点，如：中南半岛5个国家（越南、泰国、缅甸、柬埔寨和老挝）均以本国母语为官方语言；马来次文化圈4国（新加坡、马来西亚、文莱、印尼），除印尼外，其余3国均使用马来语、英语和华语为通用语言；菲律宾国语为菲律宾语，而英语也为通用语言。因此，东盟各国的商务平台网站具有明显的地域性特征，这对中小企业网络营销人员的外语应用能力是一个挑战。

3. 缺乏电子商务征信系统

目前，东盟各国及我国的电子商务征信系统还处在起步发展阶段，不能满足交易双方进行国际贸易或在线交易对信用评估的需求。首先，许多商务平台网站为吸引更多的商家进驻，均开放免费会员注册，加上网站自身的免责条款，因此商务平台网站对注册商家信息真实性的审核上相对比较宽松。其次，商务平台网站自建的信用评价系统，缺乏与银行或第三方支付系统、第三方认证机构的深入合作，评价体系不完整。最后，商家对网络营销的投入不足，网络营销活动很多时候是营销人员的个人行为，导致企业信用度难以累积。

4. 网站建设和推广水平低，难以满足企业网络营销的要求

B2B、B2C 等商务平台网站的建设和推广水平是影响注册商家网络营销效果的一个重要因素。相对于 Amazon、ebay、Alibaba 等一些较成熟的商务平台网站，东盟国家大部分的网站都存在：网站缺乏特色（如：各网站均以国内最大网站自居、网站建设以大而全为目标）、网站功能不全（如：资信评级、站内检索、在线客服）、贸易服务不配套（如：物流配送和在线支付）等问题。另外，在网站推广方面，缺乏将在线推广与传统营销手段进行整合的规划，如：电视、杂志等传统媒体广告、展会、政府和社区公关的推广力度不足。

5. 网络营销人才匮乏

网络营销人才短缺包括两个方面：一是商务平台网站的网络营销人才，二是中小企业的网络营销人才。这两方面的人才都需要熟悉东盟各国的政治、经济、文化、法律等营销环境，具有国际贸易知识、计算机网络技术和营销创新能力，能熟练应用东道国常用的和官方的语言及文字。而目前网络营销人员处于较低的水平，大部分互联网应用是用户自发的和单一的，企业缺乏统一的规划和策略。

资料来源：李宁．中小企业面向东盟网络营销策略研究——基于中国和东盟国家商务网站的分析．时代经贸，2010（8）．

案例思考：

企业是否将网络营销纳入企业的整体营销计划？如何开展网络营销活动？一方面取决于企业本身的需要，另一方面受到外部环境的影响。互联网快速发展，企业所处的市场竞争日趋激烈，各种影响企业营销活动的因素也因此产生了变化。了解和分析企业开展网络营销活动的内部条件要求与外部环境影响，为企业准确、及时地做出相应决策具有重要的意义。

1. 企业开展网络营销活动需要具备什么软硬件？
2. 如何调查了解竞争企业网络营销活动的情况？
3. 外部环境如何影响企业的网络营销活动？

二、任务描述

企业网络营销环境由多方面的因素构成，对于企业来说，环境因素是不可控制的，但它

也有一定的规律性，可通过营销环境的分析对其发展趋势和变化进行预测和事先判断。如因特网，很多企业一开始只把它作为电子商务活动或网络营销活动的工具之一，但目前其发展和影响力已经远远超出了科学技术的范畴，已经渗透到人们日常生活的方方面面，同时也影响网民的消费行为和消费理念，并逐渐形成一个以它为核心要素的网络营销环境。

研究网络营销环境的目的在于充分认识环境因素对网络营销活动与效果的影响，从而更好地把握网络营销的本质，为制订有效的网络营销策略提供指导。

企业经营首先要考虑政治、法律、经济、人文、社会、科技、教育、自然和人口等宏观环境因素及其构成的企业营销活动的环境。其次是供应商、营销中介、客户或用户、竞争对手等微观环境因素。最后是企业内部包括战略规划、资源保障、部门协调、结构调整、信息化建设、人才及高层领导素质等方面的因素。

对于开展网络营销的企业来说，影响它们的外部环境因素可具体体现在上网用户的数量及人口统计特征、上网用户对网络营销的反应、上网企业数量及结构、带宽、IP 地址等基础网络服务资源、网络营销专业服务市场状况等。

【实训案例】 中小企业网络营销环境分析

【参考网站】 中国互联网络信息中心（www. cnnic. cn，见图 1-3）、艾瑞咨询集团网（www. iresearch. com. cn，见图 1-4）、ZDC 互联网消费调研中心（zdc. zol. com. cn，见图 1-5）、商务部电子商务网（eb. mofcom. gov. cn，见图 1-6）、中国国家统计局（www. stats. gov. cn）。

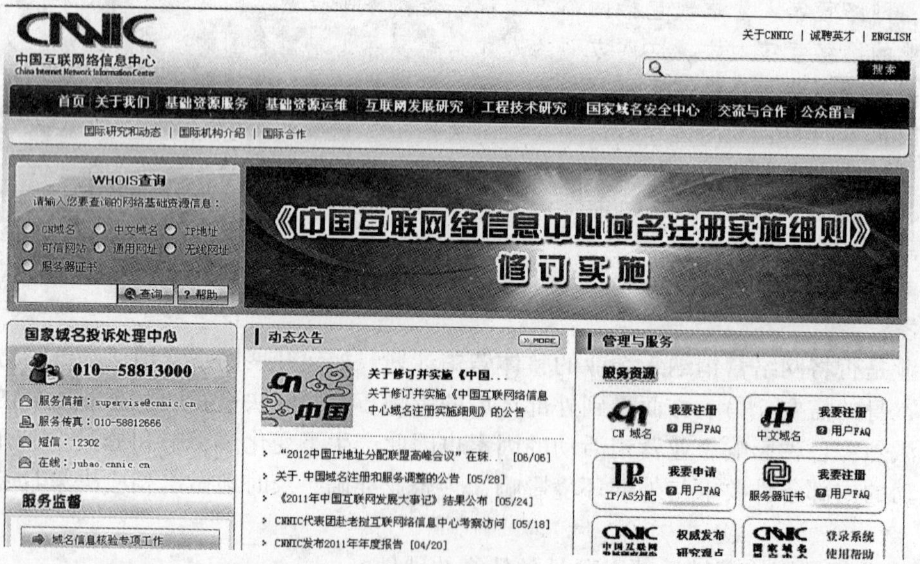

图 1-3　中国互联网络信息中心网站

王经理是某网络服务商营销部经理，公司运营着几个知名的 B2B、B2C 网站。近期，公司将召开一次针对网站注册企业会员的产品发布会，计划推出一系列中小企业网络营销一揽子解决方案，为广大中小企业解决独立建站、开网店、网络品牌传播、在线销售、在

图 1-4　艾瑞咨询集团网站

图 1-5　ZDC 互联网消费调研中心网站

线客服等方面的问题。营销部作为该项目的实施部门，王经理需要准备一份 PPT 向与会的中小企业主介绍这个项目，PPT 的第一部分主要介绍当前企业所面对的互联网络营销新环境和开展网络营销需要企业具备哪些保障条件。

三、任务要求

根据公司项目推广的要求，帮助王经理收集当前互联网带来的营销环境新变化，同

图 1-6　商务部电子商务网

时，就中小企业开展网络营销需要具备哪些保障条件进行分析，推动中小企业网络营销活动水平和质量的提高。PPT 内容主要围绕以下问题进行说明。

（1）互联网的发展给企业营销的宏观环境带来了哪些变化和机会？

（2）上中下游伙伴或竞争对手对企业开展网络营销具有哪些方面的影响？

（3）企业开展网络营销需要具备哪些基本条件？

四、实践步骤

浏览参考网站和相关企业网站，下载收集有关政府统计公报、互联网调查报告和电子商务法规，掌握本地区经济、社会、自然、人口等基础数据，分析互联网市场环境数据，从以下几个方面对企业的网络营销市场进行分析。

（1）列举影响企业营销活动的宏观环境因素和微观环境因素。

（2）结合企业营销活动分析互联网发展对环境因素的影响。

（3）列举营销环境的变化对企业营销活动的影响。

（4）分析企业开展网络营销活动需要具备的软硬件条件。

（5）讨论未来互联网应用发展趋势对营销环境的影响。

（6）完成实验报告，并进行讨论交流。

五、理论知识点

网络营销的环境因素是指各种影响网络营销开展以及网络营销效果的因素。从企业网络营销应用的角度，可将网络营销环境划分为外部环境与内部环境。其中外部环境包括宏观环境因素和微观环境因素，内部环境则是指企业开展网络营销所具备的软硬件条件。在分析这些环境因素时，要将它们置于互联网发展和应用的范畴中，以便更加准确地分析它们对企业开展网络营销的影响方式和程度。

（一）宏观环境

宏观环境因素包括政治、法律、经济、人文和社会、科技和教育水平、自然和人口等，这些因素并不专门针对网络营销，而是对整个企业经营活动产生影响。在信息时代、数字化社会和互联网中，这些宏观环境因素也具有特殊的属性，并影响企业的网络营销战略规划。

1. 政治和法律环境

互联网快速发展，新生事物层出不穷，网络经济、电子政务、网上交易、虚拟社区、社交网络、虚拟财富、信息安全等现象和问题，现有的政府社会管理模式和社会服务功能需要不断改进，相关的法律法规要及时出台，以保障企业和民众的合法权益。如 2007 年商务部颁布的《关于促进电子商务规范发展的意见》对电子商务信息传播、电子商务交易、电子支付、商品配送等行为提出规范原则，对地方各级商务主管部门提出了工作要求。

2. 经济环境

经济环境不仅包括经济体制、经济增长、经济周期与发展阶段以及经济政策体系等方面的内容，同时也包括收入水平、市场价格、利率、汇率、税收等因素。据中国国际电子商务中心研究院发布的《中国电子商务报告（2015）》数据显示，2015 年，中国电子商务继续保持快速发展的势头，交易额达到 20. 8 万亿元人民币，同比增长约 27%；网络零售额达 3. 88 万亿元，同比增长 33. 3%，其中实物商品网络零售额占社会消费品零售总额的 10. 8%。中国电子商务与传统产业协同发展，已成为促进新经济发展、带动社会就业的重要引擎。

3. 人文与社会环境

互联网上形成的虚拟社区，可无限扩展个人的社交关系网，网络文化渗透到个人的生活，影响和改变网民的行为举止，甚至是他们的生活方式和价值取向。人文和社会环境的变化，为企业开发新产品、新服务提供了广阔的市场空间。企业的营销活动不但有新技术、新工具的支撑，而且随着新文化、新观念而不断推陈出新，创意无限。

4. 科技与教育水平

信息技术、互联网技术的发展，以及网民移动电子终端的应用和普及，都离不开科技水平的进步。企业应用新技术来增强传播的效果，网民借助新技术可获得更好的体验，网络营销手段因此变得更加丰富，形式变得更加生动。网民的受教育程度不一样，形成了不同的价值观和行为模式，企业在细分市场时，也要将教育水平作为一个重要的指标。

5. 自然环境

企业在互联网上开展网络营销直接受自然环境的影响较小。自然环境主要是对地区经济社会发展有一定的影响作用，进而对企业产品或服务市场造成影响。

6. 人口

人是企业营销活动的直接和最终对象，市场由消费者构成，企业一方面关注整个目标市场的人口规模，另一方面也要针对网民的收入、年龄、文化程度、职业分布等因素，对市场进行细分，以便更准确地为网民定制营销信息。

（二）微观环境

微观环境由企业及其周围的活动者组成，直接影响企业营销活动的能力。它主要包括供应商、营销中介、客户或用户、竞争者等因素。

1. 供应商

供应商是指向企业及其竞争者提供生产经营所需的原料、部件、能源、资金等生产资源的公司或个人。企业与供应商之间既合作又竞争，这种关系既受宏观环境的影响，又制约着企业的营销活动。通过互联网，企业可以与其供应商形成更加紧密的合作，包括信息的透明度增加，沟通更加便捷，公平竞争。

2. 营销中介

营销中介是协调企业促销和分销其产品给最终消费者的企业，包括中间商、代理商、服务商和市场营销机构等。近年，B2B、B2C 等商务平台的出现，使营销中介在原来传统市场中的分工变得模糊起来。首先，这些商务平台网站的运营企业或是生产企业，或是中间商，或是 IT 企业，他们的主要任务就是打通产、供、销的信息通道；其次，商务平台上注册的会员企业或是自主运营，或以网店托管的方式，来开展网络营销活动；最后，由于网络营销的成本低、效率高和发展变化快，营销中介必须掌握或整合更多的资源才能占领这一市场，如物流、网络应用开发、销售服务等。

3. 客户或用户

客户或用户是企业产品和服务的销售市场，也是企业网络营销的主要对象。企业要通过调查了解和掌握客户的网络应用情况，并将其与客户的年龄、性别、职业、受教育程度、收入水平、消费行为等个体属性联系在一起，掌握客户群的特征和分布规律，以便有针对性地设计和开展各种网络营销活动，实现营销目标。客户是对企业网络营销活动影响最大的因素之一。

4. 竞争者

互联网自由、开放、虚拟的特点，降低了行业向上下游扩张的成本，同时企业的营销活动容易被模仿或复制，从而使市场竞争变得更加激烈。企业要处理好与竞争者的关系，共同培育市场，实现良性竞争、协同发展的局面。

了解竞争对手网络营销活动可以从以下几方面来考察：

（1）以客户的视角浏览竞争对手的网站，了解其网站满足客户需求的情况。

（2）研究竞争对手网站的内容结构设计，了解其传播信息的情况。

（3）观察竞争对手网站的细节，掌握其有效沟通的方式和技巧。

（4）调查竞争对手网站与其他企业网站交换链接或互换广告的情况，了解其对外合作的情况。

（5）定期回访竞争对手网站，从其变化中了解其营销战略意图。

（6）收集竞争对手在其他网站上的信息，全面掌握其网络营销活动的情况。

（三）企业实施网络营销的内部条件

企业内部条件是影响企业开展网络营销活动的重要因素，主要包括以下几个方面。

1. 网络营销的战略地位是否已经确立

企业决策层对开展网络营销活动的观念与态度、政策与举措等，最主要是体现在，他们是否把网络营销纳入企业的整体营销计划中，或以此为重点进行营销战略规划。

2. 网络营销所需资源的保障能力

分析企业资源的占有状况、资源的配置政策等问题，其中占有状况主要分析企业占有的人、财、物、信息和技术等资源的状况，重点分析企业开展网络营销所需软硬件资源的数量、质量、技术水平等内容。

3. 网络营销部门（团队）与其他部门间的协作程度

企业作为一个由多个部门构成的组织，各部门共同为满足消费者需求，实现企业利益最大化，谋求企业发展的目标而相互配合、相互协作。网络营销部门（团队）是直接面向客户和消费者进行沟通和服务的部门，客户整个购买过程的体验与其紧密相关，但要使客户获得良好的消费或使用体验，包括产品开发、原料采购、生产、财务、物流、人力资源等部门的工作，同样会产生直接或间接的影响。因此，围绕客户的体验来增强企业各部门的协作程度是非常必要的。

4. 企业组织结构快速反应能力

网络信息时代，企业部门、上下级、同事之间的沟通渠道变得丰富了，方式变得更灵活了，效率变得更高效了，企业组织结构也因此有了变革的基础和需求。企业组织结构扁平化，有利于企业将市场信息、技术信息与生活活动相结合，迅速调动企业内外资源，快速响应市场变化，满足客户的需求。

5. 企业内部信息化、网络化的程度

企业利用网络开展营销活动，将会面对更加广阔的市场、更加激烈的竞争，需要处理海量的信息，因此，企业必须加快内部信息管理系统的建设，实现企业资源管理的信息化和网络化，增强企业内部沟通效率，及时回应客户请求，并为将来与上游供应商、下游分销商联网，构建企业电子商务系统奠定基础。

6. 企业网络营销人才的引进及团队建设

网络营销需要的是复合型人才，既要掌握计算机信息处理技术、互联网技术，又要掌握营销实务的知识和技能；既掌握基础的营销和计算机专业理论知识，又具有跟踪市场新变化和网络技术新应用的能力，并能据此不断创新网络营销的方法和形式。企业要制订网络营销人才引进和培养的长远规划，组建企业的网络营销团队，保证企业营销战略的实施。

7. 企业高层管理人员的素质

企业高层管理人员对信息化建设、网络经济和网络营销的认识，影响企业营销战略决策，并最终影响人才的引进和培养、网络营销活动的投入和产出效果。所以，企业高层管理人员在关注行业发展趋势的同时，也需要加强互联网应用，丰富个人的网络应用体验。

六、实验报告

以实训案例为背景，访问参考网站，收集整理本地区企业开展网络营销的环境状况，并就此讨论企业如何利用环境优势，创造和完善企业内部条件，适应网络时代的激烈竞争，完成以下实验报告书。

1. 实验报告书

<table>
<tr><td>实验项目名称</td><td>网络营销环境分析</td><td>课程名称</td><td>网络营销</td><td>实验类型</td><td>课程实训</td></tr>
<tr><td>学生姓名</td><td></td><td>班级</td><td></td><td>学号</td><td></td></tr>
<tr><td>团队成员姓名</td><td colspan="3"></td><td>指导老师</td><td></td></tr>
<tr><td>实验地点</td><td></td><td>实验日期</td><td></td><td>课时</td><td></td></tr>
<tr><td>实验目的和原理</td><td colspan="5">目的：了解企业开展网络营销活动面临的环境状况，创造和改善企业实施网络营销的条件
原理：企业在充分了解所处的经济社会环境及自身条件的基础上，才能对企业网络营销战略发展有清晰的认识</td></tr>
<tr><td>实验内容和要求</td><td colspan="5">内容：调查企业开展网络营销活动的宏观环境因素、微观环境因素和自身应具备的条件要求
要求：访问政府网站、行业网站和代表企业网站，收集相关资料</td></tr>
<tr><td>实验软件或网站</td><td colspan="5">IE 浏览器、Office 办公软件
调查网站包括：企业网站、搜索引擎、电子邮箱、博客等</td></tr>
<tr><td>实验操作方法与实验步骤</td><td colspan="5"></td></tr>
<tr><td rowspan="6">实验数据记录和处理</td><td colspan="5">宏观环境</td></tr>
<tr><td>相关政策及法律法规</td><td colspan="4"></td></tr>
<tr><td>电子商务及网购发展</td><td colspan="4"></td></tr>
<tr><td>互联网络新技术及新应用</td><td colspan="4"></td></tr>
<tr><td>网络文化及消费行为</td><td colspan="4"></td></tr>
<tr><td>网民结构分布（地域、年龄、职业、收入等）</td><td colspan="4"></td></tr>
</table>

续表

实验数据记录和处理	微观环境	
	供应商情况及合作	
	营销中介情况及合作	
	竞争者情况	
	用户情况	
	企业所需条件	
	软硬件资源	
	组织结构	
	人才及团队	
	高管素质	
实验结果与分析		
实验讨论与心得		
实验指导老师评语		
成绩评定	成绩评定：__________　签名：__________	

七、小组讨论及讲演

根据本子任务的学习内容，结合实训案例背景，以王经理的身份向中小企业主们（其他小组）介绍企业开展网络营销面临的形势和需要具备的软硬件条件。

（1）中小企业开展网络营销将面对什么样的环境？

（2）中小企业的网络营销活动，如何抓住环境因素带来的机会？

（3）企业需要具备哪些条件来拓展网络营销业务？

八、拓展案例

“网络工商”锁定网购，欲营造诚信网购环境

2010年7月1日起，《网络商品交易及有关服务行为管理暂行办法》开始实行，网店实名制正式启动，为营造诚信的网购环境奠定了良好基础。2011年以来，安徽省市的工商部门、消协更是积极行动、创新形式，加大了对网购的监管力度。

鉴于网购消费投诉呈逐年上升的趋势，2011年6月20日，安徽省消协联合滁州、宣城、池州、芜湖等市消协发布了“2011年2号消费警示”，提醒消费者网购时要认真选择诚信度高的专业网站，全面考察经营者信用度；审慎对待网络广告，警惕远低于市场价的产品，与经营者多进行在线沟通，了解详情；购物时认真阅读交易规则及附带合同条款，索要正规发票并妥善保存，收货时尽量先验货后签字确认；建议选择货到付款和同城交易，或通过第三方支付平台进行交易，网络付款注意安全；如遇非法购物网站，要及时向有关部门举报。

除了提醒消费者网购时注意维护自己的权益，有关部门还创新工作手段，加强了对团购网站的监控。2011年6月，合肥市工商局网监分局开通微博，在线接受网购投诉、提供咨询，“网络工商”网上对阵“网购猫腻”，让不少网友拍手称快。

近期，随着网络团购的不断升级，各种“灰色”的经营手段也层出不穷。一批“团购黄牛”浮出水面，他们利用团购网站的“邀请返利”为其招揽客源，赚取差价，搅乱了网络团购市场。9月1日，合肥市工商局网监分局首次召集10家在合肥的团购网站负责人座谈，宣讲反不正当竞争法、消费者权益保护法等法律法规，进一步建立联络机制。据工商部门人士介绍，今后，“网络工商”将进一步加强对团购网站的监管，哪怕是一些注册地不在合肥的跨区域团购网站，也要纳入监管中，维护好网上购物的诚信氛围。

资料来源：华衣网，http：//news. ef360. com/ArticlesInfo/2011-9-8/.

案例思考：

1. 网络购物中哪些环节会让网民消费者感到不方便或不放心？
2. 当前的网络购物环境在哪些方面缺少对网民消费者购物体验的关注和保障？
3. 企业可采取哪些改进措施提高网络诚信，获得网民消费者更多的信任？

实训任务二　网络市场调研

子任务一　企业客户调查

一、引例

谁来为电子商务信息的真实性负责

“来自全世界的造假者出现在了总部位于杭州的阿里巴巴网站上，该网站已经成为世界各地假货供应商和批发商汇集的地方。”一封名为《阿里巴巴被国际反伪联盟推荐上榜特别“301”黑名单》的匿名传真被发送到了上万名阿里巴巴的注册客户手中。一时间，不利于阿里巴巴公司的传闻四起，甚至还传出了“阿里巴巴在美国的服务器被查封”的消息。

阿里巴巴公司副总裁金建杭对外辟谣说，流传的关于阿里巴巴的匿名传真事件，“是一次被某些竞争对手公司幕后操控的不正当竞争行为，是将商业竞争上升到政治高度的下三滥策略，是又一起电子商务界的戴尔邮件门事件”。

阿里巴巴的中国法务部负责人俞思瑛表示，“在互联网上输入 IACC 白皮书中所列举的阿里巴巴相关产品网址，结果是无此信息。国际反伪联盟是否通过阿里巴巴网站购买此等货品并从而确定阿里巴巴网站上出售假冒伪劣产品值得怀疑。即使阿里巴巴网站上真的有过上述产品，也不能得出阿里巴巴已经成为世界各地假货供应商和批发商汇集的地方的结论，因为阿里巴巴网站的产品信息已达数百万之多，凭其中一两条产品信息得出前述结论，显而易见为以偏概全。”

2004 年通过阿里巴巴网站出口的中国商品金额超过 100 亿美元。作为 B2B 电子商务企业的代表，阿里巴巴受到了全球众多经济机构和政府的关注。在这次“301 黑名单”事件中，阿里巴巴的商业诚信受到了考验。

据阿里巴巴副总裁金建杭介绍，电子商务企业的信息真实性问题是一个全球化的问题。在众多电子商务同行中，阿里巴巴是第一个采用机器和人工双重审查信息真实性的企业。但是作为一家每天发布信息超过 40 万条的企业，保证每一条信息都是真实可靠，显然是“不可能做到的”。

“在企业的发展过程中，我们一直都在探索解决这个问题的办法。”金建杭说，“目前阿里巴巴的原则就是，对企业发布的虚假信息一律永久保留，让造假企业生不如死。通过这套企业信誉互相评价的市场监督的体制，加上阿里巴巴对信息的审查系统，尽可能地保证假货不会出现。”

金建杭同时承认，彻底杜绝假货和虚假信息的出现，目前还是个不可能完成的任务。

有业内人士认为，虽然从表面上看，这起事件有被人为扩大化的嫌疑，但作为全球 B2B 电子商务企业的龙头，阿里巴巴无法彻底杜绝假货和虚假信息的出现，这是值得大家深思的问题。这也给利用互联网手段获取网络商务信息的用户带来了确认信息真伪的麻烦。

资料来源：http：//www. zjsr. com。

案例思考：

阿里巴巴通过机器和人工对企业发布的供求信息真实性进行审查，同样难以杜绝假货和虚假信息出现。互联网的开放性、自由度大大降低了商家进入的成本，同时也增大了交易双方遭遇欺诈的风险。在虚拟商务平台和现实社会中，个人和商家信用体系没有完全建立起来，或者两者之间还无法建立关联的时候，企业和个人如何辨别虚假信息是一个值得深入探讨的问题。

1. 你认为阿里巴巴可以通过哪些方法和手段来保证商务信息的真实性？
2. 对企业进行资信调查可以有哪些方法？
3. 网络调查中如何提高信息数据的真实性？

二、任务描述

在 B2B 电子商务活动中，企业之间的贸易往来和合作，是建立在相互间信息的充分沟通和交换基础上的。因此，企业要寻找客户、赢得客户和留住客户，就必须真正了解客户的需求，随时关注客户需求的变化。要做到这些，企业需要利用各种途径尽可能多的获取企业客户的信息。目前，越来越多的企业建立和发布自己的公司网站，或者通过公共信息平台发布企业供求信息和公司新闻，为客户、网民消费者、合作伙伴、社会公众等提供各种在线服务，以此来提高企业的知名度和美誉度。因此，通过互联网调查和收集企业客户的信息，分析和掌握客户需求动向，已经成为网络营销人员的重要工作任务之一。

【实训案例】为企业寻找潜在客户

【参考企业】www. hldtoys. com

广东某康体娱乐设备有限公司主要生产户外休闲运动、健身和娱乐器材，产品用户主要是幼儿园、住宅小区、会所、公园、商场等公共场所的经营管理单位，其公司网站截图如图 2-1 所示。经过 5 年的发展，公司的生产能力不断提高，规模不断扩大。但由于此行业进入门槛低，不断有新的竞争企业加入。另外，受金融危机影响，国内的一些大型生产企业在海外订单减少后也将开拓市场的目光转回国内市场，使得行业竞争进入白热化的阶段。

公司销售部认为，在竞争激烈的市场中，要使公司立于不败之地，第一，要保住公司现有的市场份额，即巩固与现有客户的合作关系，谋求与他们的长期合作；第二，开拓新的市场，即在新的市场中寻找新客户；第三，分析竞争对手的弱点和不足，从他们的手中

图 2-1　广东某康体娱乐设备有限公司网站截图

夺取市场份额，即将竞争对手的客户争取过来；第四，不断创新产品和服务，满足客户的新需求；第五，创新营销方法和手段，拉开与竞争对手的距离。做好这五个方面的工作，当务之急就是要对公司现有客户、潜在客户和竞争对手有一个全面的调查和了解。调查的内容包括：客户构成与性质、产品使用情况、业务范围、地理分布、需求变化情况等；竞争对手市场分布、行业地位、产品和服务构成、业务范围、营销策略等。

三、任务要求

根据企业产品和服务特点，对企业的现有客户、潜在客户和竞争对手企业展开调查，通过对企业网站、行业网站、商务平台网站及相关政府网站上的信息采集和分析，全面掌握企业客户和竞争对手的情况。

（1）详细了解本企业所处的行业竞争地位。

（2）列举企业客户详细名录，并按地理区域、企业规模归类。

（3）列举产品经销商、代理商详细名录，并按地理区域、企业规模归类。

（4）详细了解本企业主要竞争对手或品牌的产品及服务情况。

四、实践步骤

与网络消费者调查不同，对企业客户进行网络调查，更多的信息来源于对二手资料的收集和分析。具体的实施步骤包括以下几点。

1. 明确调查目标

通过访问企业客户网站、行业网站、商务平台网站及相关政府网站，收集行业发展、企业客户（包括用户企业和经销商、代理商）、竞争对手企业的各类信息，分析和预测行业竞争形势、客户产品和服务需求特征及变化趋势、竞争对手或品牌的营销策略，为本企业调整营销策略提供决策依据。

2. 确定调查对象

企业客户和竞争对手相对于个体消费者要容易界定和描述。此次调查的对象很明确，包括产品最终用户、经销商和代理商、竞争企业以及其他组织机构。

（1）产品最终用户。

产品最终用户是指购买和使用公司产品和服务的单位用户，包括企业、事业单位、市政机构、商业机构、休闲旅游景点、房地产开发商、住宅小区物业公司等。最终用户关心的是产品和服务的功能、质量和价格。他们的需求状况最终决定生产企业的市场策略。

（2）经销商和代理商。

经销商（代理商）是指以经销或代理等形式销售公司产品和服务的商业机构，包括贸易公司、批发商、零售商和经纪商等。经销商（代理商）关心的是转售产品的获利情况，生产企业的渠道政策以及能否经销（代理）多个品牌和全系列产品。寻求厂商共赢的合作模式是生产企业和经销商（代理商）共同的关注点。

（3）竞争企业。

竞争企业指生产同类产品和服务，或者替代产品，并在同一区域销售的企业。调研主要关注竞争企业的市场份额、销售区域、产品和服务的特色等方面。

（4）其他组织机构。

其他组织机构主要包括行业组织和行政主管部门，前者可以提供行业发展现状和未来预测的相关资料和统计数据，后者可提供诸如工商注册、税务登记、城市规划和区域经济发展等方面的信息。

3. 确定调查项目

调查的项目根据调查目标的要求包括以下三个部分。

（1）企业基本信息。

企业基本信息是制作客户名录、经销商（代理商）名录和竞争企业名录的重要信息。它们包括：企业名称、详细地址、邮政编码、创立日期、注册资金、法人代表、联系人、联系电话、传真、职工人数、经营范围、产品及服务、年营业额、网址及 E-mail 等内容。若是进出口商还包括：国别、进口产品、数量及价格、贸易方式等。

（2）行业基本信息。

掌握本行业的基本情况，有利于企业制定中长期的发展战略。这些信息包括：行业企业总数及变化、行业增长情况、企业地理分布情况等。

（3）竞争对手网站分析信息。

竞争对手企业的信息除了来自企业自身公布的数据和第三方评价外，网络营销人员还可以通过分析竞争对手的网站或网店来获得更多的信息。这些信息包括：企业新闻曝光情况、网站信息更新情况、搜索引擎排名、交换链接情况、网站访问量统计、企业网站结构和内容等。

4. 设计调查方法和手段

常见的网络调查方法包括：在线搜索法、网站跟踪法、跟踪访问者、加入邮件列表、在线调查表、电子邮件调查、网站访问者的抽样调查等。网络营销人员应针对不同的调查项目选择合适的调查方法。如对公司现有客户可以采用电子邮件进行问卷调查；对访问公司网站的潜在客户可以采用在线调查表和网站访问者抽样调查的方式来进行；对于竞争对手可采用网站跟踪法和加入邮件列表的方式，获得竞争对手网站信息更新的情况；而在线搜索法适用于各类信息的收集。

5. 找准信息来源

不同网站上的信息数量和质量差异很大，网络调查人员应该学会从域名、网站备案信息、网站信息内容和网站结构来判断网站信息的权威性。网络调查通常可访问下列网站收集信息，如行业网站、网络研究（统计）网站、管理咨询网站、导航网站、搜索引擎、B2B 网站、网上黄页、企业网站、成员企业网站、金融机构网站、论坛、博客等。另外，一些行政管理部门的网站，如统计部门、行业主管部门、海关、商务部、工商局等部门，也可收集到相关信息。

6. 开展调查

组织调查时需要注意以下几个问题：

（1）将调查人员划分成几个工作小组，分别负责收集不同调查对象的资料。

（2）将现有客户的名录先交给调查人员，然后按照客户的性质进行分类，如物业管理公司、房地产开发企业、市政管理部门、学校、机关等，调查人员通过互联网按各分类搜寻同一类别的潜在客户。

（3）调查人员可通过电子邮件和即时通信工具保持与调查对象联系。

（4）定时访问企业客户的网站和搜索与他们的相关网络新闻，既可以保持信息的持续更新，同时也可以预测客户需求变化的趋势，判断竞争企业销售策略调整的意图。

（5）对于参与了在线调查或回邮调查问卷的客户一定要回复邮件表示感谢。

（6）网络上采集的原始数据要注明摘录的网址和日期。

7. 整理和分析数据

要将收集到的数据信息整理成企业客户名录、经销商（代理商）名录和竞争企业名录。同时应充分发挥电子文档和数据库的优势，设置关键词链接、建立索引、生成自动更新的统计图表，将相关的数据和背景资料联系起来，方便查询和分析。

8. 撰写报告及展示调查结果

结合行业竞争情况对公司的营销策略进行分析，由各工作小组分别介绍调查情况、分析调查结果，并提出相关的建议。

五、理论知识点

互联网为企业开展市场调查提供了良好的条件，由于调查的成本低、效率高、范围广、方法简便，网络调查成为网络营销人员必须掌握的一项技能甚至必须具备的一种能力。

1. 网络调查的概述

网络调查是指运用互联网和信息技术，以科学的方法，系统地、有目的地收集、整理、分析和研究调查对象的相关信息和资料，以满足调查者的调查目的。网络营销人员进行网络调查通常的目的包括：市场可行性调研，挖掘不同区域的销售机会和发展潜力，找出最适合的细分市场和消费人群，分析细分市场的特征，探索影响销售的各种因素。网络调查包括同行业竞争企业调查、产品调研、消费者（客户）行为调研、形象调研、品牌调研、包装测试、市场性质变化的动态调研、网站动态监测、广告效果评估等。

2. 网络调查的特点

互联网的开放性、自由性、平等性、广泛性、直接性、无时间或地域限制等特点，使得网络调查具有以下特点。

（1）网络信息的及时性和共享性。

网络信息随时可以在线搜索和查询，特别是设置在网站上的在线调查系统，调查对象可以即时参与，并查看调查结果。某汽车品牌在线调查的截图如图 2-2 所示，新浪调查结果展示如图 2-3 所示。

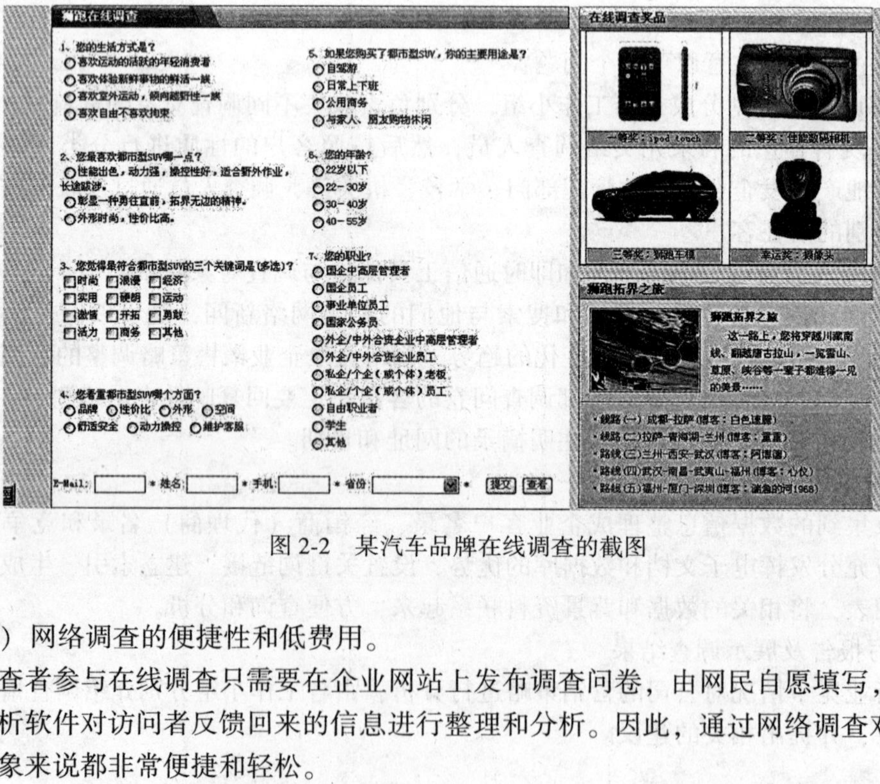

图 2-2　某汽车品牌在线调查的截图

（2）网络调查的便捷性和低费用。

调查者参与在线调查只需要在企业网站上发布调查问卷，由网民自愿填写，然后通过统计分析软件对访问者反馈回来的信息进行整理和分析。因此，通过网络调查对调查者和调查对象来说都非常便捷和轻松。

（3）网络调查具有交互性和充分性。

网络的交互性可以使调查对象在任何时间里参与不同的形式的调研，也可以及时就问卷的相关问题提出自己更多的看法和建议，可减少因问卷设计疏漏而导致的调查结论偏差等问题。另外，调查对象还可以自由地在网上发表自己的看法，或与调查者就某些问题进行充分和深入的交流。

（4）调查结果的可靠性和客观性。

调查对象参与调查一般都是出于自愿，或者对调查本身的关注，或者对企业的产品有一定的兴趣，而且不是面对面的访问调查，调查对象不会受到调查者的暗示或误导，所以

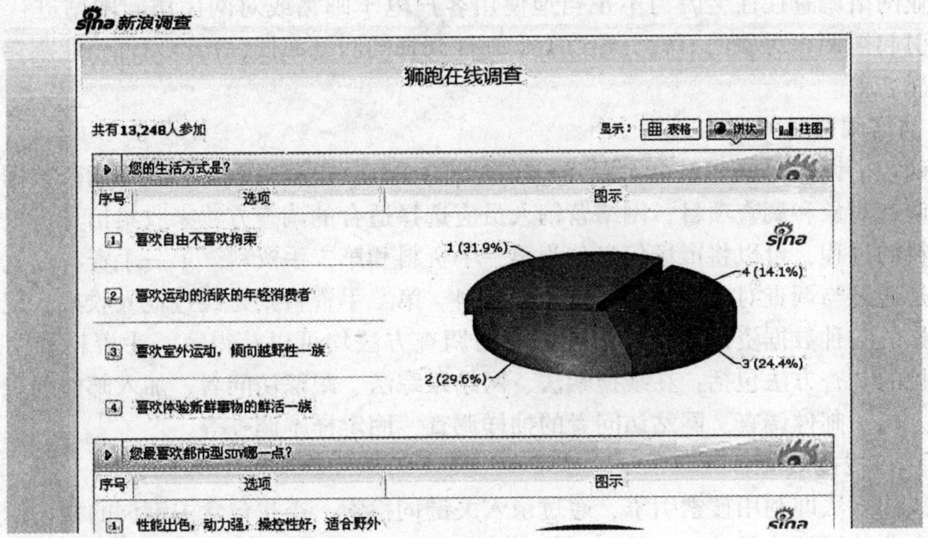

图 2-3　新浪调查结果展示

调查所获得的结果具有针对性、真实性和客观性。

（5）网络调查无时空、地域限制。

调查问卷以网页或链接的方式存放在企业网站上，或者通过电子邮件发送到调查对象的邮箱中，调查对象可随时、随地上线参与调查。

3. 网络调查的不足

网络调查具有的优势吸引越来越多的企业采用这一调查方式，但网络调查也同样存在不足之处。

（1）调查对象的真实身份无法确认。

网络调查中，很多网民出于自我保护等原因一般不愿意表明自己的真实身份，甚至他们会登记的一些虚假身份信息，最终会影响调查的统计结果。因此，调查者在设计调查问卷和调查方式时，要考虑如何消除网民保护个人隐私的顾虑。

（2）网络信息真实性的辨别难度大。

互联网进入 Web2.0 时代后，信息的交互性更突出，网民不只是信息的浏览者，也是信息的制造者和发布者，网络信息来源越来越复杂，使得辨别信息真伪的难度增大。如企业自己的网络营销人员也经常通过博客、论坛、百科全书等平台发布信息，使得很多信息带有商业宣传的倾向。

（3）在线调查对网民缺乏吸引力。

如何吸引网民积极、认真地参与企业的网络调查是一个难题。目前，很多网络调查以抽奖、免费会员资格或网络虚拟奖品来吸引网民的参与调查，网民的参与度得到了提高，但也混入了大量的使用虚假身份的调查对象。另外，一些企业将售后服务或增值会员服务与调查强行捆绑，冗长的调查问卷让客户不厌其烦，参加度也不高。

（4）网络调查易引发隐私保护争议。

企业网络调查往往会因为不正当地使用客户电子邮箱或对网民访问网站进行跟踪监测，而引起被调查对象的不满，导致陌生邮件调查的回复率低，甚至发件企业邮箱或网站被列入黑名单。

4. 网络调查的方法

当确定了调查对象和调查项目后，最重要的任务就是资料收集和处理调查数据。针对不同的调查对象和调查项目，网络营销人员应选择适合的调查方法来收集信息。根据获取信息资料的过程，可以将市场信息分为第一手资料和第二手资料。第一手资料也就是原始资料，是通过与调查对象直接沟通获得的资料。第二手资料则是经过他人收集、记录和整理所积累的各种数据资源。通过不同的网络调查方法均可以获得第一手资料和第二手资料。常见的调查方法包括：在线搜索法、网站跟踪法、跟踪访问者、加入邮件列表、在线调查表、电子邮件调查、网站访问者的抽样调查、固定样本调查等。

（1）在线搜索法。

在线搜索法即利用搜索引擎，通过录入关键词检索，查找包含关键词的相关信息。如搜索某企业的网站、某项行业数据、某项调查报告、某产品或服务的信息。调查人员应注意观察每条搜索结果下方的“显示网址”，这样可以直接了解搜索到的信息出自什么网站，从而判断信息是否出自较权威的官方网站。如图 2-4 所示，搜索关键词“格兰仕微波炉”，共找到 425 万个网页，通过辨别信息来源网址（www. galanz. com. cn），可以看到排在第五位的才是格兰仕公司的官方网站，其他信息链接都是来自相关购物网站或经销商的网站。

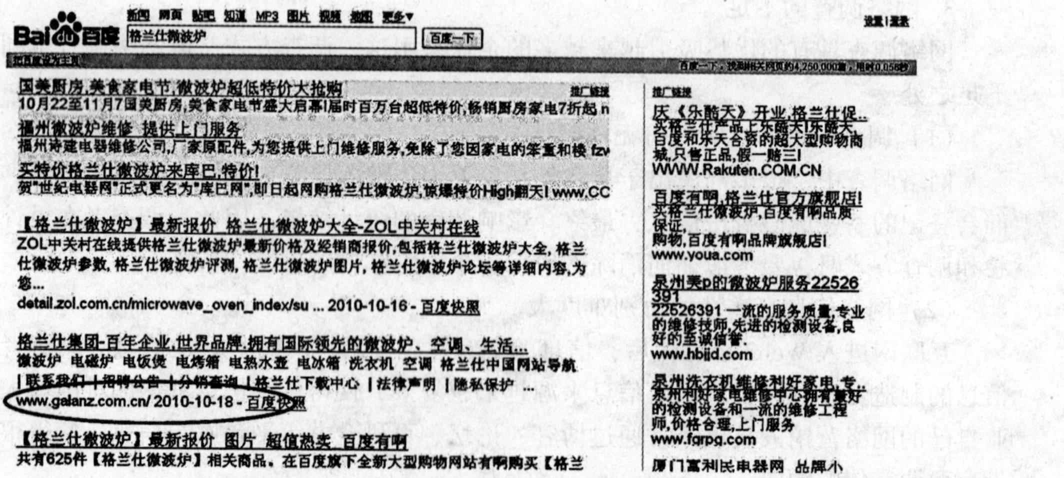

图 2-4 格兰仕微波炉搜索结果

（2）网站跟踪法。

网上每天都在出现大量的市场信息，即使功能最强大的搜索引擎，也不可能将所有的信息都检索出来。而且很多有价值的信息并不是随便可以检索到的，有些网站的信息只对会员才开放，有些搜索引擎的数据库更新比较缓慢，也减弱了信息的时效性。作为市场调研的日常资料收集，这就需要对一些提供信息的网站进行定期跟踪，不断收集并记录下有价值的信息。如对竞争对手的网站进行跟踪，可以从其新闻信息、产品服务信息、在线客服情况等方面，分析和判断竞争对手营销活动的新动向。

因此，根据企业市场营销策略的需要，选定一批有价值的网站进行定期资料收集是很有必要的。这类网站包括：客户企业网站、竞争对手网站、行业协会网站、各类网上展会、B2B 电子商务平台、行业垂直网站、大型咨询公司网站、政府统计网站等。

（3）跟踪网站访问者。

通过企业自己的服务器或者第三方 IS，对网站访问者及网页浏览情况进行跟踪监测，可以得到一个大概的网站流量和趋势，并且可以了解到访问者来自哪些地区，关注什么信息，注意过哪些商品，通过哪个网站链接来到本网站，访问者使用什么浏览器，使用什么类型的网络登录账号等，这些数据可以反映出访问者的偏好、网站的吸引力、企业网络营销的效果等重要的市场信息。企业可以通过这些监测数据对网站设计进行修正、改版，或者调整网络营销的策略。

（4）加入邮件列表。

利用一些网站提供的邮件列表服务来收集资料也是网站跟踪的一种形式。很多网站为了维持与用户的关系，常常将一些有价值的信息以新闻邮件、电子刊物等形式免费向用户发送。调查人员要获取这类信息，只需要简单登记并加入网站的邮件列表服务就可以了。比较有价值的邮件列表，如各大电子商务网站初步整理的市场供求信息、各种调查咨询公司的调查报告摘要、行业协会提供的行业新闻、生产或贸易企业提供的最新产品目录等，将这些收集到的邮件列表信息定期处理也是一种行之有效的市场调查方法。

（5）在线调查表。

利用在线调查表吸引网民参与调查，是最常用的在线调查方法，也是在线调查的重要内容之一。在企业的网站或第三方平台上设置调查表，访问者在线回答问题并提交到网站服务器，服务器可以立即返回调查统计的结果，这种形式实际上是传统问卷调查方法在互联网上的表现形式。正如前文提及，目前调查者需要解决的主要问题是如何有效地吸引网民参与调查。

（6）电子邮件调查。

电子邮件调查是在线调查的另一种表现形式。将设计好的调查表直接发送到被调查者的邮箱中，或者在电子邮件正文中给出一个网址链接到在线调查表页面。这种方式在一定程度上可以对用户成分加以选择，并节约被调查者的上网时间。调查对象选择适当且调查表设计合理，往往可以获得相对较高的问卷回收率。

采用此种方法的前提条件是需要获得被调查者的电子邮件地址，并预计他们对调查的内容感兴趣，中小企业可以选择与一些知名的邮件列表服务提供商进行合作，共同完成调查。

（7）对网站访问者的抽样调查。

利用一些访问者跟踪软件，可以按照一定的抽样原则对某些访问者进行调查，类似于传统调查方式中的拦截调查。例如，在某一天或者几天中的某个时段，在网站主页上设置一个弹出窗口，其中包含调查问卷设计内容，或者在网站主要页面的显著位置放置在线调查表，请求访问者参与调查。另外，也可以对满足一定条件的访问者进行调查，这些条件可以根据自己的要求设定，比如来自哪些 IP 地址，或者一天中的第几位访问者。

（8）固定样本调查。

固定样本调查是指根据调查目的的要求，用合理的抽样技术选定固定样本用户，并对用户进行必要的培训，说明调查目的，提出一定的要求，由各样本用户按照要求将所要调查的内容记录下来，定期提交给市场调研项目的负责人。资料提交的形式既可以通过网站提交在线表单，也可以通过电子邮件等方式发送。固定样本调查可以保证样本数量和回收调查表的质量，但需要较大的费用来维持数量众多的固定样本用户。这种方式不适合临时性或一次性市场调查项目，但对于专业的市场调研部门或调查公司，则显得很有必要。企业可以选择自己的忠实客户或者经销商（代理商）来进行此类调查。

5. 网络调查的主要信息来源

互联网是个虚拟的网络，除了连接其中的各类服务器，还包括数以亿计的个人电脑每天都在接入或断开网络，因此互联网上的信息每时每刻都在不断增加或更新，在如此浩瀚的信息海洋里如何有效地寻找到符合我们需要的信息，关键的要点还是要准确地界定信息的来源。

以企业客户调查为例，常见的调查信息来源包括：行业网站、网络研究（统计）网站、管理咨询网站、导航网站、搜索引擎、B2B 网站、网上黄页、企业网站、成员企业网站、金融机构网站、论坛、博客等。另外，还包括行政管理部门的网站，如统计部门、行业主管部门、海关、商务部、工商局等部门的网站。

六、实验报告

以实训案例为背景，按照实践步骤要求对广东某康体娱乐设备有限公司的行业状况、企业客户和竞争对手进行调查，并完成以下实验报告和调查表。

1. 实验报告书

实验项目名称	广东某康体娱乐设备有限公司网络调查	课程名称	网络营销	实验类型	课程实训
学生姓名		班级		学号	
团队成员姓名				指导老师	
实验地点		实验日期		课时	
实验目的和原理	目的：熟练应用和掌握网络调查的方法和手段，了解互联网上各类信息的来源 原理：网络调查是企业进行市场调查的重要手段，网络营销人员应通过对市场的调查，为企业制定营销策略提供依据或为自己开展业务奠定基础				

续表

实验内容和要求	内容：掌握公司行业状况、现有客户和竞争企业情况，寻找潜在客户 要求：通过互联网收集行业、现在客户、潜在客户和竞争企业的相关信息，并讨论公司营销策略的调整方案
实验软件或网站	IE 浏览器、Office 办公软件 调查网站包括：行业网站、企业网站、政府行政网站、B2B 商务平台等
实验操作方法与实验步骤	
实验数据记录和处理	
实验结果与分析	
实验讨论与心得	
实验指导老师评语	
成绩评定	成绩评定：____________ 签名：________

2. 行业竞争情况调查表

行业地位	企业名称	主要产品（服务）	市场份额	主要市场区域	信息来源	备注
领导品牌						
挑战品牌						
跟随品牌						
补缺品牌						

3. 企业客户（用户）名录

地理区域	企业名称	所属行业	销售规模	地址	负责人	联系电话
东南						
中南						
华南						
华北						
东北						
西北						

4. 经销商、代理商名录

地理区域	企业名称	经营范围	销售规模	地址	负责人	联系电话
东南						
中南						
华南						
华北						
东北						
西北						

七、小组讨论及讲演

根据本子任务的学习内容，结合实训案例背景，组织各小组进行讨论，并制作 PPT 进行课堂讲演。

(1) 根据调查的情况，你认为公司还可以对营销策略做哪些方面的调整（请从开发新客户、新的区域市场、新的产品或服务等方面展开讨论）？

(2) 如何提高网民参与企业调查的积极性？举例说明具体的做法。

(3) 通过哪些方法可以辨别和提高网络调查信息的真实性？

(4) 公司要在海外开拓市场，如何通过网络开展市场调查？

八、拓展案例

聚焦中国互联网调查

中国互联网调查是中国每年一度规模最大的互联网市场、用户调查，由中国互联网协会、DCCI 互联网数据中心主办，互联网专业协会（中国香港）、中国台北县电脑商业同业公会协办。调查的相关数据、报告等年度总体与细分市场研究资讯是互联网发展领域最重要、最有影响力的市场风向标，成为业内进行下一年度互联网相关决策的权威指南。

中国互联网调查从 2004 年开始每年进行一次，每年的调查由 300 多家网站联合推介，参与调查的网民接近 100 万人次。2007 年中国互联网调查扩展到互联网 55 个典型细分领域，利用专业调研手段对市场和受众两大层面进行深入的分析和挖掘。

中国互联网调查呈现十大亮点：

(1) 科学的抽样方法及技术手段，保证了调查样本的有效性，极大程度地减少调研的误差。

(2) 科学的研究体系及研究方法，全面的研究内容，保证了调查研究的科学性和全面性。在研究内容方面，中国互联网调查从市场和用户/受众两大层面多种维度等对 55 种细分的互联网服务进行全景式深入调查。

(3) 统一的样本及持续的跟踪，实现了调查的持续性，实现调查数据的横向及纵向比较。借助调查软件客户端记录上网行为，实现了统一样本的持续跟踪，实现了调查的持续性，使得调查具有了连续性对比的意义，实现了统一样本的横向对比。

(4) 大范围的互联网用户访问网站时长等指标的调查。通过调查软件客户端准确记录用户访问互联网各细分领域网站的访问时长，当然还包括到达率、页面访问量等系统媒介价值指标的测量。

(5) 大范围的互联网用户消费与需求的调查。调查除了研究网民对互联网服务的使用行为调研，还包括对用户在个人消费支出及全面的消费构成、产品服务的拥有情况、拥有的品牌以及对相应品牌满意度的调查，并对互联网用户在消费支出构成、产品品牌拥有及评价、产品和品牌预购倾向及预算进行调查和分析。

(6) 大范围的关于媒介与广告接触的调查。深入调查中国互联网用户包括互联网媒介在内的各种媒介与广告的接触程度、购买影响力等。

(7) 大范围的关于互联网用户消费态度及个人爱好的调查。包括互联网用户关于购物考虑因素、互联网在用户消费购物中所起的影响和作用以及用户的各种个人爱好。

(8) 大范围的关于500家网站受众价值的全景调查。调查的指标包括受众到达率、受众访问时长、受众人口统计学特征、受众消费能力、受众消费产品/服务需求、受众品牌喜好度、受众预购倾向以及受众预购价格等。

(9) 大范围的关于500家网站用户行为的全景调查。这些指标包括受众访问页面数量、受众访问频次、受众重合度等。

(10) 200多位互联网业内专家以及分析师的亲身指导与参与，使得调查分析更具深度。

资料来源：http：//sina. com. cn。

案例思考：

1. 进一步了解中国互联网调查抽样的方法和技术手段以及如何保证样本的有效性和减少误差。

2. 企业应如何利用第三方机构的调查数据或报告来提高网络营销决策的科学性？

3. 请在互联网上查找其他类似的权威互联网络调查机构或报告。

子任务二　网络消费者市场分析

一、引例

2015年中国青少年上网行为调查报告

近日，中国互联网络信息中心（CNNIC）发布《2015年中国青少年上网行为研究报告》（以下简称《报告》）。《报告》显示，截至2015年12月，中国青少年网民规模达到2.87亿，新增青少年网民1028万，增长率为3.7%。受益于智能手机等移动上网设备的迅速普及，青少年互联网普及率自2013年起一直保持了较高增速。

移动上网设备快速普及，推动青少年上网行为改变。

截至2015年12月，青少年在家里通过电脑接入互联网的比例达到89.9%，而得益于学校教育信息化水平的进一步提高，青少年在学校上网的比例明显上升，达到25.5%。从上网设备来看，青少年网民使用台式电脑和笔记本电脑上网的比例相比2014年有所下降，其中使用笔记本电脑上网的比例降低了4.5个百分点，为39.5%；而手机上网的使用率增加了2.4个百分点，达到90%。此外，青少年网民平均每周上网时长相比2014年下降了0.7小时，通过在学状态对青少年网民进行细分之后可以发现，中学生群体的周上网时长下降最为明显，较去年降低1.7小时。

中东部地区互联网发展良好，经济水平影响西部网络使用。

2015 年的青少年网民分布与 2014 年基本保持一致。《报告》显示，东部地区的青少年网民占比最高，为 39.3%；中部和西部地区的青少年网民占比分别为 27.2%和 26.7%；东北地区占比为 6.9%。通过对不同地区青少年网民各类应用的使用率进行分析可以发现，中东部地区的青少年网民互联网使用情况良好，而西部地区由于经济发展相对落后且对互联网服务的接受程度较低，造成该地区青少年网民商务交易类应用使用率和各类上网设备的使用率均明显偏低。

网络娱乐类应用偏好明显，网络游戏超过整体网民最多。

《报告》显示，青少年网民对网络娱乐类应用存在明显偏好，其各类网络娱乐应用使用率均高于网民总体水平。网络游戏超出网民总体水平最多，达到 9.6 个百分点。通过对不同学历段用户的网络游戏使用率进行分析可以发现，中学生网络游戏使用率最高，达到 70%，高于网民总体水平 13.1 个百分点；大学生网络游戏使用率低于中小学生，仅有 66.1%是网络游戏用户。从青少年网民整体网络娱乐行为来看，上网看视频和听音乐相比玩游戏更受到青少年网民的青睐。

二次元文化快速发展，对青少年影响需重视。

随着互联网在青少年群体中的普及，网络文化娱乐在青少年日常生活中扮演的角色越来越重要，其中以具有架空世界观的小说、漫画、动画、游戏作为主要载体的“二次元”网络文化在过去几年中通过各类互联网娱乐应用在青少年网民中快速渗透。《报告》显示，截至 2015 年 12 月，作为二次元文化传播载体的网络小说、视频、游戏的青少年用户规模分别达到 1.3 亿、2.2 亿和 1.9 亿。由于二次元内容主要表现漫画、动画、游戏中的架空世界，其世界观、人生观与现实生活必然存在某些差异，而青少年网民的世界观和人生观大多处于形成期，如果过于沉迷二次元内容，则可能对现实生活产生不良影响，因此应受到重视。

资料来源：http：//www.cnnic.net.cn/hlwfzyj/hlwxzbg/qsnbg/201608/t20160812_54425.htm.

案例思考：

青少年网民在国内网民中的比例已经占到一半，他们往往是各种网络新应用的首批尝试者，也是未来的消费市场。因此，要了解和掌握网络消费者市场的情况，就必须注重对青少年网民的上网行为和特点进行研究。

1. 你和你身边的同学最常用的网络应用包括哪些？
2. 你是否参加过网络上的调查活动？
3. 除了填写调查问卷，网站通常还通过哪些方式了解它的访问者？

二、任务描述

面对互联网迅速增长的网民数量，网络营销企业通常会比较乐观地预测市场前景，或者扩大原有的主营业务，或者加大投入新产品研发。但事实上，企业这时候必须要做好的第一件事情是：准确锁定自己的现有顾客和潜在顾客，跟踪调查这些顾客的需求变化和购买行为特征，为企业向顾客提供优质产品和个性化服务，做好充分的准备。互联网的普及使企业对目标消费者调查的方法和手段变得多样化，同时，获取消费者市场数据信息的来源也更加丰富和便捷。因此，了解和掌握网络消费者市场调查和市场分析的方法，对于企业成功开展网络营销是非常重要的基础工作。

【实训案例】手机游戏市场战略分析

【参考网站】www. cnnic. cn；www. shandagames. com；www. iresearch. com. cn。

从2009年底开始，国内网络游戏市场增长便开始逐渐放缓，到了2010年，这种趋势也愈加明显。此阶段，诸多产业资本也开始进军网络游戏业，造成行业拥挤，同时大型网络游戏开发、运营成本成倍翻高。在此背景之下，各大网络游戏企业针对自身情况，或主动、或被动地进行了调整。经过了一年的调整，整个行业逐步走出前一年的低迷，发展正在增速。

某网络游戏公司准备在未来三年内推出多款新手机游戏，以满足网民不断增长和变化的休闲娱乐需求，增加企业市场占有率。为此，公司要求市场部联合开发部和客服部共同开展市场调查，要求全面掌握本公司运营的几款手机游戏的玩家基础情况，并调查目前手机游戏市场的竞争情况，预测手机游戏发展趋势。

三、任务要求

公司将调查任务分别分配给三个部门的主管。其中，市场部的李主管带领调查小组负责调查互联网的网民基本情况，并对网民在线娱乐消费情况进行调查。具体调查内容包括：

（1）互联网总体发展状况；

（2）网民结构及分布情况；

（3）网民手机娱乐消费发展趋势。

客服部的王主管带领调查小组负责对本公司运营的几款游戏的玩家进行网上调查，了解玩家的基本情况和他们对游戏的评价和建议。具体要收集和掌握的信息包括：

（1）游戏所属类型，注册用户数，最高在线人数，日均在线人数等；

（2）玩家的性别、年龄、学历，拥有的游戏账号数、级别，账号在线平均小时数；

（3）玩家对游戏的评价和建议等。

开发部根据客服部和市场部提供的调查数据提交市场预测报告、游戏产品及相关服务开发建议。

四、实践步骤

网民和游戏玩家是本次调查的主要对象，公司可以通过多个渠道发放电子调查问卷来进行调查，另外还可以重点选择一些玩家进行深度访谈，以获取更多的信息。具体的步骤包括以下几点：

1. 了解互联网络发展基本状况

中国互联网络信息中心（www. cnnic. cn）每年1月和7月发布两次《中国互联网络发展状况统计报告》，该报告提供了国内互联网络发展情况的基础统计数据，并就其变化和发展趋势、特点进行描述。报告中的数据可为企业提供互联网络市场环境信息。

2. 了解网络游戏行业发展的基本状况

中国互联网络信息中心发布的《2010—2015 年中国手机游戏用户调研报告》发布了手机游戏行业发展情况的基本数据，可为公司制定市场开发和竞争策略提供依据。

3. 了解特定群体或区域的互联网络应用情况

青少年是手机游戏的主要用户，了解这一特定群体的上网行为特征可为公司游戏开发和游戏运营提供依据。

4. 对公司注册玩家进行深度访谈调查

游戏玩家是公司产品和服务的使用者，他们对产品和服务的评价和建议是公司改进产品和服务的最主要依据和动力。公司可通过抽取一定比例的游戏玩家作为样本，进行问卷调查，充分了解他们对公司当前运营的手机游戏产品和服务的评价和建议。

5. 整理分析数据，撰写报告

将近几年的数据进行比较，分析行业发展趋势，包括增长率、市场份额分配及变化情况；将企业游戏产品或服务特色与玩家评价和建议进行比较，分析产品服务定位策略和客户满意度情况。最后，讨论数据分析结果，提出相关建议。

五、理论知识点

对企业发展环境、竞争状况、产品服务品质和消费者进行调查和分析，是制定企业发展战略的基础。

1. 调查资料的整理

市场调查资料的整理是指运用科学的方法，对调查所获得的各种原始资料进行审核、分类处理和加工综合，使之系统化和条理化的工作过程。

（1）资料整理的步骤。

① 设计和编制资料整理方案。

② 对原始资料进行审核。

③ 对原始资料进行统计分组、汇总和计算。

④ 对整理好的资料再一次进行审核，编制成统计表，以表示现象在数量上的关系。

（2）资料审查的内容。

资料审查要审核资料的真实性、准确性和完整性。具体工作包括：

① 对已经核实确认的错误，可由调查者代为更正。

② 对可疑或错误的资料，应进行补充调查。

③ 对无法进行补充调查的错误资料，应以剔除。

（3）统计分组整理资料。

统计分组指根据市场调查的目的和要求，按照一定的标志，将所研究的事物或现象区分为不同的类型或组的一种整理资料的方法。一般来说，调查人员可以根据资料的性质和数量来进行分类。

（4）编码。

编码就是对一个调查项目的不同备选答案进行统计分组和统一设计代码的过程。编码一般用于大规模的问卷调查中，这样可以借助编码技术和计算机来简化统计汇总工作。

（5）数据录入。

数据录入是指将问卷或编码表中的每一题目或变量对应的代码读到磁盘等存储介质上或通过键盘直接录入计算机中，便于应用计算机程序对数据进行统计和计算。

2. 资料分析的含义和内容

（1）资料分析的含义。

资料分析指通过将市场调查所获得的资料分解成较为简单的组成部分，辨析出这些部分的本质属性和彼此之间的关系，从而对研究的事物、现象有更清晰、更本质的认识和把握的过程。

分析的方法包括定性分析和定量分析。前者是针对以文字为主的描述性资料；后者是针对以数量表示为主的资料。

（2）资料分析的基本内容。

① 对调查特点、目的进行剖析，得出有关整个调查分析过程的方向及侧重点等方面的结论。

② 对所应用的调查方式及分析方法的特性和针对性进行分析。

③ 对调查对象特点及对调查所持的态度等进行分析。

④ 对调查资料的可靠性和代表性进行分析。

⑤ 运用适当的分析方法，分析调查资料所反映的问题。

⑥ 综合得出最终的分析结论，并对这一结论的前提、深层根源及适用范围等提出见解。

⑦ 针对综合分析的结论提出建议和对策。

（3）定性分析方法

非数量资料是调查人员通过参与活动、现场观察、深入交谈、查找资料等手段获得，是以叙事资料为主体、文字描述方式呈现的，具有描述性、事实性和典型性等特征。

定性分析也称逻辑分析，是将调查得来的数据资料经过处理后，分析研究对象是否具有某种性质，分析现象变化的原因及变化的过程，以达到对现象的本质、趋势及规律等方面的认识。常用的定性分析方法包括归纳分析法、演绎分析法、比较分析法和结构分析法。

①归纳分析法。

归纳分析法是以调查的统计分组资料为中心，对个别事实直接经验地加以概括，归纳出有关事物的一般属性和本质的思维方法。归纳分析法是定性分析应用最广泛的一种方法。具体的应用方式包括列举法和科学归纳法。列举法是通过列举有代表性的事实来证实研究结论的思维方法。科学归纳法是通过对某一门类部分对象本质属性和因果关系的分析，得出研究结论的思维方法，结论可靠性程度较高。

②演绎分析法。

演绎分析法是从一般到个别，是根据一类事物都具有一般属性来推断该类中的个别事物所具有的属性的推理分析方法。演绎分析法是从一般到特殊的推理，在前提正确的情况下，结论可靠，适合于对假设进行检验。

③比较分析法。

比较分析法是把两个或两类资料相比较，从而确定它们之间的相同点和不同点的一种逻辑分析方法，一般需要选择一定的参照系。

④结构分析法。

结构分析法是通过调查资料分析某种现象的结构及其组成部分的功能，进而认识这一现象的本质的方法。

（4）定量分析法

定量分析法是对调查搜集来的数据资料进行计算、统计检验、分析解释，并以此为依据，做出科学推断，揭示现象中所蕴含的规律的一种方法。一般包括：

①描述性统计分析方法。市场调查分析中最常用的描述性统计分析，主要包括对调查数据的统计分组分析、集中趋势分析、离散程度分析、相对程度分析、指数分析。

②推断性统计分析方法。推断性统计分析方法主要包括：参数估计、假设检验、方差分析、相关（回归）分析、聚类分析、主成分分析、因子分析。

③不确定性分析方法，主要是指模糊分析。

六、实验报告

以实训案例为背景，按照实践步骤要求对某网络游戏有限公司的互联网市场、行业状况和游戏玩家进行调查，并完成以下实验报告和分析内容。

1. 实验报告书

实验项目名称	某网络游戏有限公司网络调查	课程名称	网络营销	实验类型	课程实训
学生姓名		班级		学号	
团队成员姓名				指导老师	
实验地点		实验日期		课时	
实验目的和原理	目的：熟悉查找各种行业报告数据的来源和应用，掌握资料整理和分析的方法 原理：企业制定营销策略，必须是建立在对行业发展状况及对现有和潜在消费者充分了解的基础上的。只有掌握市场和客户信息分析能力，才能把握企业经营和发展的方向				
实验内容和要求	内容：分析行业发展趋势，制定企业产品和服务开发或改进策略 要求：在充分掌握行业发展现状的基础上，分析和讨论企业产品、服务策略				
实验软件或网站	IE 浏览器、Office 办公软件 调查网站包括：行业网站、企业网站、游戏平台等				
实验操作方法与实验步骤					

续表

实验数据记录和处理	
实验结果与分析	
实验讨论与心得	
实验指导老师评语	
成绩评定	成绩评定：__________ 签名：__________

2. 网络游戏行业发展情况表

年份/游戏类型	网民规模（万人）	网络游戏用户（万人）	较上年增长（万人）	较上年增长率（%）	增长速度	备注

游戏类型：按游戏运行方式分为社交网页游戏、大型网页游戏、网页单机游戏；按游戏题材分为战争策略类、角色扮演类、休闲竞技类、模拟经营类、养成过关类等。

3. 网络游戏运营商情况表

序号	网络游戏运营商	注册玩家数量（万人）	注册玩家较上年增长（万人）	注册玩家较上年增长率（%）	本年主要运营游戏	产品和服务变化	备注

4. ________公司×××游戏玩家情况统计调查

序号	基本情况				每周上网时间	本游戏每周在线时间（小时）	其他游戏每周在线时间（小时）	每月游戏花费	产品和服务评价及建议	备注
	性别	年龄	学历	职业						

5. 讨论公司游戏产品和服务改进建议、产品和服务开发建议、营销推广建议。

七、小组讨论及讲演

根据本任务的学习内容，结合实训案例背景，组织各小组进行讨论，并制作 PPT 进行课堂讲演。

（1）根据调查的情况，预测手机游戏行业发展的前景及机遇。

（2）本小组是如何对游戏玩家进行调查的。（请分别说明调查方法、样本选取方法、调查项目和统计结果）

（3）请对公司×××游戏提出改进建议。

（4）公司新产品和服务的开发建议及营销推广建议。

八、拓展案例

CNNIC：2014—2015 年中国手机游戏用户调研报告

中国互联网络信息中心（CNNIC）发布了《2014—2015 年中国手机游戏用户调研报告》（以下简称《报告》）。《报告》显示，截至 2015 年 6 月，我国使用手机上网玩游戏的用户规模达到 2.67 亿，游戏设备与网络环境不断优化，游戏类型呈多样化发展，用户游戏付费能力有了显著提升。

手机游戏用户规模稳定增长，用户日趋成熟。

在经过了 2013 年的高速增长之后，目前国内以手机游戏为主的移动游戏市场已经进入发展相对平稳的成熟期，用户规模和使用率呈稳定增长趋势。CNNIC 第 36 次《中国互联网络发展状况统计报告》数据显示，截至 2015 年 6 月，我国使用手机上网玩游戏的用户规模达到 2.67 亿，较去年底增长了 1876 万，占整体手机网民的 45%。

CNNIC 对 2015 年上半年新增用户的年龄分析发现，新增的移动游戏用户依然以中青年用户为主要群体，20～39 岁用户占到所有新用户的 83.4%。得益于智能手机的普及、3G/4G 网络基础设施的日益完善以及用户收入水平的提高，2014 年我国网民在使用移动设备玩游戏时拥有更多游戏类型的选择，为游戏支付更多费用的意愿也有所增加。

从用户接触手机或平板电脑游戏的时间来看，目前国内移动游戏用户规模相对稳定，新用户增长趋缓。接触移动游戏时间在三年以上的用户占比超过 50%，随着游戏经验的增加，越来越多的用户开始具备对游戏品质好坏的鉴别能力，对游戏品质的要求不断提高。

设备与网络环境不断优化，用户体验感增强。

由于网络环境对手机网络游戏的流畅性有很大影响，因此更多用户倾向于在良好的网络环境下进行游戏。《报告》显示，87.3%的用户选择在有 Wi-Fi 的环境下玩手机游戏；使用过 3G/4G 网络的用户占比也分别达到了 33.6%和 35.7%；仅有 16.8%的用户会在体验较差的 2G 环境下玩游戏。

手机屏幕的增大对于提升手机视频和手机游戏的体验具有明显效果，因此越来越多的手机游戏用户为此更换大屏幕手机。《报告》数据表明，使用 4.7 英寸以上屏幕手机的用户占比高达 47.5%，使用 4～4.7 英寸屏幕手机的用户占比达 27.1%，而使用 4 英寸屏幕以下手机的用户为 25.3%。大屏幕手机成为市场主流的趋势使得其与平板电脑之间的界限日趋模糊。由于手机游戏的兴起，与之配套的游戏手柄等外接设备开始得到很多硬件厂商的关注。数据显示，目前手机游戏用户中 39.3%的用户对外接手柄有所了解，37.1%的用户表示愿意在玩手机游戏时使用外接手柄或其他游戏设备来增强游戏体验。随着手机硬件水平与用户需求的不断提升，未来这一针对深度垂直用户的市场前景值得期待。

移动游戏类型多样化发展，轻度游戏仍是主要类型。

从用户使用移动设备玩游戏的类型上看，虽然自 2014 年起移动游戏开始向重度化方向发展，但轻度的休闲类游戏依然是目前主要的游戏类型。棋牌、跑酷、消除类轻度游戏的用户占比均超过了 60%，而相对重度的动作格斗、枪战射击和角色扮演类游戏用户占比也都超过了 25%。对用户而言，轻度移动游戏主要针对使用时间碎片化、付费能力较低但更加广泛的用户群体，而重度移动游戏主要面向为游戏投入更多时间、精力以及拥有较强付费潜力的垂直用户群体。

移动游戏类型的多元化发展有利于满足不同用户群体的不同诉求，同时促进了游戏玩法的差异化发展和创新，进而对行业的健康发展和良性竞争也起到了积极意义。

资料来源：http：//www.199it.com/archives/425604.html.

案例思考：

1. 对比本小组实训中用户调查的方式，进一步了解 CNNIC 进行手机游戏用户调查的方法。

2. 举例说明企业游戏平台如何开展用户调查？
3. 举例说明如何应用以上“调查研究发现”来制定公司市场策略？

子任务三　网络调查问卷设计与发布

一、引例

调查问卷设计存在的问题

某公司为调查公司的金茶花保健茶市场情况，设计了以下调查问卷，并组织高校的学生开展访问调查。

先生/小组：

您好！我是××职业技术学院的学生，我们正在进行一项金茶花保健茶消费者调查。我们从公司的销售记录中，得知您是金茶花保健茶的饮用者。希望您能抽出一点时间，接受我们的调查，使我们能将包括您在内的广大消费者的意见和建议反馈给公司，使公司的产品和服务能不断提高质量。感谢您的合作。

1. 您饮用金茶花保健茶有多少时间了？
2. 饮用前和饮用后您有什么不同的感觉？
3. 您当初选择金茶花保健茶的原因是什么？
4. 你是通过什么渠道得知金茶花保健茶这一产品的？（　　）

   A. 广告（a. 报纸 b. 杂志 c. 电视 d. 广播 e. 网站 f. 宣传单）

   B. 朋友介绍

   C. 商场促销

   D. 其他________________

5. 您一般从哪里得到金茶花保健茶？（　　）

   A. 自己购买　　B. 朋友赠送　　C. 其他________________

6. 您饮用金茶花保健茶时觉得口感怎么样？有没有其他不舒服的感觉？
7. 您是否会继续饮用金茶花保健茶？为什么？
8. 您认为金茶花保健茶还需要做哪些改进？

您今天花了很多时间向我们提供了非常重要的信息，我代表公司对您的协助与支持表示衷心感谢。为了表达我们的谢意，我们公司特别赠送您一盒金茶花保健茶，祝您健康！

调查员姓名：______________
访问时间：________年____月______日____________时开始______________时结束
被访者姓名：________性别：________年龄：________
详细地址：______________________联系电话：__________

资料来源：岑咏霆．营销调研实训．北京：高等教育出版社，2003.

案例思考：

调查问卷是开展实地调查的有效工具。设计良好的调查问卷既方便调查人员开展调查活动，也可以使被访者乐于接受调查，而获得详细、真实的信息。

1. 你认为上面的调查问卷存在哪些方面的问题？

2. 此问卷是否适合在网上发布调查？

二、任务描述与要求

网络调查问卷利用计算机程序，可以方便、快捷地进行设计、发布和统计。目前许多网站免费提供网络调查问卷设计应用平台，企业可以根据市场调查的要求，选择自行设计或委托专业调查公司进行调查的方式开展网络调查。

请各实训小组根据任务二的要求，为公司客服部设计一份针对游戏玩家的调查问卷。

三、实践步骤

1. 设计调查方案

实训小组根据任务二的调查目标，设计出完整的调查方案。具体内容包括调查目的、调查内容、调查对象和范围、调查方法说明、调查资料整理与分析方法、调查日程和期限，最后设计出书面的调查问卷。

2. 选择专业网络调查网站

选择专业网络调查网站时，可以从以下因素来考虑：提供丰富的模板、设计界面友好性、多平台发布适用性、统计报告功能完善、会员服务升级等。目前，较常见的专业网络调查网站包括：

（1）问卷星：www. sojump. com。

（2）问道网：www. askform. com。

（3）数据一百调查在线：www. data100. net。

（4）我要调查网：www. 51diaocha. net。

（5）第一调查网：www. 1diaocha. com。

（6）国外调查网 1：questionform. com。

（7）国外调查网 2：www. wufoo. com。

3. 设计调查问卷

以问卷星（www. sojump. com）为例设计调查问卷：

① 登录网站并注册（见图 2-5）。

② 选择“设计新问卷”，进入问卷设计界面，根据提示选择创建问卷的方式（见图 2-6）：模板创建问卷、文本创建问卷和创建空白问卷。下面以创建空白问卷为例说明操作步骤。

③ 设置问卷基本信息（见图 2-7）：问卷名称、问卷说明、问卷背景主题、语言、截止日期、分类、问卷公开级别、密码保护及结果公开级别等。

④ 编写调查问题（见图 2-8）：选择问题类型、编写问题、编写答案选项、调整问题次序。

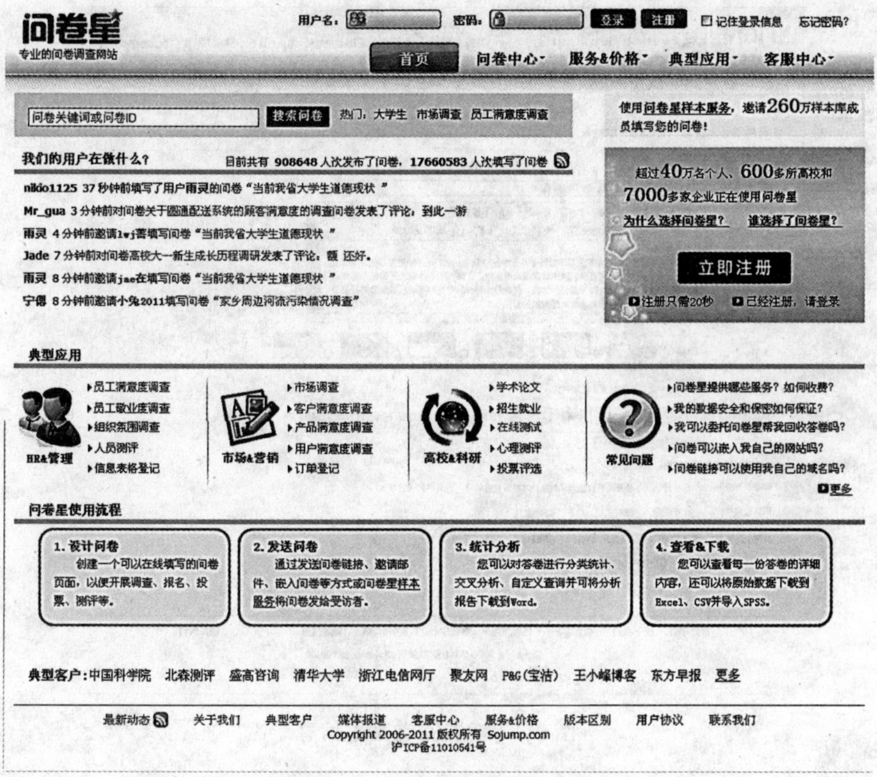

图 2-5　问卷星专业调查网站首页

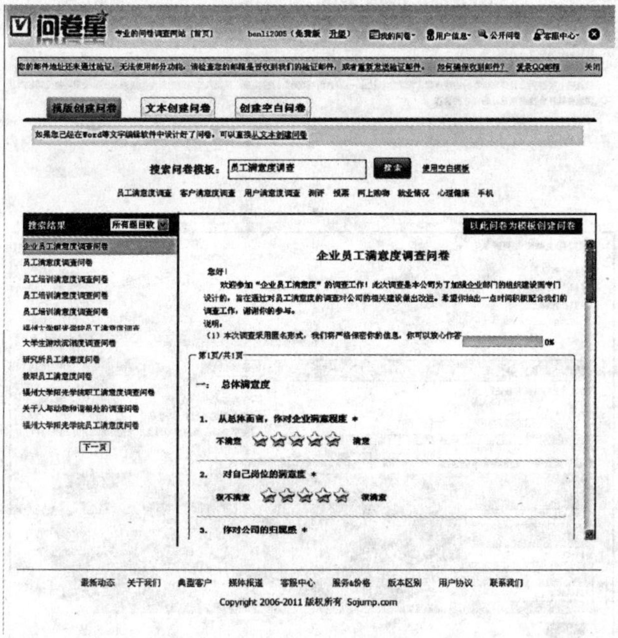

图 2-6　选择问卷创建方式

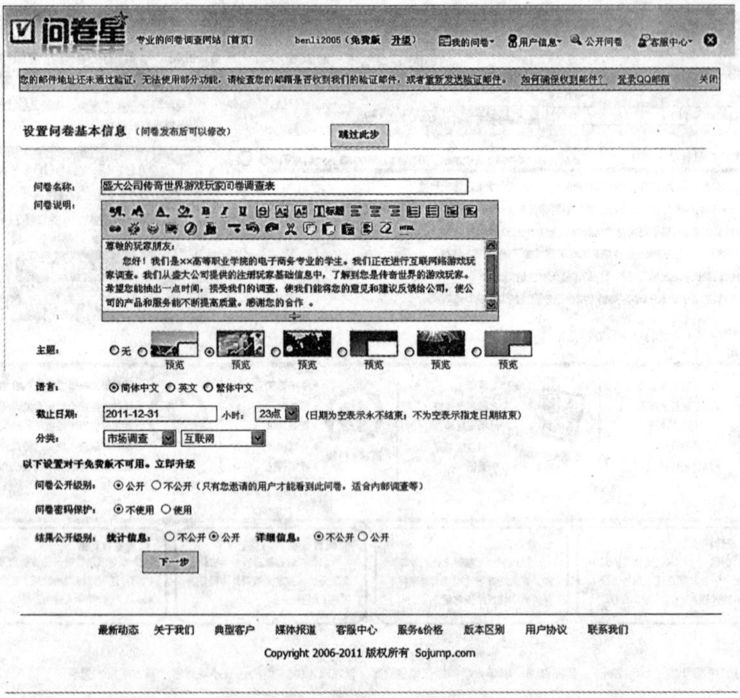

图 2-7 设置问卷基本信息

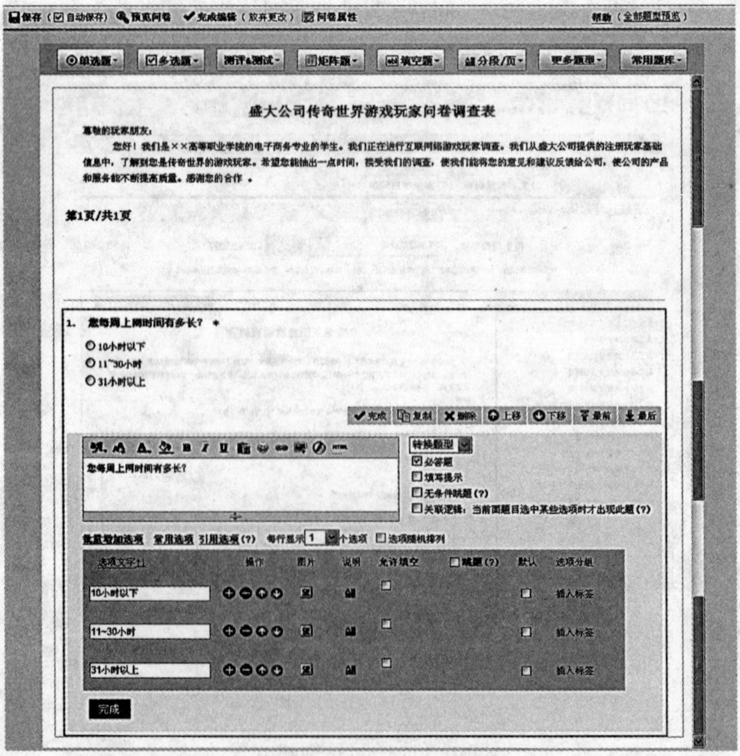

图 2-8 编写调查问题

⑤预览调查问卷（见图 2-9）：检查调查问卷的卷面设计、题目是否完整，是否有错漏题目或内容。

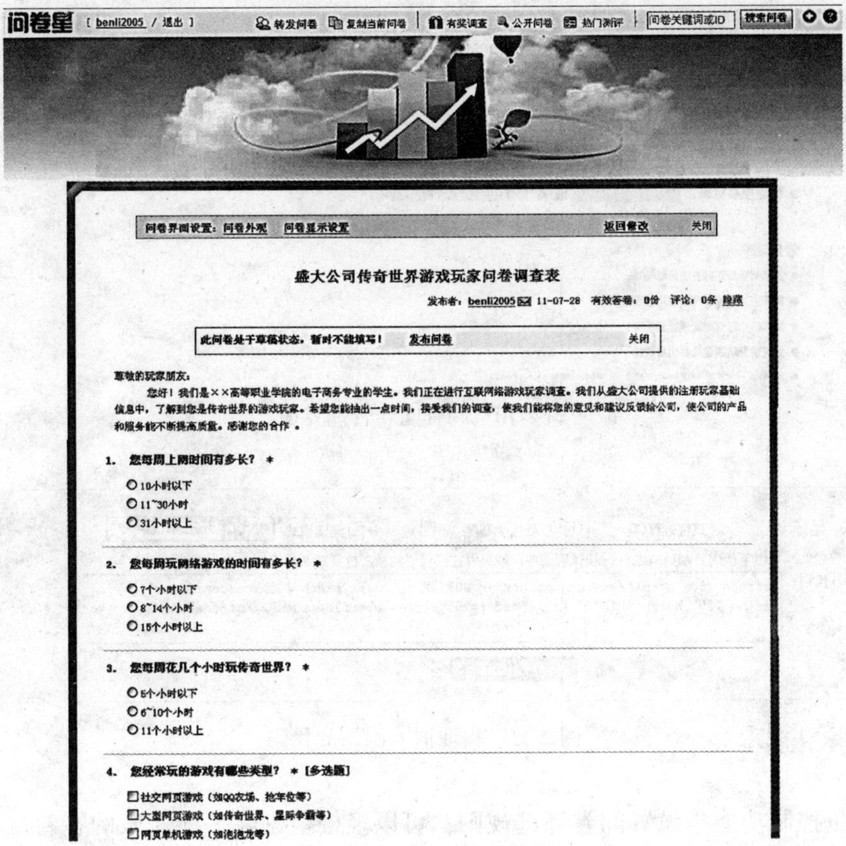

图 2-9　预览调查问卷

⑥ 进入调查问卷管理界面，做好发布前的准备工作（见图 2-10）。

4. 发布调查问卷

① 调查问卷发布的方法：复制问卷链接，放置到网页、邮件中，还可以将问卷绑定到微博吸引更多网民参与调查；合作网站推荐；互填问卷；发送邀请件；嵌入网站。

② 提取嵌入网站的代码（见图 2-11）。

5. 问卷管理

① 检查问卷执行进度（见图 2-12）：了解问卷发布后的访问情况、调查参与情况、完成率及问卷评价等信息。

② 设计问卷功能包括：编辑问卷、完成页面浏览、问卷设置、问卷外观调整、查看问卷、导出和打印。

③ 统计分析功能包括：单题统计、数据分析与报告、答卷来源分析、完成率分析等。

④ 查看和下载功能包括：浏览答卷详情、下载原始答卷等。

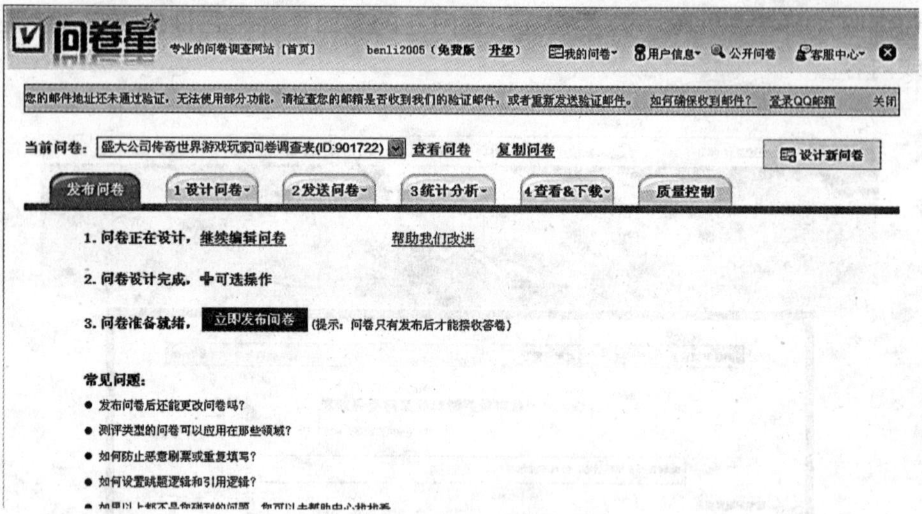

图 2-10　调查问卷管理界面

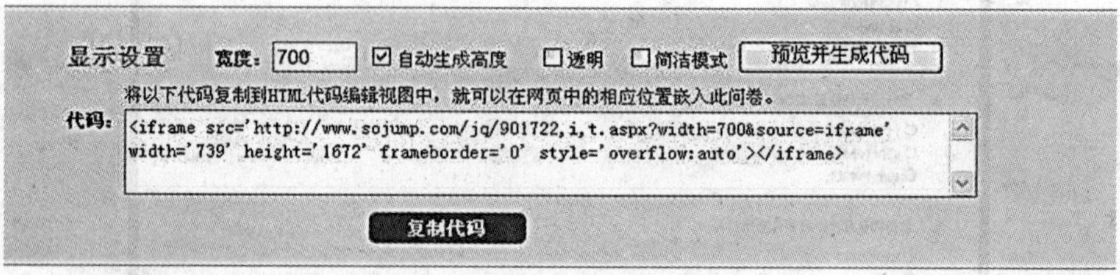

图 2-11　提取嵌入网站的代码

⑤ 质量控制功能指设置问卷筛选规则，可以轻松地剔除一些无效的答卷。

四、理论知识点

问卷调查法是由调查人员运用统一设计的问卷向被选取的调查对象了解情况或征询意见的调查方法。

1. 问卷调查的特点

（1）问卷调查是实地调查的有效工具。

（2）问卷调查是标准化的调查。

（3）问卷调查一般是抽样调查。

（4）问卷调查一般是定量调查。

2. 问卷调查法的种类

（1）自填式问卷调查。按照问卷传递的方式不同，自填式问卷调查可分为报刊问卷调查、邮政问卷调查、送发问卷调查和网上访问问卷调查。

（2）代填式问卷调查。按照与被调查者交谈的方式不同，代填式问卷调查可分为访问问卷调查和电话问卷调查。

3. 调查问卷的基本结构

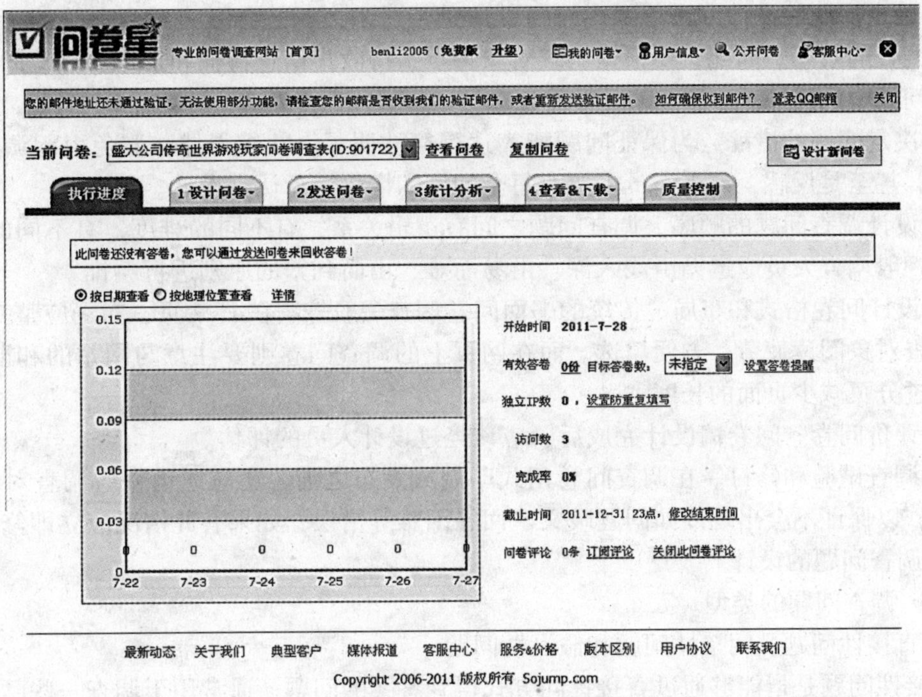

图 2-12　调查问卷执行进度管理界面

无论是书面的调查问卷还是网上的调查表，它们的基本结构一般都包括开头部分、正文部分和背景部分。

（1）开头部分。

开头部分一般包括问卷编号、调查说明、填表说明等内容。开头部分的文字须简明易懂，能激发被调查者的兴趣。

（2）正文部分。

正文部分是问卷的主体部分或核心部分。调查人员通过在此部分设计调查问题和备选答案，获得调查对象的答复，以充分掌握调查对象个人基本情况和对某一特定事物的态度、意见、倾向及行为。

（3）背景部分。

背景部分通常放在问卷的最后，可以在此部分让调查对象填选个人信息，并可再次向调查对象致谢。背景部分同样也要求简洁明了。

4. 问卷设计的程序

为了保证调查问卷的科学性、规范性和可行性，问卷的设计有相应的程序和方法。调查问卷设计的程序如下：

① 确定调查目的和所需要的信息。这一步骤需要经过调查小组认真的研究讨论，因为它基本上确定了调查问卷里将会包括什么问题。

② 确定调查资料的收集方法。与调查对象接触的方式不同或调查手段不同，因此需要设计不同的问题和备选答案。

③ 确定问题的设计方法。调查问题设计是否适当，不但会影响到调查的效率，也会影响到调查的效果。因此，要根据调查对象特点、待收集信息特征和工作方式等因素来设计调查问卷中的问题。

④ 决定问题的措辞。为保证问题能表达得简洁明了、礼貌得体，避免引起调查对象的误解，甚至是反感，调查人员需要对每个问题的措辞进行认真设计。

⑤ 设计调查问题的顺序。调查问题之间有逻辑关系，有不同的难度，有不同的类型，所以，一般调查人员应遵循由浅入深、由易而难、由简到繁的原则进行编排。

⑥ 设计问卷格式和布局。传统的书面问卷调查一般控制在1~2页，布局应整齐美观，减少调查对象阅读疲劳，方便填选。而在网页上的调查问卷则要注意与网站的和谐统一，并应通过分页减少页面的长度。

⑦ 评价问卷。问卷稿设计完成后，应该经过设计人员的评估。

⑧ 调查试验和修订。在调查问卷正式印制或发布之前，还应邀请一些调查对象来进行试验，以保证不会出现诸如问题歧义、回答困难等错误，如果有此情况应立即修订。

5. 调查问题的设计

（1）调查问题的类型。

① 直接性问题、间接性问题和假设性问题。

直接性问题是指能够通过直接提问方式得到答案的问题。通常用于调查一些已经存在的事实或对调查对象而言并不敏感的一些基本情况。如：职业、上网方式等。

间接性问题是指那些不宜直接回答，而采用间接提问方式得到所需答案的问题。通常用于提问调查对象不敢或不愿真实表达意见的问题。如把直接询问调查对象对某现象评价的问题，一般可改成列举社会对此现象的不同评价，然后答案选项改为“完全同意”、“有保留同意”和“不同意”。但间接性问题表述一般会比较复杂，应灵活运用。

假设性问题是通过假设某一情景或现象存在而向被调查者提出问题。

② 开放式问题、封闭式问题和量表应答式问题。

开放式问题是一种受访者可以自由地用自己的语言来回答的问题。开放式问题一般提问都比较简单，回答能较充分地表示调查对象的真实意思，但对结果的统计和定量分析较困难。

封闭式问题是指问题的设置包括提供了供调查对象选择的备选答案。封闭式问题由于答案标准化，不仅方便回答，而且易于进行统计和分析。

量表应答式问题是指问题设置的答案，相互间有大小、多少或程度深浅的关系，调查对象需要对自己的状况或态度进行判断或估算。

（2）设计问题表述方式和措辞。

表述准确、严谨和委婉的问题，能使调查对象轻松和愉快地回答。一般要注意以下几点：

①使用通俗易懂的词汇，避免使用生僻的专业用语。

② 使用确定的词汇，避免模棱两可的表述。

③ 避免诱导性或倾向性的暗示提问。

④ 避免隐含选择、隐含假设。

⑤ 尽量避免推论和估计，问题应该是特定的而不是泛指。

⑥ 问题应简明扼要，应尽量避免太长的题目。

⑦ 避免提出对调查对象记忆力要求过高的题目。

⑧ 不要提出涉及调查对象个人隐私的问题。

⑨ 问题的表述要委婉，有艺术性，避免影响调查对象的情绪。

五、实验报告

以实训案例为背景，按照实践步骤要求设计和发布某游戏公司对手机游戏玩家进行调查的调查问卷，完成以下实验报告书并分析调查结果。

1. 实验报告书

实验项目名称	设计和发布某游戏公司网络调查问卷	课程名称	网络营销	实验类型	课程实训
学生姓名		班级		学号	
团队成员姓名				指导老师	
实验地点		实验日期		课时	
实验目的和原理	目的：掌握调查问卷的设计和网络发布技术 原理：网络调查问卷可应用先进的计算机技术和互联网技术，快速有效地开展网络调查				
实验内容和要求	内容：按要求设计调查问卷，发布问卷，回收和统计调查结果 要求：围绕任务二设计调查问题，在规定的期限内完成调查结果的统计与分析				
实验软件或网站	IE 浏览器、Office 办公软件 调查网站包括：网络调查网站、企业网站、游戏平台等				
实验操作方法与实验步骤					
实验数据记录和处理					
实验结果与分析					
实验讨论与心得					
实验指导老师评语					

续表

成绩评定	成绩评定：______________签名：________

2. 调查问卷发布方式记录表（将调查问卷的代码复制下来，并发布在个人 QQ 空间、微博和网站上。应用调查网站提供的所有问卷发布方式，并记录在表中）

发布方式	发布步骤	发布条件和要求	优点	缺点	备注

3. 收集问卷统计调查结果

调查题目		小组成员	
调查情况记录	包括调查时限、问卷发布方式、问卷回收等情况		
统计结果及分析			

六、小组讨论及讲演

根据本子任务的学习内容，结合实训案例背景，组织各小组进行讨论，并制作 PPT 进行课堂讲演，讲演内容包括以下几点。

（1）调查问卷问题设计说明。

（2）网络调查问卷发布及管理说明。

（3）各专业调查网站提供的网络调查服务情况比较。

七、拓展案例

网络促销调查，你“击”中消费者的兴奋点了吗

面对网络促销这个对于厂商最具实用价值的课题，全球著名市场研究机构益普索（Ipsos）在2010年5月专门针对网络促销方式在中国内地、香港及台湾同时展开了一项调研，为商家的网络促销提供建议。

问题：“互联网上的各种信息浩瀚如海，消费者能否注意到那些促销？互联网上各种信息真假不一，消费者是否信任并愿意积极参与促销活动？”

益普索（Ipsos）此次网络促销调查给广大网上商家提供了一个好消息：大中华区网民对于网络促销态度正面积极，活动参与度较高，近半的网民在过去半年内有参与过网络促销活动的体验。益普索（Ipsos）此次调查发现，中国内地的网民有41%在过去半年内参与过网络促销，远低于香港（75%）与台湾（65%）。这从侧面反映出香港和台湾的网络促销应用更为广泛、更为成熟；而香港和台湾的商家在运用网络促销这个营销手段时，相对更能抓住消费者的“眼”与“心”，而内地的商家在这方面还有较大的上升空间。

三个地区的消费者在获取促销信息的渠道方面，也表现出各自的特点。内地与台湾促销信息的获取渠道相对更为集中，有主导性的信息渠道：内地主要集中于从个人网店（淘宝、易趣等）及电子商城（京东、淘宝商城等）获得促销信息，即在选购过程中接触到促销，促销信息较像是实体店里的推介材料；而台湾则多是在门户网站与电子商城获得，促销信息更像是传统媒体与店铺广告的网络版。相比之下，香港网民获取网络促销信息的渠道较为分散，既包括门户网站与电子邮件这类传统媒体与直邮的线上版，也包括社区网站和品牌官方网站这两个线下没有的信息接触点；而多点接触的状况也使得香港网民通过搜索网站获得网上促销信息的比例低于内地和台湾。

与大多数网民主要通过搜索引擎网站来查找收集各种信息不同的是，本次调查发现搜索引擎网站并非是促销信息获取的主要渠道，这说明消费者对于促销信息的态度主要还是“走过路过，碰上才会看”，而不是“查来找去，主动得到它”，享受促销只是额外收获，而不是目的。

问题：“网络促销是否仅仅适合具有某类或某些特点的产品，而不是各个品类都适用？”

益普索（Ipsos）的调查结果显示这种感觉不完全准确，不同地区的消费者通过网络促销购买的产品品类有所不同：内地网民所购买的网络促销产品种类很多，覆盖服饰及配件、电子数码产品、虚拟产品和图书音像等，香港则以美容产品居多，台湾则更多侧重电子数码产品及美容产品。

问题：“当有多种网络促销方式可供选择时，我们需要选择哪一种对消费者购买产品更有刺激力的促销方式呢？”

益普索（Ipsos）公司通过网民对使用不同促销方式的深入分析，进一步明确了“通吃型”的最优网络促销方式并不存在。网民在购买不同类别产品时所选择的促销

方式有显著的区别，也就是说，同一种产品所推行不同的促销方式对消费者的吸引力是不同的。例如：对家居类的产品实行捆绑销售和团购优惠的促销方式较为适合，但积分兑换或购物抽奖的促销方式就并不适合。有了这样的发现，无疑可以帮助商家提高网上促销的有效性，而发现网民的兴奋点才能赢得他们的“钱袋”。

香港及台湾地区的做法值得借鉴，由于这两个市场比较活跃，出现了同一类别产品使用不同促销方式的现象，如此一来，可以吸引到更广泛的人群，不失为一种聪明的做法。

问题：“网络促销是否仅仅限于那些在网上购物的人群？如果消费者一定需要在实体店里体验我们的产品后才能做出购买决策，那么网络促销对我们的价值是不是就不大了？”

益普索（Ipsos）的调查发现网络促销作为一种信息传播的方式，同样也能促进实体店的客流与生意机会，因为大多数消费者不仅仅只将网络促销用于网上消费，而是网上网下皆在使用。

问题：“蜂鸣式营销/病毒式传播这些名词看起来很美，但似乎总是可望而不可即，我们以往在实体店里也做过很棒的促销活动，也花了很多钱请公关公司造势，但好像总是形成不了所谓的口碑效应，网络促销在这方面能有所作为吗？”

益普索（Ipsos）此次网络促销的调查显示，网上促销所带给消费者的好处会经过消费者的口或手进一步散布，平均一个网络促销的参与者会将其所收到的促销信息传播给 10 个人，如果体验好，确定能够形成良好的客户口碑效应。

从益普索（Ipsos）此次的调查中，我们可以清楚地看到消费者在不同类型网站获取网络促销信息，参加网络促销活动的形式多样。同时，消费者在参加网络促销活动的过程中体验好，正向传播力强，形成网络促销快速发展的局面。对于商家而言，根据自己的产品特点，选择适合的网络促销方式，通过网上与网下购买渠道的对接，将可以“击”中消费者的兴奋点，降低购买障碍，实现销售的提升。

（背景资料：本次调查于 2010 年 5 月完成，调查通过定量及定性调查方式在北京、上海、广州、武汉、成都、沈阳、香港及台湾使用过网络促销活动的人群间开展。定量部分样本量为：内地每城市 150 个样本，总样本 900 个，香港及台湾各 300 个样本；定性样本量为内地 30 个样本。）

资料来源：中国经营网，益普索，www. cb. com. cn，2010-06-02.

案例思考：

1. 您认为益普索应该选取哪些人作为调查对象？
2. 调查问题设计存在什么问题吗？举例说明。
3. 文中的哪些问题可设计成封闭式问题？哪些应设计成开放式问题？
4. 您认为文中的结论是否需要进行深度访问来获得？为什么？

实训任务三 网络商务信息收集、处理与发布

子任务一 网络商务信息的收集

一、引例

新生代农民的网络“生计”

“网络世界”诞生年入百万元的“甘草大王”

“没有互联网，就没有我的今天。”初中毕业的冯自学种了1000多亩甘草地，开办了一家甘草饮片加工厂，操办着甘草种植、收购、加工和销售一条龙业务，2009年的利润就已超过一百万元。

“过去卖靠一个字——等。”冯自学的妻子何彩霞回忆起接触互联网之前的日子，十分感慨。“卖什么价格就是来收购的人说了算，咱农民没信息，也不知道上哪儿了解市场，卖不上好价。”

从2007年开始，宁夏开始由政府投入推动农村信息化，将网线接到全自治区2362个行政村，在每个村建立起信息服务站，配上电脑，让下乡大学生和年轻村干部担任信息员，这让冯自学和周围的村民们开始逐步接触互联网。

何彩霞正是冯自学一家所在的红海村的网络信息员。“2008年初听说有个‘阿里巴巴’网站，可以卖东西，于是就把自家种的甘草信息试着挂了上去。”

不久后一家广东的中药企业下了订单。当时的冯自学对网络商机不敢完全信任，自己跑到广东实地查看，才敢签字发货，他的第一单网络甘草生意就这样做成了。

现在的冯自学一年要销售约600吨甘草产品，其中四成通过网络完成。网络销售又促成了实体店面的建立。冯自学把门店开到了广东，产品已远销港台等地。

“网络世界”让农民经纪人帮村民致富

在宁夏一个更为偏僻的龙泉村，41岁的村民田彦平则利用网络带领全村农民一起赚钱。

在村里人眼里，田彦平热心、懂得多、有想法，被村民们称为农民经纪人。他的工作就是组织村民集体种植蔬菜瓜果，然后在网上发布销售信息，再将销售利润分配给村民。

说到初次接触网络的情形，田彦平说，他第一次通过网络卖出了整整40车甜瓜，尝到甜头的他和村民们将蔬菜瓜果的种植规模扩大到585个大棚。如今这个村的农产

品远销到北京、广州和海南等地。他还根据网上的市场供求信息来确定指导村民种植什么，如何种植。

龙泉村的蔬菜瓜果供不应求，村民们乐开了花。龙泉村村民冯仲福告诉记者，他们家种了12个大棚的菜，每年纯收入6万多元，而以前家庭收入最多1万元。

记者问田彦平一年收入多少，他挠挠头，半天才不好意思地说："我赚得少，一年只有5万左右吧。"他又指了指旁边一个村民说："他赚得多，一年得有9万元。"

"田彦平赚得不多，可是贡献多。"那个村民笑着回答，"他自己家里买了电脑，还办了无线网卡，无偿帮村民在网上发卖菜信息。"

田彦平现在的梦想是让村民"一家一台电脑"，人人都可以上网。他说："有了网络，人才看得远，听得远。"

资料来源：http：//china. alibaba. com.

案例思考：

在没有互联网的时代，中国广大农村地区的农民销售自家的农产品只能等客商上门收购，或拉到集市上去零卖。这种方式在农村地区落后的经济条件下造成了商务信息严重不对等的情况，以至于广大农民在生意中长期处于不利地位。而在互联网高速发展的今天，这种情况得到了改变。案例中年入百万元的农民兄弟的成功值得我们思考：

1. 你认为农民冯自学为什么能够成功？
2. 对于网络商务信息的收集，你认为都有什么方法？

二、任务描述

俗话说："商场如战场。"而在战场中信息的收集与处理是一个非常重要的环节。如果不能及时地得到最新信息或者是得到的信息有误，则有可能导致战争失败。所以，在整个网络商务活动中，如何有效、快速地得到准确的信息，是每一位网络营销人员所应该具备的基本能力。

【实训案例】为企业在网络上收集商务信息

【任务背景】

小王大学毕业后做了国内某运动品牌的代理商，主要经营羽毛球拍、网球拍、壁球拍及配套产品。由于此品牌在国内知名度不高，小王一方面要面对YY、胜利和凯胜等知名品牌的竞争，另一方面还要面对厂家的销售压力。对于这些情况，小王下定决心要把市场做起来，而如何对商务信息进行收集成了小王第一个碰到的问题。

三、任务要求

帮助小王在网络上收集以下几个方面的商务信息：

（1）主要竞争对手的产品及服务情况。

（2）羽毛球拍、网球拍在国内的主要客户群体及销售地域。

（3）尽可能多地收集关于此类产品的商务需求信息。

四、实践步骤

网络商务信息的收集是一个庞大而烦琐的事情，做得不好往往吃力而不讨好，所以在收集的过程中应该遵循一定的步骤。

1. 明确收集目标

面对网络上的海量数据信息，只有收集目标明确，才能做到有的放矢，紊而不乱。

2. 制订收集计划

只有制订出周密、切实可行的信息收集计划，才能指导整个信息收集工作正常地开展。

3. 设计收集提纲和表格

为了便于以后的加工、贮存和传递，在进行信息收集以前，就要按照信息收集的目的和要求设计出合理的收集提纲和表格。

4. 明确信息收集的方式和方法

常见的网络信息收集的方法有：①专业网站查找；②各大论坛相关子论坛查找；③搜索引擎查找；④利用专业收集工具。

5. 提供信息收集的成果

要以调查报告、资料摘编、数据图表等形式把获得的信息整理出来，并要将这些信息资料与收集计划进行对比分析，如不符合要求，还要进行补充收集。

五、理论知识点

网络商务信息收集是指在网络上对商务信息的寻找和调取工作。这是一种有目的、有步骤地利用各种方法查找和获取信息的行为，而商务信息的获取对整个商务活动来说，起到了必不可少的关键作用，如何有效、快速地得到准确的信息，是每一位网络营销人员所应该具备的基本能力。

1. 网络商务信息的概念

网络商务信息是指存储于网络并在网络上传播的与商务活动有关的各种信息的集合，是各种网上商务活动之间相互联系、相互作用的描述和反映，是对用户有用的网络信息，网络是其依附载体。在商务活动中，信息通常指的是商业消息、情报、数据、密码、知识等。网络商务信息限定了商务信息传递的媒体和途径。只有通过计算机网络传递的商务信息，包括文字、数据、表格、图形、影像、声音以及内容等能够被人或计算机察知的符号系统，才属于网络商务信息的范畴。

2. 网络商务信息的特点

相对于传统商务信息，网络商务信息具有以下显著的特点。

（1）时效性。传统的商务信息，传递速度慢、传递渠道不畅，因而经常导致“信息获得了但也失效了”的局面。网络商务信息则可有效地避免这种情况。由于网络信息更新及时，传递速度快，只要信息收集者及时发现信息，就可以保证信息的时效性。

（2）相对性。网络信息的收集，绝大部分是通过搜索引擎找到信息发布源获得的。在这个过程中，减少了信息传递的中间环节，从而减少了信息的误传和更改，有效地保证了信息的准确性。但由于网络商务信息的内容时时在更新，因而网络商务信息的价值具有相对性。网络商务信息的收集和加工工作只有与网络信息的变化保持同步性，网络商务信息的价值才能不断地体现出来。

（3）便于存储。现代经济生活的信息量非常大，如果仍然使用传统的信息载体，存储起来难度相当大，而且不易查找。网络商务信息可以从因特网下载到计算机上，通过计算机进行信息的管理。而且，在原有的各个网站上，也有相应的信息存储系统。信息资料遗失后，还可以到原有的信息源中再次查找。

（4）检索难度大。虽然网络系统提供了许多检索方法，但全球范围的各行各业的海量信息，常常把企业营销人员淹没在信息海洋或者说信息垃圾之中。在浩瀚的网络信息资源中，营销人员迅速地找到自己所需要的信息，经过加工、筛选和整理，把反映商务活动本质的、有用的、适合本企业情况的信息提炼出来，需要一段长时间的培训和工作经验。对于现代企业来说，如果把人才比作企业的支柱，信息则可看做是企业的生命，是企业不可或缺的法宝。网络商务信息，不仅是企业进行网络营销决策和计划的基础，而且对于企业的战略管理、市场研究以及新产品开发都有着极为重要的作用。

3. 网络商务信息收集的要求

网络营销对网络商务信息收集的要求是：及时、准确、适度和经济。

（1）及时。

所谓及时，就是迅速、灵敏地反映销售市场发展各方面的最新动态。信息都是有时效性的，其价值与时间成反比。及时性要求信息流与物流尽可能同步。由于信息的识别、记录、传递、反馈都要花费一定的时间，信息流与物流之间一般会存在一个时滞。尽可能地减少信息流滞后于物流的时间，提高时效性，是网络商务信息收集的主要目标之一。

（2）准确。

所谓准确，是指信息应真实地反映客观现实，失真度小。在网络营销中，买卖双方不直接见面，准确的信息就显得尤为重要。准确的信息才可能导致正确的市场决策。信息失真，轻则会贻误商机，重则会造成重大的损失。信息的失真通常有三个方面的原因：一是信源提供的信息不完全、不准确；二是信息在编码、译码和传递过程中受到干扰；三是信宿（信箱）接受信息出现偏差。为减少网络商务信息的失真，必须在上述三个环节提高管理水平。

（3）适度。

适度是指提供信息要有针对性和目的性，不要无的放矢。没有信息，企业的营销活动就会完全处于一种盲目的状态。信息过多、过滥也会使得营销人员无所适从。在当今的信息时代，信息量越来越大，范围越来越广，不同的管理层次又对信息提出不同的要求。在这种情况下，网络商务信息的收集必须目标明确，方法恰当，信息收集的范围和数量要适度。

（4）经济。

这里的“经济”是指如何以最低的费用获得必要的信息。追求经济效益是一切经济活动的中心，也是网络商务信息收集的原则。许多人上网后，看到网上大量的可用信息，往往想把它们全部拷贝下来，但到月底才发现上网费用十分高昂。应当明确，我们没有力量、也不可能把网上所有的信息全部收集起来，信息的及时性、准确性和适度性都要求建立在经济性的基础之上。此外，提高经济性，还要注意使所获得的信息发挥最大的效用。

4. 网络商务信息收集方法

目前常用的信息收集方法主要有以下几种。

（1）专业网站查找。

在专业的商务信息网站查找信息通常都能获得比较满意的结果，如阿里巴巴、生意宝、慧聪网（见图 3-1）、中国网库、淘宝网、京东商城、凡客诚品、新蛋网、红孩子、乐友、麦包包、易宝支付、铭万网、上海商派等电子商务企业。

图 3-1　著名 B2B 电子商务平台慧聪网站截图

（2）各大论坛相关子论坛查找。

在专业网站找不到的信息可以试着去相关论坛的子论坛查找，有时候会有意想不到的结果，如针对本子任务的实训案例，可以试着到国内最大的羽毛球交流平台——“中羽在线论坛”进行查找（见图 3-2）。

（3）搜索引擎查找。

利用搜索引擎进行查找和收集网络商务信息是比较有效和迅速的。目前比较常用的搜索引擎有百度（http：//www. baidu. com/，见图 3-3）、雅虎（http：//cn. yahoo. com/）、中搜（http：//www. zhongsou. com/）和 google（http：//www. google. com）等。

（4）利用专业收集工具。

如所需要收集的商务信息量较大，多而分散。这个时候通常需要用到专业的信息采集工具进行商务信息收集。这样的工具就是将非结构化的信息从大量的网页中抽取出来保存到结构化的数据库中的软件。现在流行的采集工具有易强全能网络信息采集系统（见图 3-4）、乐思网络信息采集系统、Knowlesys、Kapa、DB2 等。

图 3-2　专业羽毛球、网球交流论坛——中羽在线网站截图

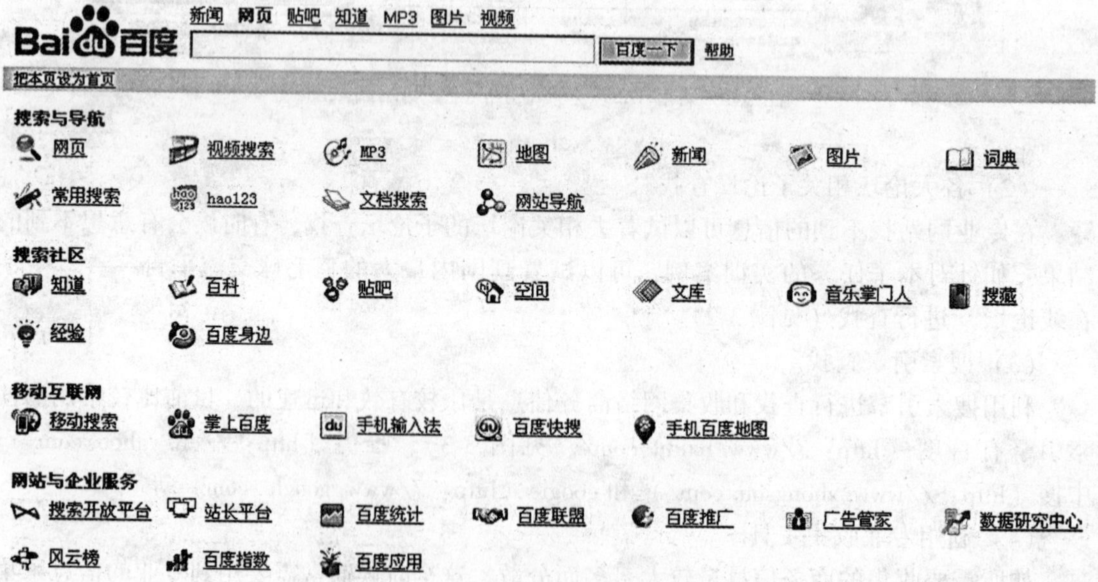

图 3-3　百度搜索引擎页面

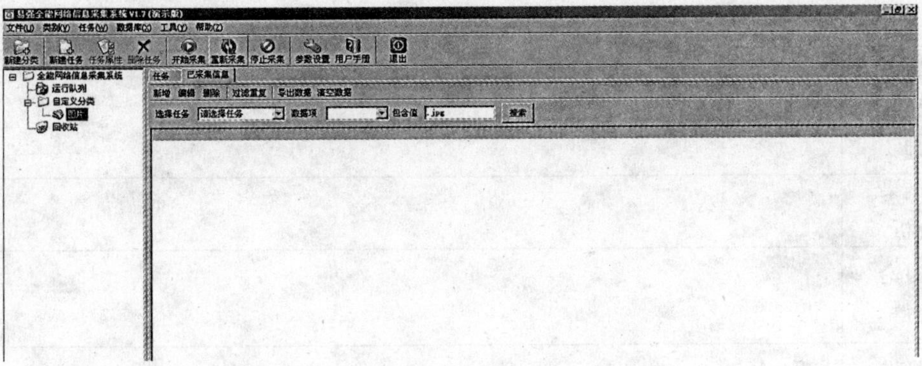

图 3-4　易强全能网络信息采集系统界面

六、实验报告

以实训案例为背景，按照实践步骤要求利用各种手段对小王所代理的羽毛球拍、网球拍、壁球拍及配套产品的行业状况、竞争对手和产品需求等各种商务信息进行收集，并完成以下实验报告。

1. 实验报告书

实验项目名称	为某运动品牌代理商收集各种商务信息	课程名称	网络营销	实验类型	课程实训
学生姓名		班级		学号	
团队成员姓名				指导老师	
实验地点		实验日期		课时	
实验目的和原理	目的：熟练应用和掌握网络商务信息收集的方法和手段 原理：网络商务信息收集是网络营销活动中的重要环节，网络营销人员应通过对商务信息的收集，及时调整本公司的营销计划，为优先取得“商机”打下基础				
实验内容和要求	内容：收集本产品的各种商务信息 要求：通过互联网收集主要竞争对手的产品及服务情况，本产品的主要客户群体及销售地域及此产品的各类商务需求信息				
实验软件或网站	IE 浏览器、Office 办公软件、各大专业商务信息网站、相关论坛、搜索引擎和易强全能网络信息采集系统				
实验操作方法与实验步骤					

续表

实验数据记录和处理	
实验结果与分析	
实验讨论与心得	
实验指导老师评语	
成绩评定	成绩评定：＿＿＿＿＿＿＿＿签名：＿＿＿＿＿＿

七、小组讨论

根据本子任务的学习内容，结合实训案例背景，组织各小组进行讨论，并制作PPT进行课堂讲演，讲演后讨论以下问题。

（1）根据信息收集的情况，你认为网络商务信息的载体形式有哪些？

（2）网络商务信息有哪些类型？

（3）网络商务信息有哪些特点？

（4）面对一个从没接触过的领域，如何开展网络商务信息收集？

八、拓展案例

浙江男子轻信网络广告200元买1.5万元假充值卡

浙江省丽水市缙云县小丁通过网络加盟广告，花200块购买了300张50元面额的手机充值卡，共计15000元，谁知这些卡却无法充值。询问之后，对方以各种理由要求继续汇款，小丁这才知道被骗了。目前，小丁已向丽水市缙云县公安局报案。

小丁是丽水市缙云县新建镇某村的无业青年，一心想着干番事业的他这几天在网络上寻找合适的加盟店。两天前，小丁无意间找到了一个名为“九五领讯（北京）通讯技术有限公司”的网站，这是一家自称面向全国提供招收各级充值卡代理商的公司。网站上打着低折扣批发充值卡的广告，某著名影星竖着大拇指，微笑着出现在网页的开头。

小丁觉得这是一个发财的好机会，就在网络上留下了自己的联系方式。第二天早上7点钟，公司客服打电话给小丁，要跟他洽谈加盟的项目。在客服的极力劝说下，小丁同意加盟。客服先让小丁汇200元钱过去购买手机充值卡，小丁照做。

两天后，小丁就收到了一个快递公司寄过来的快件，快件上只写有一个联系电话，连寄件地址也没有。打开一看，正是300张面值50元的充值卡。这让小丁窃喜不已："这回项目可是找对了！"可是，他试了几张都没有充值成功。

郁闷中的小丁赶忙打通客服电话，客服说，再汇1700元才能开通充值功能。小丁提出要当面交易，客服一听急了，忙说这不符合公司规定，只能偷偷摸摸地干。一听这个，小丁肯定自己被骗了，提着一袋充值卡走进了缙云县公安局新建派出所。

丽水市缙云县公安局新建派出所的民警提醒读者朋友，现在网上各式各样的加盟项目，充斥着太多一夜暴富的虚假广告，一定要加强自己的分析辨别能力，加盟项目须谨慎，切忌掉入低价陷阱。

资料来源：http：//sina. com. cn。

案例思考：

1. 此案例说明我们在进行商务信息收集的时候需要注意什么？
2. 对网络营销人员来说，如何避免此类事件的发生？

子任务二　网络客户开发

一、引例

腾讯360持续月余口水仗被指意在争夺客户资源

一直喧嚣不止的国内杀毒软件市场再起波澜。前日，金山、百度、腾讯、傲游、可牛五大公司共同发布"反对360不正当竞争及加强行业自律的联合声明"，承诺并呼吁同行企业"不与360发生任何形式的业务合作"。随即，360马上作出回应，指出此举是因曝光腾讯涉嫌偷窥用户隐私后，对方的报复行为，还将战火蔓延到腾讯CEO马化腾身上，借用媒体报道称其"身价近300亿元，却仍在领取经济适用房补贴。"

晨报记者昨日从腾讯方获悉，针对此事腾讯已经向法院提起诉讼，深圳法院已经正式受理此案。360方则向晨报记者回应，360不光会提出反诉，还会采取其他法律措施，目前相关举措"正在进行之中"。

口水战最根本是客户资源的争夺。两大网络巨头大打口水战，本来无辜的电脑用户也被牵连其中，不少网友表示，这两天电脑桌面几乎变成了弹窗战场，打开新闻满眼都是双方的刀光剑影，饱受视觉骚扰，不知道何时能够消停。

对于两大巨头的口水战之争，业内专家指出"最根本还是在于桌面客户资源的争夺。"该专家表示，目前360的用户量在3亿左右，已成为仅次于腾讯QQ的第二大桌面客户端软件。而实际上，桌面终端用户日渐成为各互联网公司争夺的阵地，各家都在桌面客户端软件"跑马圈地"。"看重桌面客户资源，主要在于其巨大的广告收入价值。"该专家一语点破个中奥妙。

资料来源：http：//finance. qianlong. com。

案例思考：

1. 你是否赞同案例中专家的观点？
2. 客户资源对于一个企业来说意味着什么？
3. 你认为应该如何进行网络客户的开发？

二、任务描述

【实训案例】为企业在网络上开发客户资源

【任务背景】

小王大学毕业后做了国内某运动品牌的代理商，主要经营羽毛球拍、网球拍、壁球拍及配套产品。由于此品牌在国内知名度不高，小王一方面要面对YY、胜利和凯胜等知名品牌的竞争，另一方面还要面对厂家的销售压力。面对这些情况，小王下定决心要把市场做起来。根据计划，小王先对整个市场的商务信息进行了全方位的收集，在收集到了竞争对手的相关情况和本产品的客户需求信息后，小王决定着手在网络上对羽毛球拍、网球拍、壁球拍及配套产品的客户资源进行整合和开发。

三、任务要求

帮助小王在网络上进行客户资源的开发：

（1）尽可能多地得到对本产品有需求的客户资料。

（2）对收集到的客户资料进行整合和分类。

（3）建立客户资源储备数据库。

四、实践步骤

1. 确定需要开发的目标群体

根据企业自身需要，有针对性地选择需要开发的目标群体。

2. 制订开发计划

只有制订出周密、切实可行的开发计划，才能指导整个开发工作正常的开展。

3. 设计客户资源储备数据库

为了今后对开发的客户进行有效的维护和管理，有必要在开发前设计好相应的客户资源储备数据库，一般可用excel表格进行存储。如有需要还可以用access等中小型数据库。

4. 明确网络客户开发的方式和方法

常见的开发方法有：①专业网站查找；②搜索引擎查找；③利用专业收集工具；④利用论坛和IM软件等。

5. 建立客户资源储备数据库

开发好的客户资源要存入储备数据库，并进行备份。

五、理论知识点

客户资源是指企业集群可以更好锁定和开拓目标客户，通过建立专业、细分、通畅的群内交易渠道，更好地获得客户需求，把握市场变化。很明显，企业集群的客户资源可以更好地增加其市场竞争优势。在网络营销时代，如何开发网络上的客户资源是商务信息收集环节的重要内容。

网络客户资源的开发方法同网络商务信息收集的方法基本类似，只是所用的工具和查找内容略有不同。如要找客户资源，可以使用客户资源采集系统（见图 3-5）。

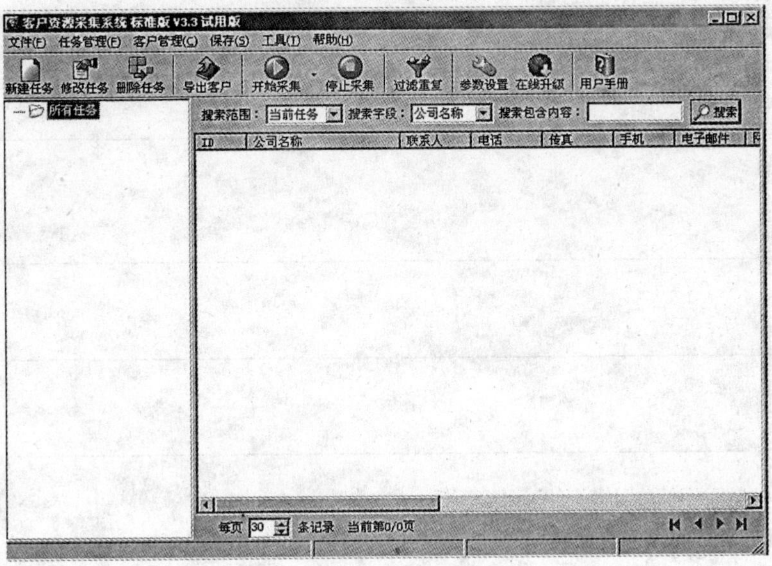

图 3-5　客户资源采集系统 v3. 3 软件

六、实验报告

以实训案例为背景，按照实践步骤要求对小王所代理的羽毛球拍、网球拍、壁球拍及配套产品开发网络客户资源，并完成以下实验报告和调查表。

1. 实验报告书

实验项目名称	为某运动品牌代理商进行网络客户的开发	课程名称	网络营销	实验类型	课程实训
学生姓名		班级		学号	
团队成员姓名				指导老师	
实验地点		实验日期		课时	
实验目的和原理	目的：熟练应用和掌握网络客户的开发方法和手段 原理：网络客户开发是网络信息收集中的重要环节，网络营销人员应通过对目标客户群进行有效的网络开发，才能使公司在客户资源上丰富起来				

续表

实验内容和要求	内容：通过网络开发客户资源 要求：通过互联网尽可能多地得到对本产品有需求的客户资料
实验软件或网站	IE浏览器、Office办公软件、各大专业商务信息网站、相关论坛、搜索引擎和客户资源采集系统
实验操作方法与实验步骤	
实验数据记录和处理	
实验结果与分析	
实验讨论与心得	
实验指导老师评语	
成绩评定	成绩评定：__________ 签名：__________

2. 客户情况调查表

客户来自的市场	
是不是我们的主要市场、潜力市场、目标市场	
客户提供的信息是否详尽	
是否有详细的联系信息	
是否有来意的介绍	
是否有对自己公司情况的介绍	
是否有对求购产品的详细要求	
是否提供求购数量	

七、小组讨论

根据本子任务的学习内容，结合实训案例背景，组织各小组进行讨论，并制作PPT进行课堂讲演，讲演后讨论以下问题。

(1) 根据实训情况，你认为在网络上开发客户与线下开发客户有什么不同？
(2) 你会如何维护好已开发的网络客户关系？

子任务三　网络商务信息的处理

一、引例

财富杂志：垃圾信息太多阻碍实时搜索

美国知名财经杂志《财富》网络版周三刊文称，不少美国搜索引擎服务商已在大力开发实时（real-time）搜索服务，以满足Twitter、Flickr及其他博客网站用户的特定搜索需求；但实时搜索要真正满足用户的实际需要，各搜索引擎开发商仍有很长的道路要走。

实时搜索

对于全球各地发生的重大事件，美国微型博客网站Twitter正扮演着及时发布最新消息的角色。Twitter用户发布的内容包括简短消息、图片和视频（对于较长内容，则发布相应内容的链接）等。由于这些内容会持续不断更新，不少用户需要在这些海量信息中快速搜索到自己希望查看的信息。这就是所谓的实时搜索。

然而实时搜索目前面临的最大问题是：面对不断连续更新的各类实时信息，搜索引擎很难从中筛选出可靠、有实际价值的信息，并将那些虚假、垃圾信息排除在外。

事实上，无论是Twitter、Facebook，还是Flickr及其他博客网站，都面临着实时信息过多、过乱的挑战。这些平台允许用户自行发布各种内容，导致真正重要的信息很快会淹没在大量毫无价值的垃圾信息当中。

市场前景

即使是谷歌这样的搜索巨头，也不敢说自己已经解决了实时搜索的问题。在谷歌5月举行的时代精神（Zeitgeist）技术大会上，谷歌联合创始人拉里·佩奇（Larry Page）承认，在实时搜索业务领域，谷歌仍没有开发出多少真正有实用价值的产品和服务。由于Twitter已推出自家搜索服务，佩奇承认，谷歌实时搜索业务已落后于Twitter。

在看到实时搜索的巨大市场增长潜力后，美国多家科技创业公司已杀入该业务领域，其中包括Collecta、OneRiot和Scoopler等。这些创业公司都想解决一个业界难题：如何让网民迅速了解目前互联网最为热门的事件和话题。毕竟几乎每周内，互联网都会出现最新热门话题。

美国知名市场研究公司IDC分析师哈德利·雷诺兹（Hadley Reynolds）对此表示："在如何提供良好的实时搜索解决方案事宜上，微软和雅虎还得花上一段时间。如此一来，那些主要从事搜索引擎开发的创业公司就能抓住商机。"

技术难题

然而要真正解决实时搜索难题并非易事。在实时搜索业务领域，搜索引擎一方面要提供最近、最为流行的信息；而另一方面，用户会从自己的主观意愿出发，认为其他一些事件最为重要。如此一来，流行话题同主观意愿的冲突将日渐明显，而搜索引擎服务商却无法就此拿出一套十全十美的解决方案。

在实时搜索信息的筛选方式上，最为简单的办法就让时间来做出选择。但如果搜索引擎以内容提供者权威性、内容传播范围等标准作为筛选方式，则搜索引擎很可能会错过一些非常有价值的信息——尽管这些信息最初并没有受到外界关注。

以 Twitter 为例，该网站每天都会发布大量更新信息。去年，Twitter 推出了名为 Summize 的搜索服务，其信息筛选方式就是以时间为标准。前不久刚刚上线的 Collecta，也是以时间作为信息筛选标准，但同时会关注其他博客和社交网站的相关信息发布情况。

任重道远

仅仅以时间为标准，未必算得上是实时搜索中的最佳筛选方式。Scoopler 等搜索引擎创业公司已在开发一种新的算法：不仅仅抓取最近发布的信息，而且会抓取那些最为热门的信息。如 OneRiot 就开发出了一款名为 Pulse Rank 的产品，它能追踪所发布实时信息的“新鲜程度”、信息提交者的权威性以及该信息的传播范围。

然而截至目前，上述新型实时搜索引擎都没有进入主流应用阶段。究其原因，一是这些搜索引擎的用户界面易用性较差；二是相应搜索结果没有多大实际价值。

举例来说，美国纳斯达克证交所前任主席伯纳德·马多夫（Bernard Madoff）被判入狱 150 年的消息传开后，用户在上述实时搜索引擎在键入马多夫的关键词后，却没有找到其入狱 150 年的新闻，而是时间更早的“旧闻”。由此看来，实时搜索引擎要真正满足用户需求，仍有很长的道路要走。

资料来源：腾讯网。

案例思考：

面对互联网海量的且连续不断更新的各类实时信息，要从中筛选出可靠、有实际价值的信息，并将那些虚假、垃圾信息排除在外并不是件容易的事。而我们在网络上获取了大量的商务信息后，接下来要做的就是对这些信息进行处理。

1. 在子任务一的商务信息收集实训中，你是否体会到现在网络上的垃圾信息太多？

2. 对于收集到的商务信息你会怎么去处理？

二、任务描述

从互联网上收集了大量的商务信息后，如不加处理地直接加以利用则不可避免地会从中接收到虚假的、针对性不强的垃圾信息，怎么对收集到的信息进行有目的性的处理，是网络营销人员必做的功课。

【实训案例】为企业在网络上收集到的商务信息进行处理

【任务背景】

小王大学毕业后做了国内某运动品牌的代理商，主要经营羽毛球拍、网球拍、壁球拍及配套产品。由于此品牌在国内知名度不高，小王一方面要面对 YY、胜利和凯胜等知名品牌的竞争，另一方面还要面对厂家的销售压力。面对这些情况，小王下定决心要把市场做起来。在网络上收集了大量关于竞争对手的产品及服务情况及主要客户群体的需求信息后，小王决定对收集来的这些信息进行相应的处理。

三、任务要求

帮助小王对收集到的商务信息进行处理：

（1）根据小王公司的特点对信息进行整理、精简和归类。

（2）采取一定的手段对整理好的信息进行加工和处理。

（3）对加工和处理好的信息进行相应的存储，以便将来查询和使用。

四、实践步骤

1. 需求分析

在对信息进行处理前，应该确定好处理后的信息是用来干什么的。这样在处理信息的时候才能有目的性和针对性。

2. 确定处理计划

只有制订出周密、切实可行的信息收集计划，才能指导整个信息处理工作正常的开展。

3. 对收集的信息进行整理

①信息来源；②信息分类；③以一定的规律命名。

4. 对整理好的信息进行处理

处理的方法一般有几种：

①人工处理；②机器处理；③人机结合处理。

5. 对处理好的信息进行存储

五、理论知识点

网络商务信息处理是指在网络上完成了商务信息的寻找和调取工作后，有针对性地对信息进行整理、处理和存储的过程。

1. 网络商务信息的整理

网络商务信息的整理是把收集到的包括文字、数据、表格、图形、影像、声音以及内容等能够被人或计算机察知的符号系统信息，进行必要的归类、命名和筛选后存储到临时数据库的全过程。

（1）明确信息来源。下载信息时，由于各种原因而没有将网址准确记录下来，这时首先应查看前后下载的文件中是否有同时下载或域名接近的文件，然后用这些接近的文件域名作为原文件的信息来源。如果没有域名接近的文件，应尽量回忆下载站点，以便以后有机会还可以再次查询。对于重要的信息，一定要有准确的信息来源，没有下载信息来源的，一定要重新检索。

（2）浏览信息，添加文件名。从互联网上下载的文件，由于时间的限制，一般都沿用原网站提供的文件名，这些文件名很多是由数字或字母构成的，使用起来很不方便。因此，从网上下载文件后，需要将文件重新浏览一遍，添加文件名。

（3）分类。从因特网上收集到的信息往往非常零乱，必须通过整理才能够使用。分类的办法可以采用专题分类，也可以建立自己的查询系统。将各种信息进行分类，必须明确所定义的类特征。有了清晰的类特征定义，信息分类的问题就成为类特征的识别与比较的问题：把具有相同类特征的信息分为同一类，而把具有不同类特征的信息分为不同的类。除了分类处理之外，往往还需要进一步做信息排序处理：各类之间要有类的排序，每个类的内部要有类内事项的排序。在分类和排序的基础上，还应当编制信息的储存索引。这样，用户就可以按照索引的引导快速查询出所需要的信息。

（4）初步筛选。在浏览和分类的过程中，对大量的信息应进行初步的筛选，确定完全没有用的信息应当及时删去。不过应当注意，有时有些信息单独看起来是没有用的，但是综合许多单独的信息，就可能发现其价值。比如市场销售趋势必定在数据的长期积累和一定程度的整理后才能表现出来。还有一些信息表面上是相互矛盾的，例如，一家纸业公司的经理想了解新闻纸的市场行情，检索到的结果可能会出现两种情况：一类信息告诉他，新闻纸供大于求，而另一类信息则说新闻纸供不应求。这时就要把这些信息进行科学的分类整理，然后进入加工处理环节。

2. 网络商务信息的处理

网络信息的加工处理是指将各种有关信息进行比较、分析，并以自己的初衷为基本出发点，发挥个人的才智，进行综合设计，形成新的有价值的个人信息资源，如个人专业资源信息表等。信息加工的目的是要进一步改变或改进信息利用的效率，使其向着最优化发展。因此，信息加工处理是一个信息再创造的过程，它并不是停留在原有信息的水平上，而是通过加入智慧，加工出能帮助人们了解和控制下一步计划的程序、方法、模型等信息产品。

从网络上得到的信息有时候会是自相矛盾的，还有一些可能是商业对手散布的用来迷惑竞争者的虚假信息。对于上文提到的关于新闻纸的两条信息，就需要进行人工处理。首先要对这两条信息的发源地、发布时间等进行比较，如果发源地和时间都基本相同，就要参考其他信息来进行比较，最终获得真正有价值的信息。

3. 网络信息处理的类型

①为提高效率而进行的网络信息处理。

②为提高抗扰性而进行的网络信息处理。

③为提高信息纯度而进行的网络信息处理。

④为提高安全度而进行的网络信息处理。

4. 网络商务信息的处理方法

网络商务信息的处理方法一般有以下三种类型：

（1）人工处理。

这种方式一般靠处理者自己根据处理目的对整理好的信息进行相应的精简和归纳整理。这种处理方式保证了处理质量，缺点就是工作量太大。

（2）机器处理。

使用商务信息处理系统可以大大减轻人工处理的工作负担，但对某些特定的处理要求，机器仍然无法胜任。

(3) 人机结合处理。

这种方法结合了以上两种方式的优点，既能用机器处理简单的信息又能在机器无法完成的时候交给人工进行处理。

5. 对处理后的信息进行存储

六、实验报告

以实训案例为背景，按照实践步骤要求对在子任务一的实训项目中收集到的商务信息进行处理并完成以下实验报告。

1. 实验报告书

实验项目名称	为某运动品牌代理商处理各种商务信息	课程名称	网络营销	实验类型	课程实训
学生姓名		班级		学号	
团队成员姓名				指导老师	
实验地点		实验日期		课时	
实验目的和原理	目的：熟练应用和掌握网络商务信息的处理 原理：网络商务信息处理是指在网络上完成商务信息的寻找和调取工作后有针对性地对信息进行的整理、处理和存储的过程				
实验内容和要求	内容：处理收集到的各种商务信息 要求：根据小王公司的特点对信息进行整理、精简和归类。采取一定的手段对整理好的信息进行加工和处理				
实验软件或网站	IE 浏览器、Office 办公软件、各大专业商务信息网站、相关论坛、搜索引擎和易强全能网络信息采集系统				
实验操作方法与实验步骤					
实验数据记录和处理					
实验结果与分析					
实验讨论与心得					

续表

实验指导老师评语	
成绩评定	成绩评定：＿＿＿＿＿＿＿＿签名：＿＿＿＿＿＿

七、小组讨论

根据本子任务的学习内容，结合实训案例背景，组织各小组进行讨论，并制作 PPT 进行课堂讲演，讲演后讨论以下问题。

（1）在进行信息处理的过程中，你都碰到了哪些困难？你是怎么处理的？

（2）你认为未来对于信息处理的方式会有哪些创新？

子任务四　网络商务信息的发布

一、任务描述

在进行了网络商务信息的收集及处理后，企业要把自己的产品推广出去，还需要进行商务信息的网上发布，如何进行网络商务信息的发布是我们的子任务。

【实训案例】帮企业把商务信息在网络上发布

【任务背景】

小王大学毕业后做了国内某运动品牌的代理商，主要经营羽毛球拍、网球拍、壁球拍及配套产品。由于此品牌在国内知名度不高，小王一方面要面对 YY、胜利和凯胜等知名品牌的竞争，另一方面还要面对厂家的销售压力。面对这些情况，小王下定决心要把市场做起来。在详细收集了各个方面的商务信息后，小王决定根据得到的数据和处理情况，在网络上把自己公司代理的产品信息发布出去，以推广自己公司的产品。

二、任务要求

帮助小王在网络上发布其公司的代理产品信息

（1）发布的方式应该尽量多种多样。

（2）发布后应该取得一定的访问流量。

（3）评估发布完后所取得的成效。

三、实践步骤

网络信息发布是很多企业都会做的事情，网上的信息也是铺天盖地，但绝大部分的企业都是盲目的发布信息，发布的量大但效果一般，当然，信息发布越多越好，但如何使信息发布能收到很好的效果，从而提高推广的效率呢？一方面要讲究方法，另一方面要有一定的步骤。

1. 准备好发布资料

在没有把相关资料准备好前，就盲目地发布信息势必会造成混乱，容易导致发布的信息多而混杂，没有条理。

2. 确定发布计划

确定好自己将要在多少个平台什么时间发布多少资料，并估计会带来什么效果，这些都应该在信息发布前有所考虑。

3. 根据计划把资料发布到相应平台

目前网络上流行的信息发布平台有：

①专业的信息发布网站；②企业自己本身的电子商务网站；③搜索引擎发布；④各大论坛；⑤ 新闻组、电子邮件群发；⑥博客（微博）；⑦IM 软件的群；⑧移动商务平台。

4. 对发布后的效果进行简单的统计和评估

四、理论知识点

1. 网络信息发布的方法介绍

（1）专业的信息发布网站。如阿里巴巴、生意宝、慧聪网、中国网库、淘宝网、京东商城、凡客诚品、新蛋网、红孩子、乐友、麦包包、易宝支付、铭万网、上海商派等电子商务企业。

（2）企业自身的电子商务网站。这种方法成本低、自主性大、不利影响小、宣传效果直接。但需要企业投入一定的资金来搭建自己的电子商务网站，并派专人进行维护和管理。品牌服饰 GIORDANO 的电子商务网站如图 3-6 所示。

图 3-6　品牌服饰 GIORDANO 的电子商务网站

（3）搜索引擎发布。搜索引擎发布的信息可以让用户自己找到“你”。这样的平台一般而言要收取一定的费用。百度推广截图如图 3-7 所示。

图 3-7　百度推广截图

（4）各大论坛发布。在各大论坛寻找对自己产品有关联的相关子论坛进行产品信息的发布也会取得比较好的效果。网易 WAP 主站如图 3-8 所示。

（5）新闻组、电子邮件群发。

（6）博客（微博）。近年来，博客（微博）的受欢迎程度越来越高，企业也可以在这个平台上发布自己的产品信息进行推广。

（7）IM 软件的群。即时通信软件是中国人最喜欢的网络休闲方式之一。在这个平台也可以发布相关的产品信息，但要注意方式和方法。

（8）移动商务平台。随着 4G 网络的来临，手机上网的用户越来越多，在这个平台进行产品信息的发布也是企业未来推广的重点区域。

2. 网络商务信息的发布技巧

（1）信息标题。发布信息的标题要专一，不要兼顾到所有的关键词，如上海口译公司，这个词百度上搜索首页 10 个信息中有 4 个是企业自己发布的，标题基本上都是围绕“口译”这个关键词来写的，不掺杂其他关键词，另外，标题在 20 个汉字以内，词组之间用逗号分开，标题最好自己写，不要完全抄袭别人的。

（2）信息内容。发布信息的内容也有很重要的作用，建议① 内容不要抄袭，即使是抄袭也尽量抄袭官方网站的，若抄袭他人的一定要改动一些，完全的照搬很难被搜索引擎收录；② 内容尽量丰富，所谓丰富不是堆积无用的文字，而是要和信息标题有相关性，最好是有层次感的内容，方便客户阅读；③ 正文要很自然地出现关键词，不要堆砌关键词，正文中最好留下联系方式，如电话、QQ、网址等信息。

（3）完整信息。信息内容写完后要检查是否将所有的空白处填写完毕，包括产品型号、数量、有效期、价格等，越完整的信息越受平台和搜索引擎喜爱，对访客来说也方便查找所需要的信息。

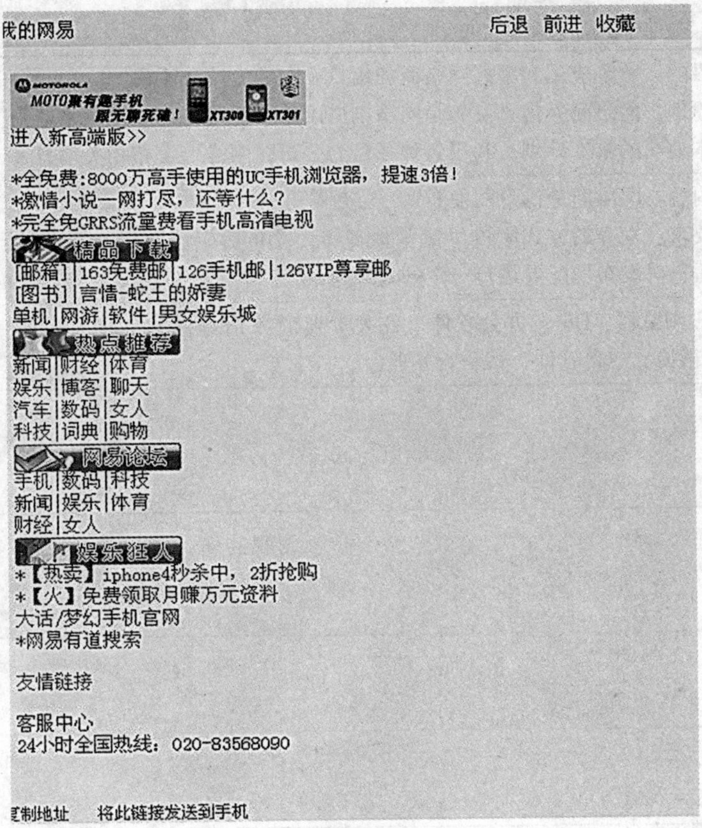

图 3-8　网易 WAP 主站

（4）信息发布注重质量也要注重数量。可以预先制作几个模板，在发布信息时将模板里的相似信息交叉使用，也可以适时编写一部分，目的是避免内容的完全重复，但在同个平台发布的每个信息的标题最好不要相同。

五、实验报告

以实训案例为背景，按照实践步骤要求为小王在网络上发布产品信息，并完成以下实验报告。

1. 实验报告书

实验项目名称	为某运动品牌代理商在网上发布产品信息	课程名称	网络营销	实验类型	课程实训
学生姓名		班级		学号	
团队成员姓名				指导老师	
实验地点		实验日期		课时	

续表

实验目的和原理	目的：熟练应用和掌握网络商务信息发布的方法和手段 原理：网络商务信息发布是网络推广的重要手段，每一位网络营销人员都应该能根据本公司的推广计划，利用各种平台为公司在网络上发布相关信息
实验内容和要求	内容：网络商务信息的发布 要求：发布的方式应该尽量多种多样，发布后应该取得一定的访问流量，发布完成后，对发布情况要进行一定的效果评估
实验软件或网站	IE浏览器、Office办公软件、各大专业商务信息网站、相关论坛、搜索引擎、博客（微博）、IM软件、移动商务平台
实验操作方法与实验步骤	
实验数据记录和处理	
实验结果与分析	
实验讨论与心得	
实验指导老师评语	
成绩评定	成绩评定：＿＿＿＿＿＿＿签名：＿＿＿＿＿

六、小组讨论

根据本子任务的学习内容，结合实训案例背景，组织各小组进行讨论，并制作PPT进行课堂讲演，讲演后讨论以下问题。

（1）在你看来，在网络上发布信息还有哪些方法？

（2）哪一种发布方法你认为最有效？

七、拓展案例

CMMIC携4G浏览器　发布4G营销推广平台

日前，CMMIC携手4G浏览器正式发布全新的4G营销推广平台。这一全新平台主打基于大数据分析的精准营销和一站式的移动营销推广，一方面由4G浏览器提供海量的用户和流量资源，另一方面则由移动电子商务信息中心 CMMIC 提供专业的解决方案和服务支持。这意味着 4G 浏览器作为移动电商信息中心打造的中小企业移动信息化示范平台，将全面帮助客户将服务、产品信息更精准有效地推向近 2 亿 4G 浏览器用户。亿级服务平台事实上，凭借其出色的安全性和卓越的上网体验，4G 浏览器已经成为国内最大的第三方手机浏览器之一。根据专业市场调研机构发布的数据显示，在 2015 年上半年，4G 浏览器在活跃用户、品牌认知度和市场渗透率等指标上名列前茅，是国内第三方手机浏览器市场的第一梯队。因此，在传统企业纷纷试水"互联网+"的当下，4G 浏览器凭借其亿级用户数和品牌影响力成为企业主竞相关注的新焦点。

首先，4G 营销推广平台的优势在于依托海量的用户数据，依托中心在搜索引擎行业强大的平台效应，为广大企业提供基于百度、谷歌、yahoo、搜狗、360、儒豹、有道、Bing 等国内八大主流搜索引擎的全覆盖推广，这是目前业界公认最高效的全新推广模式！它给企业带来的是海量的新客户，更高的转化和营销效率，让企业客户的营销更精准、更高效，并带来更多流量和生意机会。

其次，4G 营销推广平台通过连接国内领先的第三方手机浏览器，企业门户、应用中心、商机平台等企业唯一专属的直达号营销服务，在多渠道地址栏中输入相应推广关键词名称即可直达，同时在主流搜索框默认置顶推广，让亿万客户随时随地直达商家推广服务。

最后，4G 营销推广平台还针对有特殊需求的企业客户提供个性化的定制整合营销服务，帮助广大客户提供个性化、定制化的移动营销服务，聚合全网最优质的广告资源，包括微信、微博、QQ、京东、淘宝等电商平台和优酷等视频网站在内优质的推广资源，为客户提供从媒介采购到创意服务的一站式移动整合营销服务。相关负责人表示，4G 浏览器作为国内领先的手机浏览器平台，拥有超过 1 亿的手机用户通过 4G 浏览器进行上网浏览，是手机用户上网的重要入口之一。4G 浏览器将通过推出一系列服务传统行业的解决方案，帮助企业实现低成本高效率的转型升级。

资料来源：http：//www.cctime.com/html/2015-10-27/20151027174872993.htm.

案例思考：

1. 此案例对我们在网络上发布信息有什么启示？
2. 你认为移动商务的发展会给我们的生活带来什么样的变化？

实训任务四　企业网站规划与建设

子任务一　以营销为导向的网站规划

一、引例

眼镜企业如何规划营销网站

目前，大部分眼镜企业在建设自己的企业网站，由于网站建设的初期目标不明确，对网站没有任何功能要求，多是页面设计的要求，由此就成为了没有功能的"简介式网站"，以此来开展网络营销，其效果不言而喻。针对如何建设网站来实施网络营销，帮助眼镜企业获取客户，温州眼镜科技信息中心多年来的经验可总结为以下几个方面，温州眼镜科技中心运营的温州眼镜网如图 4-1 所示。

图 4-1　温州眼镜科技信息中心运营的温州眼镜网

1. 分析业务模式，确定网站结构

眼镜产品的标准化和价值不同，决定了不同的交付服务，越标准的产品其价值必然较低，多半通过销售员来交付，通常销售员只要能够更好地展现产品特性，其成功率升高，常称为“产品销售”；对于价值较高的产品其标准化就低，需要为每个客户定制，因此需要团队来交付，其过程必然复杂，常称为“方案销售”，不同的业务模式决定了不同的眼镜网站栏目。

2. 眼镜网站内容与营销策略密切相关

客户存在生命周期，即客户有着不同的状态，需要有不同策略与其互动，营销策略就是选择目标客户，制定沟通内容，从而达到营销目标。网络营销同样如此，眼镜企业网站有不同的访问者，如“一般访客”、“兴趣客户”、“需求客户”，因此需要建立差异化内容。由于不同业务模式的营销过程不一样，眼镜企业有着不同的营销项目和工具，在营销过程中通过不同的组织和人员来实施和执行，所有信息的传递都需要先建立联系，因此沟通成本非常高，迁移到网站上，就可以根据客户的访问流程将营销工具设置为不同的内容，来引导客户互动，形成了自动化营销，因此网站首页、快速通道等都需用到常用的营销项目。

3. 规划网络营销推广网站

眼镜企业要注重公司网站的推广，目的是树立眼镜公司或企业家品牌形象，或增加销售，或为了让更多的人了解。从站点推广的角度来讲，眼镜企业网站不仅仅是一个网上门面，而且是一个重要的营销工具。要达到网站推广效果，企业应重视以下方面的工作。

（1）网站要有方便的导航功能、完善的帮助系统、尽可能快的下载速度、简单友好的用户界面，以及对搜索引擎友好的 META 标签设计等。

（2）做好相关眼镜产品/服务/内容的推荐。除了要向用户介绍产品或服务，还要在公司推出中心产品，或者有重大新闻价值的事件时，在网站首页重点介绍，提高客商对产品的熟知度，从而扩大产品的新客商加入。

（3）加强搜索引擎登记。网站设置的关键词要与潜在访问者最可能输入搜索引擎的词语相匹配。

（4）与知名行业网站（如温州眼镜网）开展相关活动，扩大知名度。

（5）在网站上提供交互性与营销功能。如当一个客商在介绍某一眼镜产品的网页停留较长时间，或者反复查看有关内容时，可以利用弹出窗口，实时地向客商提供帮助或者介绍有关的最新信息。

（6）与知名站点、个人站点、代理商等进行友情链接和产品专栏合作，共享网站用户资源。

资料来源：温州眼镜科技信息中心专家组，温州眼镜网，www. wenzhouglasses. com。

案例思考：

纵观国内互联网市场的发展历程，企业建设网站的热情经历了几次波峰波谷的变化。许多企业主初识互联网时，便迫不及待地注册域名，发布企业自己运营的网站，虽然花费大量的时间、金钱和精力，但网站的访问量却一直徘徊在较低的水平；更让企业经营者感到尴尬的是，这些不断需要资金投入的网站除了作为企业一个新的对外宣传的窗口之外，对于公司经营活动的开展没有显示出应有的推动作用，销售业绩也没有因此得到提升。

是网站设计出了问题，还是网站运营出了问题？现实中，大部分企业经营者迫于激烈的市场竞争，没有时间去深入的思考和分析，最终选择了一个简单的处理方法，将网站束之高阁，只保留最基本的信息更新工作，甚至是保留域名，暂时关闭企业网站。

案例中的温州眼镜科技信息中心给企业运营网站、开展网络营销提出了建议，请思考：

1. 企业运营的网站应具有哪些作用？
2. 企业官网相对购物网站或网店应突出哪些方面的特点，起到哪些方面的作用？
3. 企业网站如何开展网络营销？

二、任务描述

在企业的传统业务模式、盈利模式面临网络严峻挑战的形势下，企业如何应对？或者说企业如何利用电子商务活动来创新、变革自己的经营模式、盈利模式呢？目前，越来越多的企业通过建立和发布自己的公司网站，或者公共信息平台发布企业供求信息和公司新闻，为客户、网民消费者、合作伙伴、社会公众等各种相关利益者提供各种在线服务，以此来提高企业的知名度和美誉度。企业如何以营销为导向来规划自己的电子商务网站，显然是建立企业网站的前提之一。

在竞争激烈的市场中，要使公司业务重新焕发青春，保持行业中的地位，必须对公司目前的传统业务进行新规划、整合，充分认识互联网经济对公司传统业务的影响，充分利用网络与公司传统业务模式进行嫁接创新，从而规划公司新的业务模式。建立起公司网站，结合新业务特点赋予网站介绍产品、树立企业形象以及提供增值性服务以争夺客户的使命。因此需要对公司目前的业务进行分析、对公司的外部环境进行分析，特别是网络经济对公司现有业务的威胁和机会分析等。

【实训案例】为企业重新规划设计网站

【参考网站】肯德基快餐网站（见图 4-2）、肯德基宅急送网上订餐网站（见图 4-3）、百胜餐饮集团中国事业部网站（见图 4-4）、中小企业信息网

王小明是某省中小企业信息网的主要负责人，单位领导决定在“政府服务企业年”活动中，联合本地区的知名 IT 企业推出为企业建网站的优惠活动，以推动本地区中小企业信息化进程，提升企业开展网络营销、电子商务的质量。为此，王小明走访了一些企业，与企业经营者进行了深入交流。他了解到许多企业经营者对互联网、网络营销和电子商务等事物并不陌生，但一提到建网站，他们都表示企业不是没有能力建设网站，只是按照目前企业的状况，不知道该建什么样的网站，又该如何去运营。

为此，王小明考察了一些企业网站、网上商城和网店，决定以肯德基和淘宝网为例，在下周的中小企业主座谈会上就“中小企业如何规划建设网站”做一个发言。

三、任务要求

有针对性地选择某行业，对比行业里处于领导者、挑战者、跟随者、补缺者等不同竞争地位的企业的网站，观察网站的访问情况，比较网站栏目结构，分析网站满足网民访问

图 4-2　肯德基快餐网站

图 4-3　肯德基宅急送网上订餐网站

需求的情况。列举网站栏目及其对应设计要求和实现功能，最后按照企业建设网站的目的，采取“点菜单式”搭建网站结构雏形。

完成任务需要注意以下几个方面：

（1）充分了解行业中代表企业网站的建设和运营情况。

（2）明确企业建设网站的目的。

（3）了解用户网民上网需求和网络应用习惯。

（4）熟悉企业主要业务流程，并按网民需求进行重新设计。

图 4-4　百胜餐饮集团中国事业部网站

四、实践步骤

学生每三人组成一个小组，选择某个行业开展调研，参照有代表性的企业的网站结构和内容，分析以营销为导向的网站建站规律和运营模式，并完成以下工作：

（1）访问参考网站，了解该行业中企业网站如何开展网络营销。

（2）确定企业网站建设和运营的目的。

（3）分析网站访客的需求和偏好。

（4）列举网站重要栏目和运营模式。

（5）描述企业的主要业务流程，并提出其网站运营模式。

（6）完成实验报告，并进行讨论交流。

五、理论知识点

企业规划建设自己的网站，首先要先明确建站的目的，同时了解同行企业网站建设和运营的情况；然后根据企业客户的需求和企业核心业务流程，进行网站栏目的设计和网站功能规划。具体的工作内容包括以下几个方面。

规划建设企业网站，最基本和最重要的工作就是对企业网站进行定位。具体体现在企业建站目的、网站栏目设计、网站内容规划、网站功能、网站核心业务流程设计及在线服务标准等内容和形式上。

1. 企业建站目标定位

企业建立自己的网站，其根本的目的就是适应电子商务快速发展的需要，利用互联网络、数字信息技术，建设网站平台，推广网络应用，从而提升企业形象，加强客户沟通与服务，降低营销成本，提高企业效益，获取竞争优势。当然，不同的企业由于产品、规模、经营、技术、服务以及企业资源的差异，网站的建设目标各有侧重，具体可以概括为以下几种建站目标。

（1）通过信息发布，建立与网民有效沟通。

企业将网站作为对外展示的一个窗口，将企业的历史、新闻、产品和服务、经营状况、行业动态等信息公开发布，促进网民和社会公众对企业基本情况的了解，也增强对企业的信任。这是企业建站最基本的内容和最容易实现的目标，对此类网站的评价主要体现在传播效果的评估，如访问率、平均浏览时间、回复率、知名度等。

（2）通过在线交易，实现产品和服务销售。

企业网站设置订单系统或网店，直接面向客户或网民销售产品或服务。此类网站的设计需要考虑客户或网民购买行为的特点，提供丰富的产品或服务信息，包括与竞争企业产品的横向对比信息，具有良好的在线导购或线下跟单服务，还要有安全、优质的在线结算和物流服务作为保障。企业与分销商在线下单配送系统和网店是此类网站的代表，对此类网站的评价主要体现在销售效果的评估，如销售额、转化率、重购次数（频率）等。

（3）以商务管理为目标，建设电子商务平台。

企业围绕其经营的核心业务流程，依托企业局域网和互联网，建立起面向企业内部管理的OA系统和ERP系统，再通过连接互联网的电子商务平台，与上下游客户建立供应链系统，同时加入行业和政府的电子政务系统，实现企业内部管理、外部营销及客户管理的功能，最终建成企业的电子商务平台。此类网站建设既需要企业内部管理的规范化、标准化，更需要依托合作企业、政府和网络运营商共同建设电子商务的外部环境。此类网站的评价主要体现在企业运营效率的评估。

2. 网站的类型及核心业务定位

企业确立了建站目标后，网站的类型和核心业务定位也可以随之确定，并由此规划出网站包含的栏目、功能及规模等因素，如表4-1所示。

3. 网站功能定位

网站的功能由构成网站的各个模块来实现。通常情况下，企业希望网站能实现各种功能，满足不同访问者的需求，由此在网站规划时，便尽可能地集合竞争对手或同类型网站的功能模块于一体。但这样的网站却往往因为功能定位不清晰、缺少特点和变化，而没能吸引网民的访问，同时也使原有访问者逐渐流失。因此，企业在规划网站功能时，必须突出网站的定位和核心业务的实现。具体的网站功能定位包括以下几个方面。

（1）信息发布。

企业通过发布企业新闻、产品（服务）信息、生产经营信息、采购信息、人员招聘信息等，可以让网民和公众更全面、客观地了解企业。其中也包括上市企业必须对公众公开的企业经营情况和财务信息。

表 4-1　　**网站类型及核心业务**

划分依据	网站类型	内涵	核心业务
服务内容	广告型	发布企业及产品信息，建立品牌形象	信息发布
	交易型	网上订单系统及网店销售，并有物流、网银等服务	在线订单 电子支付
	信息服务型	提供行业、企业、产品及相关资讯等信息服务	信息中介 交易中介
	社区交际型	以注册会员为对象，提供网络社区环境，促进网民与企业的互动沟通交流	社区论坛 体验分享
服务领域	垂直型	为上下游企业及最终用户提供专业化服务	信息咨询 交易平台
	水平型	跨行业、跨领域的综合性网站，满足网民各类需求	多样化
服务对象	B2B	面向上下游企业进行采购和销售	交易管理
	B2C	面向最终消费者网购需求	网络促销

（2）产品推介。

通过产品图片、文字及多媒体文件，向网民介绍企业的产品或服务的各方面信息，如品牌、产品认证、原材料、生产工艺、评价、促销等。

（3）顾客服务。

企业为了引导消费、导购咨询及做好售后服务，在网站上设置常见问题解答（FAQ）、即时通信工具、在线留言板等为企业客户提供服务。

（4）在线销售。

企业在网上开设网店，设置交易平台，与网民在线完成谈判、下订单、电子支付等交易过程。

（5）网上调查。

企业通过网上调查工具，针对网民或企业客户进行问卷调查，收集市场、用户及产品使用情况等信息。

（6）网络社区。

企业在网站上开设会员专区或经营网络社区，为网民提供交际的平台，以此增进企业与社会公众的关系，传播企业品牌，提高企业美誉度。

（7）业务管理。

企业开放内部网络的一些功能模块或数据库，为企业员工远程访问提供便利，以此实现企业业务管理的网络化。

六、实验报告

以实训案例为背景，按照实践步骤要求为某公司重新规划并设计网站，完成以下实验报告。

1. 实验报告书

实验项目名称	为某公司重新规划设计网站	课程名称	网络营销	实验类型	课程实训
学生姓名		班级		学号	
团队成员姓名				指导老师	
实验地点		实验日期		课时	
实验目的和原理	目的：了解企业网站运营的流程，掌握网站运营的特点，熟练应用和掌握设计网站的方法和手段 原理：企业网站可以提高企业的美誉度和知名度，以营销为前提来建立自己的网站，是企业建立网站的前提之一				
实验内容和要求	内容：按照企业的要求，重新设计并规划企业网站 要求：了解行业中代表企业网站的建设和运营情况，明确企业建设网站的目的，熟悉企业的主要业务流程，重新设计网站				
实验软件或网站	IE 浏览器、Office 办公软件 调查网站包括：行业网站、企业网站、政府行政网站、B2B 商务平台等				
实验操作方法与实验步骤					
实验数据记录和处理					
实验结果与分析					
实验讨论与心得					
实验指导老师评语					
成绩评定	成绩评定：____________________签名：____________				

七、小组讨论及讲演

根据本子任务的学习内容，结合实训案例背景，组织各小组进行讨论，并制作 PPT 进行课堂讲演，讲演后讨论以下问题。

（1）如何了解行业中代表企业网站的建设和运营情况，如何突出企业的优势与特点？

（2）用户网民的上网需求和网络应用习惯与网站的建设有什么关系？

（3）重新设计企业网站时，需要注意哪些方面的问题？

八、拓展案例

如何规划营销型网站

网络营销成功的最终衡量标准就是实现成交，不管是网络直接成交还是线下的成交。对于中小企业大部分网络营销模式来说，成交的关键就在于网站（网店）的转化率，这主要由两个关键因素决定：一是网站的客户体验；二就是流量的质量度。

流量的质量度主要取决于网络传播推广时的策略是否精准，是否吸引的是目标受众，传播信息设计是否符合受众的心理预期，传播载体是否是目标受众圈等。

而网站的客户体验主要体现在网站结构、网站视觉、商品销售力、网站的公信力等因素。这也就是我们常说的营销型网站（网店）。那么营销型网站规划从哪些方面入手？我分享下自己的观点。

1. 清晰的结构流程

网站结构就是网站的骨干，是高度抽象的脉络，就像房子的框架，网站结构相当于指南针和地图，起到引导客户的作用。

网站结构不清晰是很多企业网站的通病，核心价值不突出、重点不明确、内容杂乱，没有引导客户的思维。用户就像在一个迷宫中转，进不去、退不了，找不到自己需要的内容。

网站结构规划主要考虑用户的思维习惯，通过引导用户操作顺利实现预期目标。这就要求规划者首先要分析用户心理和自己产品的核心优势。用户最关注的是什么？先让用户了解什么内容，然后又了解什么内容？用什么打动客户？规划网站结构一定要有引导用户购买或者最终联系客服又或者拿起电话的意识。规划网站的结构还需要考虑搜索引擎的喜好，通过合理的层级结构和内部链接方便搜索。

2. 极具冲击力的视觉表现

视觉是网站用户接触的第一个因素。所以一个网站想要用户喜欢，首先就得在视觉上打动用户。

规划网站视觉一定要从用户的审美习惯出发，切忌凭自己的主观愿望来确定视觉表现。一般来说，网站视觉规划先要确定基本主色调和辅助色调，然后画出首页布局图。F 型网站布局是比较通用稳妥的视觉结构，但有时候也可以突出个性。

3. 极具销售力的商品展示

首先需要明确的一点是，任何企业都是销售商品，商品可以是具体的产品，也可以是一项服务，或者品牌公司，甚至是一个人。

商品展示是网站规划的核心要素，能不能打动用户，主要就是商品页面是否具备强有力的销售力。

商品展示的销售力，其核心就在于提炼产品的核心卖点——USP，然后利用图、文、视频等各种形式围绕和强化核心卖点。

FABE 法则是一套非常系统的、行之有效的说服公式，在营销界广泛使用，同样适用于网站商品展示页面规划或网站规划。F 表示产品基本特征，A 表示产品特征具备的优点，B 表示这些优点带给客户的利益，E 是用证据来支撑前面的描述。

4. 极高公信力和深度价值的内容

要想实现销售，一定要让客户信任你和你的公司。前面 FABE 中的 E 就是增加公信力和信任感。另外就是网站关于公司和品牌或者企业文化等方面的内容，也要有公信力，千万不要随意夸张，让客户不信任。

而深度价值的内容，一是塑造自己的专业形象，二是留住和黏住客户，让客户对网站产生依赖感，有问题就来网站来寻找答案。

5. 符合搜索引擎规律

搜索引擎早就成为网络的主要入口，大部分网络营销模式需要立足搜索营销来制定整体策略。

需要明确的是，SEO 不单单是获得好的排名，更重要的是获得好的流量。这需要我们在关键词策略分析上下工夫，然后在网站内部优化和外部优化长期坚持。

6. 健全的客服销售体系

客服沟通是整个销售体系的关键一环。我们首先要架起最方便的客户沟通方式，如 400 电话、客服系统、QQ、MSN 等在线方式，同时在网站页面适合的位置设置，让客户在任何需要的时候，迅速方便地和客服人员沟通。

更重要的是客服人员一定要专业，对产品或服务细节都了如指掌，并且具备较强的销售技巧和能力。这不是售后服务，而是销售。

7. 安全便捷的后台

服务器或者空间的安全、访问速度，程序安全稳定、不出错等因素是网站实现成交的基础支撑。而满足功能需求的后台、简洁方便的操作界面是网站运营维护的必要条件。网站数据监测分析软件是网站运营提升的必须一环。

以上泛泛而谈营销型网站规划的七大要素，只是抛砖引玉，难免会挂一漏万。比如客户体验就包括网站平台体验、商品体验、内容体验和服务体验等。而每一个因素也并没有给出很深的解决方案，只是希望该文能帮大家在规划网站时理清一些基本思路和应该关注的方面。

资料来源：www. sendawangluo. com.

子任务二　网站定位与展示

一、引例

三夫户外

三夫户外创立于1997年，最初的三夫仅仅是北京大学东门外一处30平方米的小店，多年来三夫户外秉承“诚信经营，保证售后”的经营理念，以及“运动、快乐、梦想”的宗旨，持续健康快速发展。目前在北京、上海、南京、杭州、成都、深圳、沈阳、长春、青岛、石家庄等核心城市拥有30多家国际一流水准的专营店，营业面积超过万余平米，代理经营国内外200多个专业户外运动品牌的产品，充分满足户外爱好者对野营、登山、攀岩、自驾车、滑雪、休闲旅行等活动的一站式购物需求。三夫户外通过独创的会员俱乐部+线上电子商务+线下专业零售店这种“三位一体”的经营模式，创始人张恒将公司打造成了户外行业的“国美”。三夫户外中文官方网站主页如图4-5所示。

图4-5　三夫户外中文官方网站主页

三夫户外在1999年5月开通了网站，刚开始只是公司介绍的页面，后来逐步增加了BBS和聊天室。当时人们出行回来后会在BBS上写文章，在里面讨论，非常热闹。三夫户外的BBS逐渐在户外人群中形成口碑效应，也帮助三夫聚集了大批忠实会员。

现在BBS的重要性对三夫而言已经弱化了。一方面是一些专门的户外社区网站出来了，他们在服务和黏度上做得很好，而三夫的网站是以连锁零售为基础的网站，本身和顾客是商家和消费者的关系，二者对网站本身的定位不一样；另一方面公司后期对网站的投入变少，BBS 的功能也逐渐变弱。

现在的三夫网站更偏向于一个有电商功能的公司网站。三夫电商占比现在有 7% 左右，三夫也在京东、天猫等网站开有专营店，规模不大但发展很稳健，并且电商的增长远远高于店面的增长，还有很大的空间，未来占比应该会进一步提升。

资料来源：网易财经，http：//money. 163. com/14/0122/09/9J6DL9MD00254P77. html。

案例思考：

目前的三夫户外是中国领导型的专业户外运动用品连锁零售公司，而在 1997 年由北大的三个年轻人成立时，只是位于北京北大小东门外的一个仅 30 平方米的实体户外装备零售店。由于该类产品的特殊性，几乎倒闭。后来通过调研，三夫户外的创始人把实体店与现代网络充分结合起来，充分利用网络的点多面广的渠道优越性，克服了户外装备商品的特殊局限性。如何定位网站是一个关键问题。

1. 你认为三夫网站的定位是什么？
2. 网站根据什么进行定位？

二、任务描述

企业网站是要建成公司形象网站，还是产品推广网站；是通过网站就直接赚钱的电子商务型网站，还是成为在同行业中造成影响的行业门户网站；网站建成后面对的是广大网友，还是只有企业的准客户，这些都是需要前期策划好，从注册域名到后期的网站推广、网络营销等一整套流程都要理清思路。这是网站建设前期最重要的工作。

三、任务要求

网站定位反映了企业对于市场、顾客、产品和服务关系的理解和经营理念。根据企业的需要和计划，确定网站的功能。网站有产品推介型网站、网上营销型网站、客户服务型网站、电子商务型网站、行业门户型网站等。根据网站功能，确定网站应达到的目的和作用。根据企业产品和服务的特点，来确定企业网站的定位，确定企业内部网建设与否、建设情况和网站的可扩展性。即企业网站是形象网站，是产品推广网站，还是电子商务型网站，或者兼而有之。以三夫户外公司为例。

（1）了解该企业的业务模式、产品特点、服务人群，并指出网站的目标。

（2）该企业网站的定位是什么？

四、实践步骤

网页设计工作是一个实实在在的任务，对网络营销人员来说，可以不参加实际的网页制作工作，但总体规划是必须参加的，所谓纲举目张，总体规划对网页设计至关重要。

1. 确定网站建立的原因

确定建立网站的原因至关重要，如建立网站是为了销售产品，还是为了服务；网站的服务对象是谁；浏览者能从网站得到些什么信息；网站能提供什么样的信息和服务等。

2. 确定网站的类型

目前网站的类型有以下五种：

①信息：新闻媒体、图书馆数据库、医学等数据库。

②商务：ISP、ICP、公司站点、营销站点。

③组织：法律法规数据库、教育站点。

④专题：旅游、财经、体育、科学、食品。

⑤个人：个人展台。

显然，对网络营销站点来说，类型应定在“商务”这一类。

3. 确定网站的主体内容

对于网络营销站点来说，网站主体内容不外乎产品信息、产品广告、在线订单、在线服务等，其他如友情链接、相关信息应居次位。对于主体内容的确定，切记避免贪大求全，例如目前ICP网站内容的重复性高，几乎所有的ICP都有游戏、娱乐、体育、生活等方面的特色栏目，但特色栏目的内容可能在别家ICP上也会出现，特色栏目变得雷同，使得本来的特色都没有了。不同的是页面制作上有的精美，有的粗糙。

（1）确定网页系统树（见图4-6）。

系统性对任何一件事情、甚至一份工作都相当重要，一个内容繁多的公司网站决不能像个人网站那样，今天有点灵感，在这个页面修修补补，明天有点材料，在那个页面改改画画，系统树对网页的规划、设计、维护都相当重要。

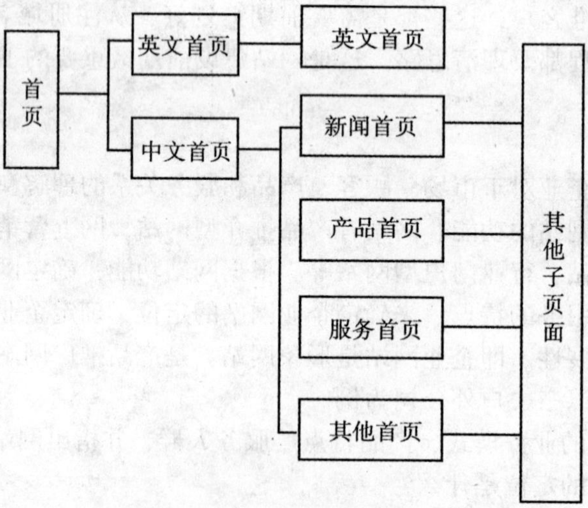

图4-6　网页系统树

（2）确定网页内容。

在这里，网页内容要具体细化到每个页面。例如首页，可以计划包含欢迎信息、版权信息、重点客户友情链接、指向下一层次的重要链接等，而至于排版、页面内容的丰富等可由制作人员自己把握。

（3）定制数据库。

数据库对于任何一个想有所作为的网络公司是必须具备的，具体可含产品数据库、客户数据库、反馈信息数据库、竞争对手数据库等。

4. 选择 ISP 供应商

ISP 是 Internet Service Provider 的简称，是互联网的接入服务提供商，是进入互联网世界的通道。每一个 ISP 服务商都有自己的服务器，且通过专门的线路 24 小时不间断地连接在互联网络上。当人们需要进入互联网时，只要先通过电话网络与 ISP 端的服务器连接好，然后就可与全世界各地连接在互联网上的计算机进行数据交换。因此 ISP 服务商就像是婚介所，而企业则是要找女（男）朋友的人，通过这些婚介所，企业将有机会认识到更多的朋友。目前国内计算机网络共有四种，即 CHINANET（中国计算机互联网）、CHINAGBN（中国金桥信息网）、CERNET（中国教育网）和 CASNET（中国科研网）。这四种网络几乎连接了国内所有领域的计算机网络，同时又都互相连接并且具有各自独立的国际出口。在这四种网络中，国家规定可以做商业运营的公用互联网只有两个，即 CHINANET 和 CHINAGBN。

5. 人力资源管理与进度安排

无论做什么项目，都需要人力资源及对该项目进度的控制，以期能够按时并按量完成。一个完整的电子商务站点的规划建立所需的基本人力资源如下：

①企划人员确定站点的大概框架，应该具有的功能、需要给用户提供的服务等，最好是有完整的企划书。

②程序员去实现程序、图片、文字等。

③美工按照企划书给站点做出美丽而又实用的页面。

④输入人员输入电子商务站点应当要有大量的资料。

⑤编辑人员的工作相当重要，因为光有资料还不行，还需要有人将这些资料做有机的结合，变成有用的资料提供给用户使用。

除了以上这些人力外还需要有人来做时间上的总体安排，即对网站的架构、美观、文字的编排等都要做到有效的控制，最重要的是控制整个工作程序的进度，一般由既懂管理又懂技术的人来担当这个重任。

现代社会分秒必争，所以一项工作的进度最为重要，以目前流行的计算机业的进度来说，硬件的升级速度是半年，而软件则一般是一年。但是，就一个电子商务站点的开发来说，从市场调研到寻找合适的 ISP 商，再到站点的主题确立及最后的规划，再到最终的完成，最好能控制在几个月之内并将网站发布出去。

6. 企业网站的基本内容

企业可考虑在自己的网站里提供以下内容。

（1）公司概况介绍：这部分包括公司背景、发展历史及组织结构，目的是让浏览者对公司的情况有一个大概的了解，这是在互联网上推广公司的第一步，也可能是非常重要的一步。

（2）产品目录：提供公司产品和服务的电子目录，方便顾客在网上搜寻。再设计具体内容，考虑公司网站的软、硬件配套，然后决定是否配上有旁白的图片，或录像片段来介绍公司的产品和服务，并在适当的地方列出有关产品、服务的一些技术性资料。若产品目录中包括一些由独立第三者做出的产品评介，或现有客户的意见，可使网页更有说服力。

此外，在这部分应设一个搜寻器，方便客户透过网站搜查有关公司的产品及品牌。对刚推出或将要推出的产品，应在产品目录中以较吸引人的方法介绍。

（3）联络资料：网站内应列有公司的地址、电话、传真号码及 E-mail 地址等联络资料，若将各负责对外的部门及有关职员的联络方法列出，更有助于促进公司和外界，特别是潜在客户的沟通。

（4）公司动态：企业可透过网站介绍公司动态，借以推介公司的新产品、服务，或向客户提供公司发展的最新情况和财务状况，以建立公司形象。

（5）客户服务资料：这部分特别为公司提供线上及时客户服务，其中可包括热门答问（FAQ）、付款、产品付运等。若有足够资源，可考虑在网站内提供线上查询服务，或建立一个知识库（knowledge-based database），方便客户搜寻公司的资料。

（6）线上采购：若希望通过网站向顾客提供线上购物服务，则须注意以下几点：

①为顾客提供一辆虚拟的购物车，目的是使顾客清楚知道购物情况而在购物车上增减货品；

②在付款部分容许顾客确认采购货物的数量及价格；

③在购物单内要求顾客提供送货地址，联络方法等资料，以及要求顾客选择付款及收货方法等；

④在交易完成后通过电子邮件以确认交易详情。

总之，规划网站内容，要根据网站的目的和功能进行。网站规划好了，也就确定了网站的基本结构与栏目。网站规划可以企业自己设计，但如果网站栏目比较多，也可以考虑请专业编程人才负责相关内容。需要注意的问题是：网站内容是网站吸引浏览者最重要的因素，无内容或不实用的信息不会吸引匆匆浏览的访客。

企业网站建立之后，要经常进行维护更新。要对服务器及相关的软硬件进行维护，对可能出现的问题进行评估，制定响应时间。维护数据库系统，有效地利用数据分析、挖掘支持决策。网页的内容要经常更新、调整等，过于陈旧的内容会让浏览的用户失去兴趣。还要制定相关网站维护的规定，将网站维护制度化、规范化。

五、理论知识点

网站不仅代表企业的网上品牌形象，同时也是开展网络营销的根据地，网站实现的功能对网络营销的效果有直接影响，网站功能定位不明确、不准确是许多企业网站失效的主要原因。因此，企业网站功能的准确定位是网站建设中要解决的首要问题。

（1）企业网站建设应充分展示企业的经营理念，产品或服务的特色。

企业网站建设是企业根据自身经营的需要建立起来的，因此首先应当适应企业经营的需要，为企业的经营和营销服务。企业网站应充分展示企业主营业务的特色和优势，通过文字、图案、颜色甚至声音等媒介，让用户在最短的时间内抓住企业所要传递给目标消费者的核心思想，而不是让人陷入一个“迷茫的海洋”甚至产生错觉。

（2）处理好信息服务与在线销售的关系。

商务网站的定位并不意味着一定要实现在线销售网络，网站建设的最大优势在于信息的传递，而在线销售尚有支付手段、信用体系、安全立法、物流配送等诸多环境因素的制约。在企业网站上提供丰富的相关产品信息、专业知识介绍和售前售后服务，通过开展网上营销活动，促进网下销售额的增长，这是大多数成功网站的共同特点。

（3）处理好商务与技术的关系。

技术本身不是目的，任何技术都是为商务目的服务的。技术的价值只有通过商务的诉求才能实现，只有当它促进商务目标实现的时候才有价值。商务功能定位准确的网站并不是越美观越华丽就好，技术也并不是越新就越好。网页是静态的好还是动态的好，要不要使用数据库技术，这应当根据网站建设所处的阶段以及企业的规模与业务量的大小来确定。不能为了炫耀技术而牺牲网页下载的速度，不能不顾企业信息化水平和员工素质的现状而盲目追求高新技术，不能不顾产品不适合在网上销售的特点，以及该行业互联网觉醒度还比较低，开展网络交易相关的支付安全、信用等问题。

网络和网站技术只是实现企业经营目标的一种工具，只是企业开展经营和营销的手段和媒体，技术只有和商务特别是企业的主营业务有机结合，从而促进商务活动的开展时才能创造价值并带来效益，否则极有可能沦为可有可无的摆设，甚至成为妨碍企业发展的陷阱和吞噬资金的黑洞。

（4）网站应最大限度地满足顾客需求。

因为企业的商务目标需要通过满足消费者的需求才能达成，所以企业网站不仅要适合自身特点，还应最大限度地满足顾客需求。

在今天的消费市场中，顾客需求多样化、个性化的特征，要求每个企业都能对这些变化做出及时快速的反应，这是企业在市场立足与发展的必要条件。同时，企业之间的竞争在很大程度上是客户资源的竞争，谁能把握住客户的需求，并以最快的速度响应，谁就能吸引新客户，保持老客户在竞争中取胜。市场的激烈竞争使得许多商品的品质区别越来越小，产品的同质化倾向也越来越强，这种商品的同质化结果使得品质不再是顾客消费选择的主要标准，越来越多的顾客更加看重的是商家能为其提供何种服务，以及服务的质量和及时程度。为了保持企业持续、稳定、健康地发展，企业网站必须注重提高自身的服务质量，增进与顾客的沟通，树立良好的服务形象和品牌形象，加强企业的竞争能力。

六、实验报告

以实训案例为背景，按照实践步骤要求为某公司的网站重新进行定位，完成以下实验报告。

1. 实验报告书

实验项目名称	为某公司网站重新进行定位	课程名称	网络营销	实验类型	课程实训

续表

学生姓名		班级		学号	
团队成员姓名				指导老师	
实验地点		实验日期		课时	
实验目的和原理	目的：根据企业网站的产品特点、业务模式和服人群，对该网站重新进行定位 原理：网站定位反映了企业对于市场、顾客、产品和服务关系的理解和经营理念				
实验内容和要求	内容：了解该企业的业务模式、产品特点、服务人群，指出企业网站的定位和目标 要求：确定网站建立的原因、类型、主体内容、ISP 供应商等				
实验软件或网站	IE 浏览器、Office 办公软件、企业网站、行业网站、B2B 商务平台等				
实验操作方法与实验步骤					
实验数据记录和处理					
实验结果与分析					
实验讨论与心得					
实验指导老师评语					
成绩评定	成绩评定：________签名：________				

七、小组讨论及讲演

根据本子任务的学习内容，结合实训案例背景，组织各小组讨论以下问题，并制作 PPT 进行课堂讲演。

1. 企业网站的功能定位主要包括哪些方面的内容？
2. 网站定位对企业建设来说有什么重要的意义？

子任务三　企业建站方案策划书

一、引例

四川长虹电子集团公司是我国最主要的家电产品的提供商之一。该公司始创于 1958 年，从军工立业、彩电兴业，到信息电子的多元拓展，已成为集军工、消费电子、核心器件研发与制造为一体的综合型跨国企业集团，并正向具有全球竞争力的信息家电内容与服务提供商挺进。

网络经济的迅猛发展，对公司的传统渠道、产品研发、内部成本控制、订单处理、物流配送、人员管理等方面形成了巨大冲击，为了迎接这种挑战，该公司以创新为导向，不断提升核心技术创新能力，创新管理模式，提升经营活力，积极推进产业结构调整，不断丰富产业形态，挺进关键器件、核心部件领域，大力实施品牌国际化战略，不断提升企业综合竞争能力，全力推进制造业升级、服务业转型和全球化发展，创新形成新的业务模式，实现成为国际著名的信息家电的设备供应商、服务提供商和内容提供商的战略目标。为此，建设公司综合性的电子商务网站是该战略转型的关键业务步骤。四川长虹电子集团公司网站首页如图4-7所示。

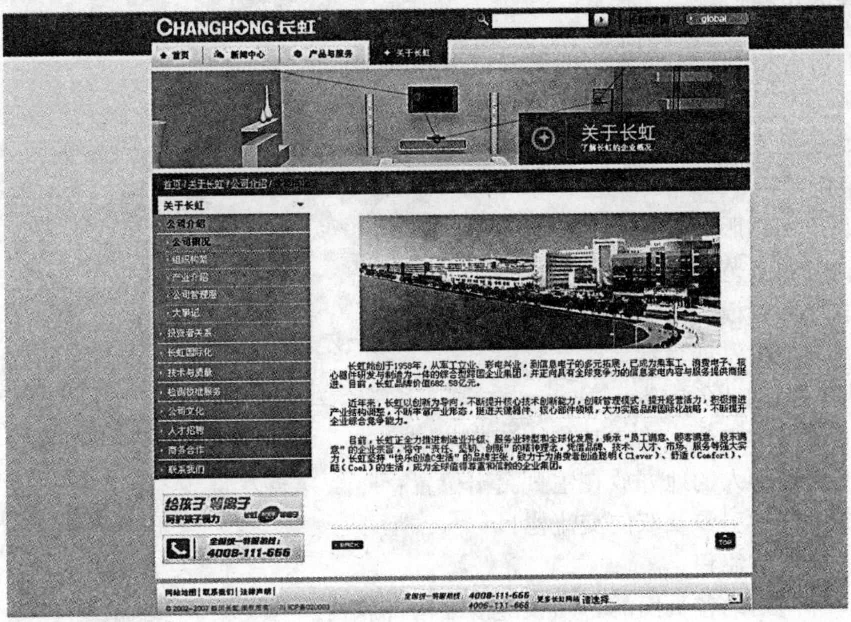

图4-7　四川长虹电子集团公司网站首页

案例思考：

四川长虹电子集团公司拟建立综合性的电子商务网站以支撑公司的新战略，即面临网络经济的挑战，整合原有的业务，创新形成新的业务模式，建立自己的电子商务网站，成为信息家电的设备供应商、服务提供商和内容提供商。

1. 你认为该公司原来的业务模式是怎样的？
2. 新的业务模式应该有什么特点？
3. 拟建立的电子商务网站应该实现哪些功能？为什么？

二、任务描述

在上述案例材料中，该公司如何建立自己的电子商务网站是关键。也就是说公司要在建立商务网站之前，要在计划的时间内完成该公司的商务网站的规划，即建站方案策划书。

三、任务要求

建站方案策划书是企业建立自己的商务网站的行动纲领，因此该策划书关系着网站能否顺利建成？关系着网站建立后能否顺利运营？更为重要的是能否达成预期目标？请结合四川长虹电子集团公司案例材料并查找补充相关材料，着手完成建站方案策划书。

四、实践步骤

完成一份合格的建站策划书要做好以下相关工作。

1. 网站定位

（1）确定网站类型，根据企业优势、资源、需求状况、资金、人才等因素确定其类型及服务范围；

（2）确定网站服务对象；

（3）确定服务范围及网站主题；

（4）选择经营模式（营利性或非营利性）；

（5）制定网站发展目标。

2. 规划网站的业务内容

（1）围绕网站定位，确定其具体业务范围；

（2）把最吸引人的地方放在主页突出位置；

（3）提供搜索引擎及双向交流栏目；

（4）设计业务流程；

（5）设计网站内各页面的布局和链接结构及风格。

3. 选择平台开发工具

（1）硬件平台（Web 服务器、邮件服务器、数据库服务器、DNS 服务器、防火墙服务器等）；

（2）软件平台（系统平台、Web 服务器平台和数据库）。

4. 预算

5. 开发速度安排

6. 网站开发

（1）申请域名；

（2）网站页面内容的编排（网站名称、广告条、主菜单、新闻、搜索引擎、计数器、友情链接等）；

（3）网站程序设计（客户端程序和服务器程序）；

（4）网页美工设计；

（5）站点测试及修改。

7. 网站发布

（1）站点发布（虚拟主机、服务器托管方案、专线接入）；

（2）站点更新（内容更新、栏目更新和创新、硬件升级等）。

五、理论知识点

说起网站建设，特别是以营销为导向的网站建设，网络技术不是我们关注的重点，有专业的公司提供技术支撑和服务，重点反而是规划和定位。因此往往存在这样一种误区：把企业的文字图片资料找齐交给网络公司去制作成网站，就完成任务了。

网站策划必须精通营销策划知识、网络传播知识、网络技术，才能全面分析真正策划好一个网站，一份完整全面的策划案需要详细的数据分析、企业调研、行业调查、需求调查等，而非一些简单的文字。以下方面是我们在确定建站方案策划书要注意的。

（1）明确建立网站的目的。

根据自己的产品、销售渠道和销售对象等情况，明确自己的网站是信息服务型、销售型、销售服务型或是综合型，面向企业客户的网站和面向个体消费者的网站是完全不一样的，即使是面向个体消费者的网站，也并非所有都需要销售商品，而且并不是所有的产品都适合在网上销售。面向企业客户的网站的重点是其在企业间合作过程中的作用，而不需要像面向消费者的网站那样千方百计地去增加浏览率。

（2）了解目标市场。

“你”的客户是企业还是个体消费者，他们来自何处？他们信息化程度如何，经常上网吗？他们主要使用哪些语言？主要希望了解哪些信息？他们的购买水平如何？主要使用哪种浏览器？网站内容需要随着对消费者了解的深入而逐步调整。比如，企业的顾客群体如果喜欢新技术、受教育程度较高或经常使用互联网，则电子商务成功的可能性就很高。

（3）明确自己的竞争优势。

网上、网下竞争对手是谁？网上竞争对手可以通过搜索引擎查找，与他们相比，“你”在商品、价格、服务、品牌、配送渠道等方面有什么优势？竞争对手的优势“你”能否学习？如何根据自己的竞争优势来确定营销战略？

（4）如何为客户提供信息。

“你”的网站信息来源在哪里？信息是集中到网站编辑处更新、发布还是由各部门自行更新、发布？集中发布可能安全性好，便于管理，但信息更新速度可能较慢，有时还可能出现协调不力的问题。比如，某产品已经售缺，但网站编辑却不知道，仍在网上销售该产品。

（5）资料的准备。

文字资料最好找专人负责整理，最好是熟悉市场营销并有一定文字组织能力的人，他们能够站在企业、市场和消费者的多角度考虑文字的组织方式。企业在提供资料时常常基于企业宣传手册、彩页、各种报告或技术资料，这些资料往往技术性太强或一味地站在企业角度，而较少站在客户角度考虑问题。当然，这些都是很好的资料，但建议最好还是找专人整理一下。

（6）使网站发挥效益。

尽管目前企业的多数业务仍主要依靠传统的业务方式开展，但是，通过互联网形式参与市场竞争的企业越来越多，这是信息时代经济发展的必然趋势。企业如何建设企业网站，才能使网站为企业发挥效益呢？网站要尽量满足下面的条件。

把网站做成企业和客户之间的有效纽带。企业建设自己的网站不是摆设，而是要从中获得效益。网站的制作不能只求美观，盲目攀比，而是要根据企业经营的需要，以最小的投入换取最大的回报，让网站真正发挥作用。另外，企业的网站还应该多关注自己特定的客户群，通过多种形式和客户保持沟通，吸引客户不断地通过网站和企业进行交流，从而加深与客户的关系、更深层次地了解客户需求、为企业发展提供服务。

形成自己的特色，网站内容及制作形式要有特色。“千篇一律”的企业网站制作模式是可以参考的，但不能不加思考地照搬照抄。要结合企业自身的特点进行适当的改造。

（7）首页设计要简洁。

网站首页没有必要做成大篇幅的动画，并非所有上网的人都能正常浏览动画，而且动画下载要占用大量的时间，尚未看到具体的内容之前就让人失去了耐心，这样做有失网站建设的初衷。

（8）产品及服务内容要详细。

要将产品的名称、主要成分、作用、适用范围、照片、商标、报价、售后服务等与客户或消费者在使用本产品时涉及的有关材料放在网上。有些企业出于竞争或保密等原因，不愿将其产品报价在网上注明，这样做不一定有利。多数产品不仅要提供报价单，还应该提供网上订购功能。

（9）重视网站营销功能。

出于商业目的，企业网站应避免太多花哨的设计，太多花样特效会让陌生的用户无所适从。真正有意向开展合作的人，注重的是实效，而不会对网站好看与否评头论足。简洁清晰的页面会增加用户体验，让“你”的用户顺利找到所需要的内容。企业可以创建网站栏目，添加准确的产品列表，做出一个导航清晰的网站结构。同时根据企业特点对页面进行自定义装饰，满足页面美化的需要。更重要的是，布局合理、结构清晰符合各大搜索引擎原则，能让更多的顾客找到企业。

（10）避免误区。

很多企业都知道互联网非常有用，也做了网站，却发现网站并没有想象中的那么好，这是在建设网站时存在不少误区，归纳起来主要存在以下五个方面。

①建立网站建设团队。由于大多数的企业对网络的认识水平不高，干脆自己招聘员工，建立网站建设团队，可是网站建设设计到策划、设计、营销、运营等方方面面，如果这些人才招聘全了，成本开销很大，往往不是中小企业能承担的，因此很多企业的网站建设半途而废。

②缺乏长远规划。企业把网站当成企业文化的展示平台，没有体现出企业网站的价值。网络营销专家普遍认为，企业网站最重要的功能是开展网络营销。企业花了钱做网站，除了在网上展示形象和公司文化，宣扬品牌的最终目的是公司营销利润的增长。

③忽略搜索引擎效果。企业认为网站建设越豪华，越显得企业有实力，实际并不是这

样，图片和动态因素的增多，并没有给网站提供实际的帮助，反而把效果做坏了，大范围的图片和 FLASH 的动态元素是搜索引擎最反感的网页，这种网页在各大搜索引擎的表现是最差的。由于搜索引擎是网民找到网站最主要的途径，许多企业花了钱做了网站，却“藏在深山无人知”，浪费了几千、上万甚至十几万元的费用。

④疏于管理。网站的栏目和内容简单，基本上是“企业介绍”、“企业动态”、“企业产品”、“企业文化”、“联系我们”这几个页面。这些页面是企业的基本介绍，一般都是在网站建成时就存在的。然而大多数的企业网站，对这些内容很少更新甚至不更新。这些页面，即使在内容上还有用，但是已经“过时”。一旦企业网站停止更新，搜索引擎将不再关注这些网站，很难搜索到网站的内容。因此企业网站只有不断更新内容，才会有人关注。持续更新原创内容，吸引搜索引擎的蜘蛛程序经常光顾，才会增加企业网站页面被搜索到的机会。

⑤单一理解网站管理权限。企业网站的有效管理问题，就是设计互动内容，引导全员参与，让所有的员工都能参与进来。这种人人参与，为企业网站贡献内容的方式，就是目前网上流行的 Web2.0 方式。它能帮助企业按照职能部门划分，把员工分到相应的网络群组，赋予各组成员不同的管理权限。这样，每个员工向自己的组提交内容，从而为企业网站贡献内容。

六、实验报告

以实训案例为背景，按照实践步骤要求为四川长虹电子集团公司做一份建站方案策划书，完成以下实验报告。

1. 实验报告书

实验项目名称	为四川长虹电子集团公司制作建站方案策划书	课程名称	网络营销	实验类型	课程实训
学生姓名		班级		学号	
团队成员姓名				指导老师	
实验地点		实验日期		课时	
实验目的和原理	目的：在计划的时间内完成该公司的商务网站规划，熟悉并掌握如何设计建站方案策划书 原理：建站方案策划书是企业建设自己网站的行动纲领，在一定程度上关系着网站的顺利建成、顺利运营以及是否能达成预期目标				
实验内容和要求	内容：按照企业的要求，制作建站方案策划书 要求：了解四川长虹电子集团网站的建设和运营情况，明确该企业建设网站的目的，设计该公司的建站方案策划书				

续表

实验软件或网站	IE 浏览器、Office 办公软件 调查网站包括：行业网站、企业网站、政府行政网站、B2B 商务平台等
实验操作方法与实验步骤	
实验数据记录和处理	
实验结果与分析	
实验讨论与心得	
实验指导老师评语	
成绩评定	成绩评定：＿＿＿＿＿＿＿＿＿＿签名：＿＿＿＿＿＿

七、小组讨论及讲演

根据本子任务的学习内容，结合实训案例背景，组织各小组讨论以下问题，并制作 PPT 进行课堂讲演。

1. 企业网站建站策划书主要应该设计哪些方面的内容？
2. 电子商务网站应该实现哪些功能？为什么？

实训任务五　企业网站推广

子任务一　友情链接

一、引例

笨笨网站的友情链接

假如有一个访客从你的网站购买了100元的商品，你就能得到二三十元的提成。一天只要成交一个单，一个月下来也有600~1000元的收入。而这样的网站可复制性非常强，你做五个类似的网站推广不同的商品，一个月赚三五千元是没问题的。可见，网上赚钱的关键不是一个网站能赚多少钱，而是具有多强的复制性。

下面以笨笨曾经做过的一个网站为例进行讲解。

第一步，笨笨在成果网选择了兰缪内衣这个广告。为什么要选择这个，这里要讲到选择广告的两个重要因素，一是百度的搜索量不能过低，也不宜过高，在100~1000之间为好。二是商品价格一般不选太低的，佣金提成一般选偏高的。兰缪内衣在百度的搜索量每天在100~200之间。其单价便宜的50元左右，贵的200元左右，佣金提成比例为15%。因此综合来看，兰缪内衣是非常适合用SEO来进行推广的。

第二步，笨笨制作了一个兰缪内衣的网站，并开始进行优化。笨笨在标题和关键字、说明里都布置了兰缪内衣，在首页中进行合理的布局与重复。在网站首页上方选取了一个兰缪官方网的图片进行插入，并加上成果网的广告链接。这样兰缪内衣网站就初步建成了。

第三步，持续更新和增加外链。更新内容很简单，从兰缪官方网复制一件产品过来就可以做成一个网页。每天增加一个就可以了，没必要多，关键是每天坚持更新。外链方面，每天增加2个左右，坚持半个月。

半个月之后，笨笨做的这个站关键词兰缪内衣排到了百度搜索第二。排第一的是官方网站，不可能超越它的。不过即使排第二，一天也有几十个IP。有时是一天成交一个单，有时三天成交一个单，友情链接的。转化率不算特别高。但令我意外的是，虽然这里面大部分是小单，但竟然有个别客户从我的网站进入后进行批发的，一单的成交金额就是几千元，笨笨网从这一单中就可以拿到几百元的提成。这个网站做了两个月，后来在一次百度更新中，网站被封杀了，于是我放弃了这个网站。这两个月的经营中，成本200元左右，累计耗时约30个小时，总收益1500元。除去成本，还赚 1300 元左右。虽然不算多，但我前面说了，这样的网站做起来不费时间，可复制性很强，你一年可以做 50 个，那样收入就很可观了。

资料来源：http：//blog. cnfol. com/adminlink46/article/24738463. html.

案例思考：

友情链接（link exchange），也称为网站交换链接、互惠链接、互换链接、联盟链接等，是具有一定资源互补优势的网站之间的简单合作形式，即分别在自己的网站上放置对方网站的 logo 图片或文字的网站名称，并设置对方网站的超链接（点击后，切换或弹出另一个新的页面），使得用户可以从合作网站中发现自己的网站，达到互相推广的目的，因此常作为一种网站推广基本手段。人民网游戏频道友情链接如图 5-1 所示。

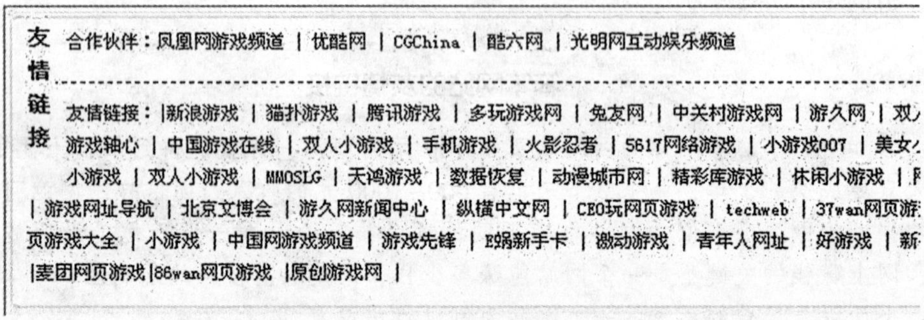

图 5-1　人民网游戏频道友情链接

在此案例中，我们可以思考以下几个问题：

1. 企业网站为什么要添加友情链接？
2. 获取友情链接的途径有哪些？

二、任务描述

友情链接是网站之间互相推广的一种重要方式，可以加深网站之间资源共享、用户共享、互相推荐等，交换的是友谊，合作的是感情，这是一种共同发展的网站营销方式。因此很多企业或者网站在进行推广时会选用友情链接推广。

【实训案例】 为企业寻找合适的友情链接

【参考网页】 http：//www. xiermei. com/index. asp.

以宁波某厨房用品公司为例，为该公司寻找合适的友情链接。

三、任务要求

根据企业的产品和服务特点，以及网站面向人群，对企业的现有客户、潜在客户和竞争对手企业等展开调查和资料搜集，对相关网站的友情链接进行观察和分析，为宁波某厨房用品公司网站寻找合适的友情链接。

（1）了解本企业背景情况、产品情况，以及企业网站概况，并对本企业网站访问情况进行分析。

（2）列举与本企业相关（产品、服务、类型等）的网站。

（3）列举出适合与本企业交换友情链接的网站。

（4）列出获取友情链接的相关步骤。

四、实践步骤

为企业找到合适的交换链接网站，需要我们熟悉本企业的背景情况、产品情况，以及企业网站概况，并对本企业网站访问情况进行分析。只有明确了这些信息之后，我们才能把这项工作做好。

（1）明确企业的基本情况。

网络营销中，只有明确了解企业的背景情况，如产品功能、所处的行业竞争地位、企业规模、企业未来发展方向等信息后，才能很好地融入企业文化中，意识到网络广告的期望效果。

（2）了解企业网站的访问情况。

了解本企业网站的访问情况、访问用户群等，使我们下一步寻找友情链接更有针对性。

（3）对资料进行整理分析。

将前面的资料进行整理分析后，我们就可以对症下药，找出适合与本企业交换友情链接的网站。

（4）寻找适合与本企业交换友情链接的网站。

（5）实现与对方的友情链接。

五、理论知识点

1. 友情链接的概念

要了解友情链接，首先需要了解什么是超链接，因为友情链接首先是一个超链接，在英文里，友情链接叫 link exchange，中文又叫链接交换、友链互换、交换链接、友链等，中文叫法非常多。

友情链接（link exchange），也称为网站交换链接、互惠链接、互换链接、联盟链接等，是具有一定资源互补优势的网站之间的简单合作形式，即分别在自己的网站上放置对方网站的 logo 图片或网站名称，并设置对方网站的超链接（点击后，切换或弹出另一个新的页面），使得用户可以从合作网站中发现自己的网站，达到互相推广的目的，因此常作为一种网站推广基本手段。

2. 友情链接常用术语

入链（inlink）：指向某页面的链接。一般而言，这个链接应该来自某个特定集合以外的页面，例如，一个网站的入链就是其他网站里任何页面指向该网站里任何页面的链接。类似地，一个网页的入链就是其他网页指向该网页的链接。“入链”与“反向链接”同义；“接受入链”与“被链接”同义。

出链（outlink）：从某页面指出的链接。一般而言，这个链接应该指向某个特定集合以外的页面，例如，一个网站的出链就是该网站里任何页面指向其他网站里任何页面的链接，类似地，一个网页的出链就是该网页指向其他网页的链接。

自链（selflink）：从某页面指向该页面自身的链接，可能是同一页面的不同部分。一般而言，这个链接应该指向某个特定集合内部的页面，例如，一个网站的自链就是该网站内任何页面指向该网站内其他页面的链接。“网站自链”与“站内链接”同义，有时也与“内部链接”同义。

互链（Interlink）：通常指两个不同网站之间的链接，也指站间链接。这个词通常以-ing的形式出现，例如网站互链（interlinking）表示网站之间的链接。

链接，超链接（link，hyperlink）：两者都指网络链接。在没必要区分入链与出链时，通常会用到这两个词，偶尔，在上下文语境清晰的时候，也会用到这些词指代入链和出链，这仅仅是形式上的变化。

共入链（co-linked）：如果两个页面都含有来自第三个页面的入链，则这两个页面共入链。

共出链（co-linking）：如果两个页面都含有指向第三个页面的出链，则这两个页面共出链。有时也可描述为耦合或文献计量中的耦合。

3. 相关名词解释

（1）外链：外链也叫外部链接，或是反向链接。外链是指非本地站点以外的链接，凡是外部网站链接自己站点的链接，都称之为外链。

（2）PR 值：PR 值全称为 page rank，网页的级别技术。PR 值是 Google 用于评测一个网页“重要性”的一种方法，级别从 1 到 10 级，10 级为满分。PR 值越高说明该网页越受欢迎（越重要），同时也将在搜索引擎中获得更好的排名。

（3）网站权重：搜索引擎给网站（包括网页）赋予一定的权威值，对网站（含网页）权威的评估评价，一个网站权重越高，在搜索引擎所占的分量越大，在搜索引擎排名就越好。提高网站权重，不但利于网站（包括网页）在搜索引擎的排名更靠前，还能提高网站的流量，提高网站信任度，所以提高网站的权重相当重要。

（4）网页快照：通俗的说，网页快照就是搜索引擎在收录网页时，都会做一个备份，大多是文本格式的，保存了这个网页的主要文字内容，当这个网页被删除或连接失效时，用户可以使用网页快照来查看这个网页的主要内容，由于这个快照以文本内容为主，所以会加快访问速度。

4. 交换友情链接过程中应注意的地方

第一，注重对方网站与本站相关性。建议寻找友情链接时尽量多找些与本站内容相关或相近的站交换。

第二，注重对方网站的快照时间网站更新频率。网站百度快照的旧新，在很大程度上影响网站的收录及排名。更新频率，也就是说对方网站多久才更新一次网站的新闻、产品等信息。如果对方网站两三个月都不更新一次内容，那它拿什么去让搜索引擎收录，没收录就相当于本站和对方网站的友情链接得不到返回的效果。

第三，对方网站的收录量不能过低。收录量过低的站点，就算交换了，也得不到什么效果。收录量高的站点，证明该网站有足够的魅力经常吸引索引，因此也能增加本站被搜索引擎索引的几率。

第四，不要和太多友情链接的站点交换。与过多友情链接的站点交换友情链接，那么得到的权重是非常低的，除非那个网站的权重非常高才考虑与其交换。

六、实验报告

以实训案例为背景，按照实践步骤要求对宁波某厨房用品公司的行业状况、企业客户和网站运行情况等进行研究分析，找出适合与本企业交换友情链接的网站，并完成以下实验报告。

1. 实验报告书

<table>
<tr><td>实验项目名称</td><td>为宁波某厨房用品公司寻找合适的友情链接</td><td>课程名称</td><td>网络营销</td><td>实验类型</td><td>课程实训</td></tr>
<tr><td>学生姓名</td><td></td><td>班级</td><td></td><td>学号</td><td></td></tr>
<tr><td>团队成员姓名</td><td colspan="3"></td><td>指导老师</td><td></td></tr>
<tr><td>实验地点</td><td></td><td>实验日期</td><td></td><td>课时</td><td></td></tr>
<tr><td>实验目的和原理</td><td colspan="5">目的：了解交换友情链接的作用和交换途径，并能为企业做出合理的交换友情链接策划
原理：友情链接是网站之间链接互换、互相推广的一种重要方式，是网站推广基本手段之一，成本低、收益较大，能为两方或多方企业提供便利</td></tr>
<tr><td>实验内容和要求</td><td colspan="5">内容：掌握公司行业状况、企业网站的访问情况，了解企业网站运行状况，进行分析总结
要求：通过资料的整理分析，从而寻找到最适合与本企业交换链接的网站，能帮助企业网站增加流量，达到宣传企业的目的</td></tr>
<tr><td>实验软件或网站</td><td colspan="5">IE 浏览器、Office 办公软件
调查网站包括：行业网站、企业网站、政府行政网站、B2B 商务平台等</td></tr>
<tr><td>实验操作方法与实验步骤</td><td colspan="5"></td></tr>
<tr><td>实验数据记录和处理</td><td colspan="5"></td></tr>
<tr><td>实验结果与分析</td><td colspan="5"></td></tr>
<tr><td>实验讨论与心得</td><td colspan="5"></td></tr>
</table>

续表

实验指导老师评语	
成绩评定	成绩评定：________________签名：__________

七、小组讨论

根据本子任务的学习内容，结合实训案例背景，组织各小组讨论以下问题，并制作PPT进行课堂讲演。

（1）根据资料的整理分析，您认为适合与本企业交换友情链接的网站有哪些共同点？

（2）哪种途径获取的友情链接更适合本企业？

（3）本次交换友情链接实训，对企业未来的发展有什么影响？

子任务二　网络社区与会员制营销

一、引例

网易虚拟社区与eBay会员制营销

网易虚拟社区包含的功能主要有公告栏、群组讨论、社区内通信、社区成员列表、在线聊天、找工作等，也就是在网上提取现实社区所需的各种交流手段。网易虚拟社区始于1997年创立的网易BBS；1999年1月，网易虚拟社区开始使用Web界面，同期推出北京社区和网易旧版聊天室，同年8月，网易推出99版聊天室，11月上海虚拟社区推出；2000年4月，网易卡通站推出，12月网易又对社区进行了第二次正式改版。目前网易虚拟社区已经发展成为一个包括北京社区、广州社区、上海社区等内容的综合性社区。

以网易社区北京站为例，其主要功能区有如下几个方面：①社区亮点。主要集中社区内引起大家关注的内容，主要由网友聚会、社区点歌台、网易泡泡、杂志网刊等焦点问题讨论区组成。②电脑技术。主要涉及电脑方面的开发和应用技术，主要由认证工程师、中文处理、计算机图形、计算机硬件、多媒体等讨论区组成。③手机/摄像专区。主要涉及手机与摄影方面的内容，由手机特色、图片处理、照片讨论等讨论区组成。④谈天说地/情感世界。主要涉及天文地理、感情交流等内容，主要由人生漫谈、男孩女孩、爱情故事、生活杂感等讨论区组成。⑤音乐天地/体育运动。主要有关音乐、体育方面的话题，主要由古典音乐、流行音乐、篮球、羽毛球、足球等讨论区组成。网易虚拟社区网站截图如图5-2所示。

eBay的网络会员制营销开始于2000年4月，当时是与Click Trade合作开展的，

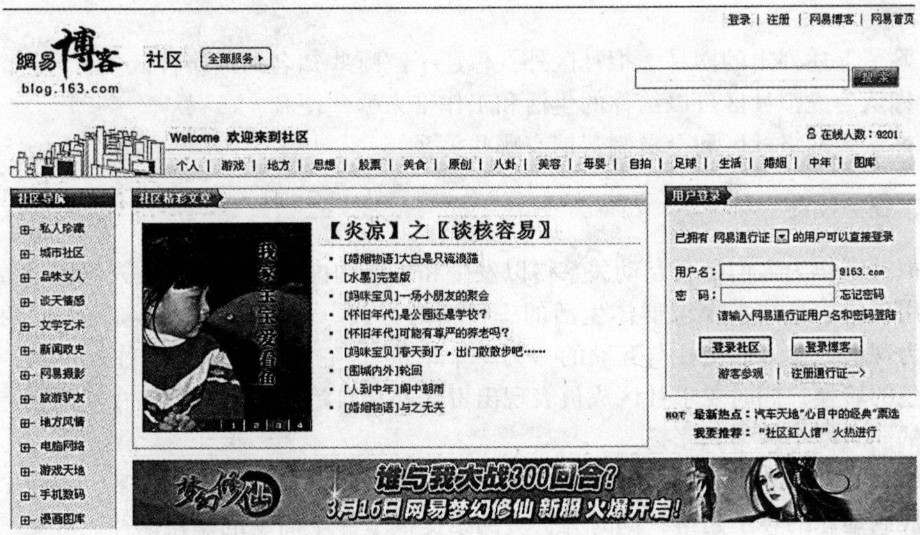

图 5-2　网易虚拟社区网站截图

这个会员制营销计划提供的佣金是按照注册用户数量来计算的，从会员网站链接来的访问者成为注册用户，会员可以获得 3 美元的佣金。eBay 在与 Click Trade 合作的一年中有 20 000 个会员网站加盟。2001 年 4 月 18 日，eBay 开始与 Commission Junction 合作，不过 Click Trade 的会员制程序现在还可以继续使用，以后将逐步转移到 Commission Junction 的系统中。Commission Junction 是第三方会员制营销方案提供商，提供第三方的用户访问跟踪、实时报告系统、佣金结算，并解决会员账号管理中的一切问题。

eBay 与 Commission Junction 合作开始第 2 个会员制营销计划的同时，也将佣金水平从原来支付给每个注册用户 3 美元上升到 4 美元，这样又大大地激发了会员的积极性，新计划实施 1 周后，就有 3 000 个网站加盟成为会员，6 个星期后会员数量达到 12 000 个。有数据表明，在 2001 年 5 月份中的一个星期，通过 Commission Junction 会员制程序获得的点进次数超过 50 万，简直不可思议。

与一般网站花费大量金钱而吸引用户的做法不同，eBay 并没有为用户提供什么特别的激励手段，没有优惠券，也没有免费送货政策，用户加入 eBay 完全是出于自愿。根据 eBay 2001 年第一季度的财务报告，获得每个注册用户的平均成本为 14 美元，而通过会员制营销计划支付给会员的佣金为 4 美元，显然，这个佣金支出是很划算的。

eBay 的网络营销方式主要有 3 种：网络广告、用户口碑和公共关系，而会员制营销是网络广告的一种形式，整个网络广告部门只有 15 个员工，其中还包括 3 名业务拓展人员。

eBay 网络会员制计划的成功也得益于同属其下公司的协作，在书籍、CD、电影、DVD 以及游戏方面经营十分成功的 Commission Junction 公司与 eBay 相互配合，互为推广，由此也获得了为数不少的会员。

案例思考：

1. 除了上述列出的网易虚拟社区外，你还了解哪些知名的网络社区？
2. 你认为虚拟社区可以给你的生活和工作带来哪些便利？
3. 你认为网络社区和会员制营销有哪些关系？

二、任务描述

虚拟社区作为人们社会互动关系得以发生和扩展的虚拟化场所，是人们通过数字化空间和利用现代信息技术谋求群体生活的一种新的方式。虚拟社区能够满足人们的各种需求，作为现实社会人们交往与互动的“另一个单位”，它将扩大人们交往的范围，有利于人们角色的转换，同时要求社区成员表现出责任心和自治管理能力，并在共同创造一种全新文化的同时使个性得到张扬。

网络会员制计划则是通过利益关系和电脑程序将无数个网站连接起来，将商家的分销渠道扩展到地球的各个角落，同时为会员网站提供了一个简易的赚钱途径。可见，这种模式是一种商家与加盟会员利益共享的网络营销方法，会员制营销也成为企业营销的一大利器。

【实训案例】对国内知名社区“天涯社区”进行观察和分析，并为其制订出合理的会员制营销策划方案。

【参考网页】http：//www. tianya. cn/

天涯社区自1999年3月创立以来，以其开放、包容、充满人文关怀的特色受到了全球华人网民的推崇，经过数十年的发展，已经成为以论坛、部落、博客为基础交流方式，综合提供个人空间、相册、音乐盒子、分类信息、站内消息、虚拟商店、来吧、问答、企业空间等一系列功能服务，并以人文情感为特色的综合性虚拟社区和大型网络社交平台。天涯社区网站截图如图5-3所示。请对天涯社区进行观察和分析，并为其制订出合理的会员制营销策划方案。

三、任务要求

（1）充分了解天涯社区背景、产品和服务特点，对企业的现有客户、潜在客户和竞争对手企业等展开调查和资料搜集。

（2）进一步了解天涯社区，列举出天涯社区与其他知名社区的差异。

（3）结合天涯社区的访问群体特点，了解天涯网站用户的相关需求。

（4）撰写“天涯社区”会员制营销策划方案。

四、实践步骤

在进行实践之前，我们应该先了解网络会员制营销的成功因素和会员制营销的要点。

一个成功的网络会员制营销计划取决于多种因素，是提供这种计划的网站和会员网站双方面共同努力的结果，所以，网络会员制营销的成功取决于网站和会员之间的关系以及各自的表现。

图 5-3　天涯社区网站截图

商业网站是会员制计划的提供者和规则的制定者，担负着最为重要的责任，对以下五个方面应该给予足够的重视：

① 要提供完善的技术保证，至少应该包括方便的在线加盟程序、稳定的用户购买行为跟踪记录、可靠的在线销售统计资料查询等几个方面。

② 加强网站对会员制计划的推广，推广力度与加盟会员的数量有直接关系，而会员数量在一定程度上决定了网站通过会员最终获得的收益。

③ 提供适当比例的佣金并按时支付给会员，佣金的比例也许并没有固定的标准，取决于不同产品的利润状况和同行之间的平均佣金水平，但至少可以肯定，过低的佣金不会吸引会员参与，同时，一个不能按时支付佣金的网站同样会让会员失去信心。

④ 重点发展金牌会员。最好的会员是那些拥有比较专业的、有较大访问量的网站，但事实上，大部分会员是普普通通的网站。经济学“20/80 原理”(也称“Pareto 原理”)，同样可以应用到会员制计划之中：会员所创造的营业额的 80% 来源于 20% 的会员。

⑤ 正确处理商业网站和会员之间的关系。网站和会员之间的关系主要表现在网站对会员的培训、咨询、服务等方面，有时候这种关系会成为制约整个计划发展的重要因素，比如在线帮助系统不完善，而网站对会员的询问又不能提供及时、准确的回复。网站和会员之间的相互关系，在表面上看起来类似于传统销售渠道中厂商和代理商之间的关系，但

是，在整个会员制计划当中，会员都处于绝对的弱势，和网站之间根本不是处于平等的地位，基本上受制于网站，如果网站和会员的关系影响了会员制计划最终的成功，最主要的责任毫无疑问应该归于网站一方。

会员制营销方案的制订要从以下六方面着手。

（1）根据企业的品牌定位和战略定位，制定科学的会员体系。

会员体系的设计一定注意跟企业、顾客结合，如设计和制订会员类型时，根据细分市场的顾客属性（年龄、消费级别、行业属性等），设计相应的会员类别。

（2）使会员增值服务具有连续性。

主题活动在设计中应该环环相扣，不仅是能够围绕企业，上下活动之间更应该有阶梯和扣点，让会员参加本次活动后就应该对下次活动产生期望。

（3）让会员活动参与性更强。

会员活动不是表演秀，是一种情感体验和升华的营销，所以活动要注重参与性，有时候用大牌明星演出还不及一个会员拓展让人记忆犹新。

（4）让会员的增值更量化。

会员的增值活动不仅仅要做，更重要的是要让增值量化，从而产生消费攀登。

（5）建立完善的 CRM 体系，即客户关系管理。

建立完善的 CRM 系统是企业顾客管理、个性化服务、营销设计的关键。企业需要建立详细的会员信息库，包括消费者性别、年龄、职业、月平均收入、性格偏好、受教育程度、居住范围等，还要包括会员的消费记录信息，并且将会员此次消费商品的品牌、型号、价格、数量、消费时间等信息都记录下来，为企业以后的增值服务提供可靠的信息。

（6）战略联盟，升级会员体系。

我们了解了会员制营销的成功因素以及制订会员制营销方案的要点之后，就可以进行实践了，主要分为以下几个步骤。

①对天涯社区进行考察分析，通过资料查询，了解天涯社区的概况、背景以及访问群体特点。

②根据对天涯社区的考察分析，结合天涯社区自身特点，对会员制营销方案进行初步构思。

③探讨方案构思的合理性，找出不合理的地方，并进一步完善构思。

④撰写会员制营销方案。

五、理论知识点

（一）社区与虚拟社区的区别

“社区”是指聚集在一定地域范围内的社会群体和社会组织根据一套规范和制度结合而成的社会实体，是一个地域性的社会生活共同体。在现实世界中，人人希望被理解，人人希望得到承认，人人渴望交流，但现实中的诸多因素阻止着交流的实现，而虚拟社区提供了一个公正平等的交流场所，人们可以随心所欲地发表自己的想法，与他人交换意见。互联网发展到今天，虚拟社区变成了一个小小的虚拟社会，现实中的很多活动可以搬到网上虚拟进行。

“虚拟社区”也称为“网上社区”或“在线社区”，是现实空间在网络虚拟空间的“投影”，是个人或群体在网上聚集的虚拟场所。约翰·哈格尔三世、阿瑟·阿姆斯特朗在《网络利益》一书中对虚拟社区作了这样的定义：“虚拟社区”，就是一个供人们围绕某种兴趣或需求集中进行交流的地方；它通过网络，以在线的方式来创造社会和商业价值。埃塞·戴森在《数字化时代的生活设计（2.0 版）》中认为：“在网上的世界里，一个社区意味着人们的生活、工作和娱乐的一个单位。”

由此可见，虚拟社区与现实社区一样，也包含一定的场所、一定的人群、相应的组织、社区成员参与和一些相同的兴趣、文化等特质。虚拟社区与现实社区的差异表现如表 5-1 所示。

表 5-1　**虚拟社区与现实社区的差异**

名称 内容	虚拟社区	现实社区
地域空间的界定差异	虚拟社区的存在“空间”是无形的，跨越了地理上的限制。一个人也可以超越空间的障碍生活在好几个网上社区里	现实社区通常强调地域环境的影响，其社区形态都存在于一定的地理空间中。在现实中，一个人很难同属于几个不同区域的社区（这里仅指地域上的社区）
社区成员生活目标差异	通常虚拟社区的成员更能够摆脱时空的束缚，更注重展示自我与个性	现实社区实际上是居住在同一地域内的人们依据共同的生存需要、共同的文化、共同的风俗、共同的利益以及共同关心的问题发生互动而形成的地域性的“共同体”
社区的实现方式差异	通常虚拟社区的人们在被虚拟社区的“物质世界”创造精神上的财富	现实社区以物质环境为基础，建立在一定的生产关系之上

（二）虚拟社区的特点

1. 社区空间结构的跨地域性

在虚拟社区与现实社区的比较中可以看出，虚拟社区的一个明显特征是组织形式的非空间性。网络社会强大的整合作用在于：把庞大的工业社会打散，在世界范围内重塑人群，让人们按自己的兴趣、需要、价值观、文化等，自发地形成大大小小的虚拟社区，从而改变人们的现实交往方式和互动关系。社会互动的基础是信息的传播，而网络的出现彻底改变了信息传播的传统方式和途径。虚拟社区快速膨胀的信息传播与互动使人类的社会化空间得到充分的延伸和发展。

2. 社区功能与结构的独特性

与传统的依赖于血缘、地缘和业缘而形成的社区不同，虚拟社区由网缘而生。“网缘”是当今传媒使用频率很高的概念，即在因特网所提供的传导平台空间，人们经常根据自身的兴趣、偏好和价值取向等交换信息、传导知识、宣泄情感，并彼此联系与连接成相对稳定的社会群落。网缘是虚拟社区赖以构成的基本要素。

虚拟社区正是因为具有超越空间、超越现实社会等级身份的交换信息、传导知识和宣泄情感的“网缘”功能，所以在其结构上表现出迥异于现实社区的两个特点：一是虚拟社区没有类似于传统现实社区的同心圆状结构。由于传统社区依赖于血缘、地缘和业缘而存在，在其功能结构上，或以尊卑长幼，或以远近亲疏，或以势力大小划分成以最高权威为核心的等距离同心圆状层次结构。虚拟社区则不然，其成员仅仅是依据“网缘”这种高度自由的投票表决机制相互连接，无明显核心，因此其结构上表现为块状。二是高度专业化。依据血缘、地缘和业缘而形成的传统现实社区，由于其空间结构相对凝固，其社区内核的内容有相当明显的综合性。相对而言，虚拟社区却因“网缘”的作用而使其社区成员拥有了较大的选择余地。虚拟社区成员依据不同的志向、兴趣和爱好，归属于不同的社区。换言之，虚拟社区在其功能结构上着重表现为专业性，如科技社区、儿童社区、妇女社区、校园社区、老年社区等。

3. 社区群体流动的频繁性

虚拟社区具有论坛、聊天、学习、娱乐、购物等多种功能，人们完全可以根据自己的需要在不同社区间流动。而且，虚拟社区成员有很大的自主性，如果对社区服务不满或对社区某些成员的言论不认同，他们便会毫不犹豫地离开。有时甚至会出现整个社区的人员全部流出，导致社区消亡的情况（这在现实社区很难发生）。这一方面是源于社区成员兴趣、学习、情感交流等方面的内在需求；另一方面则是因为不受户口、单位、身份、住房的限制，更没有人为的束缚。

4. 社区管理的自治性

现实社区由行政机关（如街道办事处、城镇管委会）、企事业单位（如物业）和社团共同管理，社区成员的自治管理较弱，主动参与行为较差。而虚拟社区的建设和管理则主要依靠社区成员的自治。一个虚拟社区想要存在，不仅要靠网络管理员提供技术保障，更需要社区成员的参与。社区居民不再是信息的被动接收者，“网上家园”的建设更需要集合众人的力量。因此，社区成员的自治表现在：设计社区的主题、充实社区的内容、共同制定社区的规则并严格地遵守规则、履行相应的义务、承担相应的责任等。虚拟社区为人们提供了施展才能的环境，为人类追求全面而自由的发展创造了条件。所以，主动参与虚拟社区的意义在于：它有利于人们在参与社区建设和管理的过程中扮演不同的角色，开发人的想象力和创造力，培养人的民主、平等意识，并在设计和管理虚拟社区中部分地实现自我价值。

5. 虚拟社区的功能模板

虚拟社区与传统社区一样，由许许多多的功能模板构成，这些模板从各个方面满足社区成员的需要，并由社区成员共同参与和建设。虚拟社区常见的功能模块除了电子公告板（BBS）、个人电子信箱、新闻组、在线聊天室除外，还包括以下模板。

①教育窗口。

虚拟社区充分利用网络能够跨越时空限制的特点，利用网络信息传输与反馈的技术架起一座通往知识宫殿的桥梁，使人们可以自主地安排学习时间、自由地选择所需的课程。这种教育方式不仅最大限度地利用和共享教育资源、节约教育成本，而且让每个人都能享受终身受教育的权利。这种开放式的教育环境与现实社会教育环境的根本不同在于：它把现实社会传统教育方式（特别是对中国而言）的单向性改变为交互式；把传统教育内容的单一性转变为多元化。因此，“网上大学”作为一种特定的现象，已经在网络世界中迅速发展起来。

②生活服务专栏。

虚拟社区是人们按照自己的意愿和需要建立起来的。社区成员在这里可以轻松地、全方位地得到诸如健康咨询、家庭装饰、服装时尚、寻亲访友、求职招聘、网上银行、财经信息、市场行情等服务。特别是利用虚拟社区的人气而建立的电子商务，正改变着传统的商业经营模式。随着现实社会发展对网络社会发展支持度的提高，虚拟社区所具有的服务功能，让人们真正体验到它不是虚幻的，而是一种崭新的人类生活方式。

③娱乐专栏。

虚拟社区的诞生消除了现实社会的层级结构和国家传统政治疆界，把世界上不同民族文化、不同种族与肤色、不同社会阶层的人们聚集到一起。虚拟社区的普适性，及其富有人性化的娱乐空间带给了人们艺术的享受、运动的快乐、游戏的轻松、旅游的情趣。它让人们在虚拟的时空中得以放松，来调适自己的现实生活。

④个性主页栏目。

虚拟社区的居民往往有机会、有条件创建和设计属于自己的个性主页。由于每个居民的爱好、特长、专业、价值观、文化等方面的不同，这些主页便成为渲染个性、凸显自我的宣传板报，而主页栏目也相应成为社区内一道风景独特的板报栏，方便社区居民间彼此熟悉和认识，寻找志同道合的挚友。

虚拟社区所有功能模块的建设，其根本目的在于为人们提供一个自由而全面发展的空间，鼓励人们最大限度地挖掘自身的潜力以展示其个性。

（三）会员制营销

会员制营销就是企业通过发展会员，提供差别化得服务和精准的营销，提高顾客忠诚度，长期增加企业利润。

会员制营销是通过利益关系将无数个网站连接起来，将商家的分销渠道扩展到互联网的各个角落，同时为会员网站提供一个简易的赚钱途径。也就是说，各个网站主加入“你”的会员计划；浏览者访问“你”的会员的网站，然后点击“你”的广告并在“你”的网站购物；“你”付给会员销售佣金。

会员制营销又称“俱乐部营销”，是指企业以某项利益或服务为主题将人们组成一个俱乐部形式的团体，开展宣传、销售、促销等营销活动。顾客成为会员的条件可以是缴纳一笔会费或荐购一定量的产品等，成为会员后便可在一定时期内享受到会员专属的权利。

（四）会员制营销的作用

1. 稳定顾客，培养顾客忠诚度

会员制的根本目标就在于建立稳定的消费者资源，与顾客建立稳定的长久的关系。零售企业提供会员制服务，可以锁定目标顾客群，保证拥有一定数量的客源，为企业带来稳定的销售收入；零售企业通过与顾客之间建立良好的关系，可以使顾客产生归属感从而培养顾客的忠诚度，降低开发新顾客成本，提升企业的竞争优势，树立企业品牌。

2. 掌握消费者信息，了解消费者需求

一般来说，零售企业在消费者申请会员卡时要求其填写个人资料，这对零售企业来

说，可以收集到大量会员的基本情况和消费信息。企业可以明确自己的消费群体，掌握和了解企业顾客群的特点，有利于进行消费分析。同时，会员制提供了企业与顾客的沟通渠道，便于企业及时了解消费者的需求变化，为改进企业的经营和服务提供客观依据。

3. 增加企业的收入和利润

会员消费是零售企业扩大市场份额的重要支柱，并成为零售企业收入和利润新的增长点。同时，对于一部分收费式会员制，在达到一定规模的情况下，能够使企业在短时间内拥有大量可支配资金，并取得可观的会费收入。

（五）会员制营销的价值

会员制营销的实际价值能从两个方面来分析。

①从开展会员制计划的公司来看，会员制营销已被证实是网上营销战略的成功模式，从理论到实践已比较完善，因此，许多国际知名的公司都已将会员制纳入营销计划之中。

②对于加盟的会员网站来说，也许自身不具有直接开展电子商务的条件，通过参与会员制计划，能依附于一个或多个大型网站，方便地开展网上销售，虽然获得的不是全部销售利润，而只是一定比例的佣金，但相对于自行建设一个电子商务网站的巨大投入和复杂的管理而言，无须面临非常大的风险，这样的收入也是合理的。

（六）会员制营销的具体效果

（1）节约广告主的广告费用。

（2）为广告主投放和管理网络广告提供了极大的便利。

（3）大大扩展了商家的网上销售渠道。

（4）为加盟会员网站创造了流量转化为收益的机会。

（5）丰富了加盟会员网站的内容和功能。

（七）会员制营销的功能

（1）按效果付费，节约广告主的广告费用。

（2）为广告主投放和管理网络广告提供了极大的便利。

（3）扩展了网络广告的投放范围，同时提高了网络广告投放的定位程度。

（4）大大扩展了商家的网上销售渠道。

（5）为加盟会员网站创造了流量转化为收益的机会。

（6）丰富了加盟会员网站的内容和功能。

（7）利用了病毒性营销的思想，联盟会员主动进行推广。

（八）实验报告

以实训案例为背景，按照实践步骤要求对国内知名社区“天涯社区”进行观察和分析，为其制订出合理的会员制营销策划方案，并完成以下实验报告。

1. 实验报告书

实验项目名称	为天涯社区制订会员制营销策划方案	课程名称	网络营销	实验类型	课程实训
学生姓名		班级		学号	

续表

<table>
<tr><td>团队成员姓名</td><td colspan="3"></td><td>指导老师</td><td></td></tr>
<tr><td>实验地点</td><td></td><td>实验日期</td><td></td><td>课时</td><td></td></tr>
<tr><td>实验目的和原理</td><td colspan="5">目的：了解网络社区的特点，并能为企业制订出合理的会员制营销策划方案
原理：网络会员制营销现在已经成为电子商务网站推广的主要手段，企业把传统渠道中的会员制营销理论移植到网络渠道从而产生了网络会员制营销</td></tr>
<tr><td>实验内容和要求</td><td colspan="5">内容：充分了解天涯社区的背景、服务特点，以及访问群体的情况
要求：通过资料的整理分析，为天涯社区制订合理的会员制营销策划方案</td></tr>
<tr><td>实验软件或网站</td><td colspan="5">IE 浏览器、Office 办公软件
调查网站包括：行业网站、企业网站、政府行政网站、B2B 商务平台等</td></tr>
<tr><td>实验操作方法与实验步骤</td><td colspan="5"></td></tr>
<tr><td>实验数据记录和处理</td><td colspan="5"></td></tr>
<tr><td>实验结果与分析</td><td colspan="5"></td></tr>
<tr><td>实验讨论与心得</td><td colspan="5"></td></tr>
<tr><td>实验指导老师评语</td><td colspan="5"></td></tr>
<tr><td>成绩评定</td><td colspan="5">成绩评定：____________签名：________</td></tr>
</table>

六、小组讨论

根据本子任务的学习内容，结合实训案例背景，组织各小组讨论以下问题，并制作 PPT 进行课堂讲演。

（1）根据整理的资料，你认为本方案的可行性如何？

（2）此次制订的会员制营销方案，会对天涯社区未来的发展产生什么影响？

（3）你认为虚拟社区和会员制营销的发展前景如何？

子任务三 网络公关

一、引例

富士康跳楼事件

2010年1月至6月，一共有13位年轻的富士康职工选择跳楼结束他们鲜活的生命，富士康被贴上血汗工厂的标签。2010年5月26日，在深圳龙华厂，富士康科技团体总裁郭台铭首度公开面对数百家媒体。当着千余人，他深深三鞠躬，“除了道歉还是道歉，除了痛惜还是痛惜”。

郭台铭鞠躬道歉的形象被境内外媒体广泛报道，“精神血汗工厂”等名词出现在境外媒体上。作为全球最大的IT、消费电子产品代工企业，富士康连续的自杀现象让苹果、惠普等全球著名IT企业高度关注，富士康连跳事件已经成为境内外舆论所广泛关注和探讨的话题。

随着富士康开展系列的危机公关策略：主动配合政府彻查事件；公布为所有员工加薪30%以上；成立庞大的心理咨询团队进驻富士康，定期为员工提供心理咨询；邀请外部专家成立企业监察团，监察富士康用工情况，同时为富士康企业治理提供决策参考；在全工厂加装防自杀防护措施等。在事件的整个过程中，始终有政府部分在参与，这体现了政府负责任的态度，也为企业增添了更强的说服力和可信度。

在2010年的富士康跳楼事件中，我们看到的是富士康在迫于危机压力下不得不进行的危机公关。在出现“10连跳”后，郭台铭才站出来应对外界质疑。显然，郭台铭的步子慢了，他也为此付出了惨痛的代价。在整个危机公关的过程中，富士康经历的是一场惊心动魄、跌宕起伏的磨难和考验。假如说富士康在这次的危机公关中还有做得不到位的地方，那么就是富士康的处理手段更多的是“治标”而不是“治本”，企业的危机公关工作只能说遏制住了事态的进一步发展，但并没有在媒体高度关注的情况下，起到恢复品牌美誉度、提升企业形象的作用。

资料来源：新华网广东频道，http：//www. gd. xinhuanet. com.

案例思考：

网络公共关系是指利用网络讲述社会与公众之间客观存在的关系，专门为协调这些关系而进行的活动和工作，在现代社会中运用广泛。在这次富士康事件中，富士康充分利用了网络公关，来达到减少群众对富士康的攻击力度，可是效果并不是很明显。针对网络公关我们应思考以下问题：

1. 怎么样才能把网络公关运用得更好？
2. 网络公关的特点有哪些？
3. 网络公关在人们的生活中主要体现在什么地方，请列举出来。

二、任务描述

从上面的案例我们不难发现，网络公关关系在人们的生活中运用广泛，也起着一定的作用，但是一个成功的网络公共关系是由有多方面因素构成的。所以本子任务的重点是掌握网络公共关系的特点以及如何运用。

【实训案例】 选择一个企业，并且为这个企业制订一个网络公共关系的实施计划。

【参考网页】 www. baidu. com（见图 5-4）

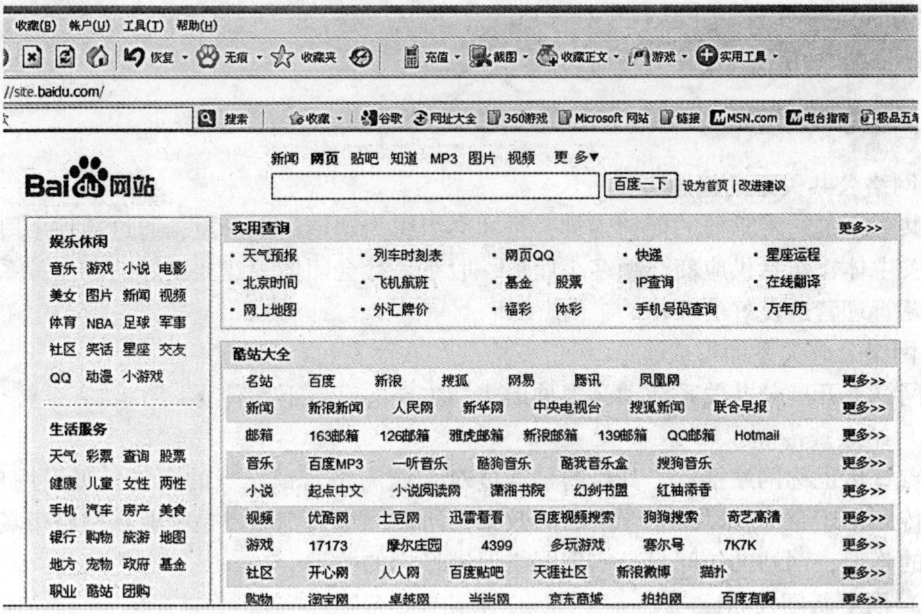

图 5-4　百度首页截图

三、任务要求

根据企业遇到的不同情况，对企业所遇到的情况制订出网络公关关系实施计划，通过各大主流门户网站、行业网站、商务平台网站及相关政府网站上的信息采集，为企业制订合适的计划，其中计划要求包括：

（1）了解企业的背景、企业的规模和发展情况。

（2）比较其他公司遇到此种情况所做出的举措，从而做出更好的计划。

（3）分析市场。

四、实践步骤

为企业制订好的实施计划，只有先明白网络公共关系的特点及怎样具体地运用。只有明确了这些信息之后，才能把这项工作做好。

1. 网络公共关系的特点

虽然网络营销公共关系和传统营销公共关系在很多方面具有共同特点，但是网络营销毕竟是在网络世界中开展的，因此网络营销公共关系具有自身的特点。这种特点表现在以下4个方面。

①公共关系是由公关主体、公关客体和攻关中介3个要素组成。

②主动权不同。

③期限不同。

④对象范围不同。

2. 网络公共关系的具体运用

①E-mail 在网络公关的运用。

②邮件列表在网络公关中的运用。

五、理论知识点

1. 网络公共关系的概念

公共关系是一种重要的促销工具，是社会组织为塑造组织形象，通过某种手段与企业利益相关主体，包括供应商、顾客、雇员、股东、社会团体等建立良好的合作关系，为企业的经营管理营造良好的环境。

2. 网络公共关系的形成

在网络上开展公共关系活动有多种形式，主要的有以下5种。

（1）站点宣传。

站点宣传也称网站推广，其目的是通过对企业网络营销站点的宣传，吸引用户访问，起到宣传和推广企业，以及企业产品的效果。所以网络营销站点是企业在网络市场进行营销活动的阵地，网站的访问量是实现网络促销目标的关键。

（2）网上新闻发布。

在网上发布新闻可以通过以下几种方式实现。

一是通过网络新闻服务线发布新闻。许多记者和公众习惯于通过在线网络新闻服务获取信息。企业利用网络新闻服务线发布新闻，可以确保企业新闻及时传播出去。虽然提供网络新闻服务线的服务商要收取一定的费用，但与召开新闻发布会相比，可为企业节约许多费用，如招待费、场地费、印刷费以及其他管理费用。

二是通过企业自己的网站发布新闻。大多数企业的网站会设立单独的网页发布新闻，企业可以在页面直接面向公众发布新闻。如果是重大新闻可以放在主页上发布。在网站上应该有联系信息，使记者和公众能够与企业快速的取得联系，增加新闻稿件的互动性。

三是通过相应的新闻组或邮件列表发布新闻。一些简短新闻如出版社的新书预告，计算机公司的软件升级及新产品的信息等，可以在符合主题的新闻组上发布，或者通过企业掌握的邮件列表资源发布。

（3）栏目赞助。

由企业对网站的某些栏目提供赞助，访问者可以通过赞助页面直接到企业的页面，从而扩大企业页面的知名度。企业赞助对象一般是一些会议、公共信息、政府或非营利性的活动，如赞助一个电视剧的展出页面，以吸引观众对自己的企业、产品或服务的注意。

Xerox 是亚特兰大奥运会页面的重要赞助商，他们的企业网站页面上都是提供一条超链接指向相关的运动页面，其目的都是为了吸引体育爱好者。

(4) 参加或主持网上会议。

各网络服务的网络论坛经常举办一些专题的讨论会，有的网络会议吸引了许多消费者参加，网络会议的参加者可以看到其他人提交的会议发言，同时自己的发言也处于许多人的关注下。参加与企业有关的专题论坛，并积极发表意见，可以提高企业的形象和知名度。企业可以利用网络服务商提供的网络会议服务，自己组织网上会议，如有可能，邀请一些著名的专家作为客串主持，利用专家的名气吸引公众，树立企业在公众心目中的良好形象。

(5) 发送电子推销信。

网络公共关系的一种常见形式就是给新闻记者或编辑发送电子推销信，在信中简述企业的新闻内容及对新闻记者或编辑的请求。也可以给某些老顾客发送一些企业的新闻，如新产品的信息等。这就要求企业从事公共关系的人员与新闻记者或编辑，以及某些老顾客建立稳定的关系，通过多种途径收集 E-mail 地址。值得注意的是，电子推销信必须做到主题明确、标题鲜明、内容简洁。

3. 电子邮件在网络营销公关中的作用

利用电子邮件可与顾客建立主动的服务关系。传统的顾客服务常常是被动的，顾客向公司提出问题后，公司再解决；通过电子邮件，公司可以实现主动的顾客服务，而不是被动地等待顾客要求服务。

利用电子邮件进行主动的顾客服务有以下 4 个方面的内容。

①运用 E-mail 新闻，主动为顾客服务；

②运用 E-mail 主动与顾客对话；

③运用 E-mail 获得顾客反馈的信息；

④运用 E-mail 专递商务单证。

4. 利用 E-mail 进行网络营销公关活动的基本要求

(1) 注意礼貌，尊重 E-mail 的基本礼节。

E-mail 的基本礼节是指已经渗透到互联网中的一种约定俗成的礼貌行为。在利用 E-mail 进行公关营销活动时，应当注意以下 5 个方面的礼节性要求。

①做到礼貌待客；

②在 E-mail 的发送过程中避免情感化；

③不要使用网络的缩略词；

④不要用标点符号来模仿音调的变化；

⑤必须写清楚回复的地址。

(2) 注意编辑的准确率。

任何一位公关营销人员在利用 E-mail 进行公关活动时，千万不能太草率，要认真措辞用句。E-mail 中的每一词、每一句既可能有助于企业形象的建立，也可能有损于企业形象。

(3) 信息简单扼要。

E-mail 内容的编辑一定要简明、扼要、直切主体。只有这样，才能不至于使企业发送的信息淹没在大量的信息当中。

（4）24 小时原则。

24 小时原则是指在利用 E-mail 进行网络营销的公关活动时，必须迅速答复社会公众的询问及期望，对社会公众的任何一项答复不得超过 24 小时。

（5）尊重顾客来信。

顾客获得的重要信息越多，获得信息的途径越方便、迅速，他们就会越满意。即使一封满是牢骚的来信，或是信中所说的太离奇，但是这对于顾客而言却是十分重要的。因此，同样应该花时间仔细考虑，认真答复。

5. 邮件列表的表现形式

邮件列表的形式很多，常见的有新闻邮件、各种电子刊物、新产品通知、优惠促销信息、重要事件提醒服务等。现在，很多大型网站提供邮件免费列表订阅。专业提供邮件列表服务的网站也很多，如索易（www. soim. com）、网易免费电子杂志（mlist. 163. com）等，这些专业的服务商有大量的订户，订户的电子邮件地址成为服务商提供 E-mail 广告服务的重要资源。邮件列表已经成为企业开展网络营销的重要手段之一。

6. 邮件列表的功能

不同类型的邮件列表，其内容和表达方式也有所区别，所要达到的目的也不一样，不同类型的企业，对邮件列表功能需求也有差别。专业的直复营销服务商将邮件列表作为盈利的基本方法，而一般企业只是作为网络营销工具。一般来说，邮件列表有下列几种主要功能：

①作为公司产品和服务的促销工具；

②为了方便和用户交流，增进顾客关系；

③获得赞助或者通过出售广告空间获利；

④提供收费信息服务。

其中，前两种作为营销或公关工具，间接达到增加销售收入的目的，后两种模式则直接反映网站希望通过邮件列表获得利润的目的。就目前环境来看，大部分企业网站的邮件列表主要是上述前两个目的，因为一般企业网站的邮件列表规模都比较小，靠出售广告空间获利的可能性很小，而收费信息服务的条件还不太成熟。专业邮件列表服务商则希望通过邮件列表直接获利，因此更加重视邮件列表的后两种功能。

六、实验报告

通过知识点的学习，我们掌握了网络公关的基本定义及它的表现形式，结合实训任务的要求，完成以下实验报告。

1. 实验报告书

实验项目名称	通过学习为某个企业制订网络公关实施计划	课程名称	网络营销	实验类型	课程实训

续表

学生姓名		班级		学号	
团队成员姓名				指导老师	
实验地点		实验日期		课时	
实验目的和原理	目的：了解网络公关的基本定义和表现形式，为某个企业制订网络公关实施计划 原理：公共关系是一种重要的促销工具，网络公关能为企业的经营管理营造良好的环境				
实验内容和要求	内容：选择一个企业，为企业制订一个网络公共关系的实施计划 要求：了解企业的背景、规模和发展情况；比较其他公司遇到危机时的处理情况；分析市场				
实验软件或网站	IE 浏览器、Office 办公软件 调查对象：www. baidu. com				
实验操作方法与实验步骤					
实验数据记录和处理					
实验结果与分析					
实验讨论与心得					
实验指导老师评语					
成绩评定	成绩评定：__________签名：______				

七、小组讨论

根据本子任务的学习内容，结合实训案例背景，组织各小组讨论以下问题，并制作PPT进行课堂讲演。

（1）在进行网络公关实施计划的准备期中，可以从哪些渠道收集信息资料？

（2）你认为怎么样才能更好地运用网络公关？

（3）你认为网络公关对企业的好处有哪些？

八、拓展案例

2016年上半年企业热门危机公关事件

2016年4月12日，21岁的西安电子科技大学计算机系学生魏则西，因身患晚期滑膜肉瘤去世。在弥留之际，他写下“百度，当时根本不知道有多么邪恶”话语。这一消息在五一小长假期间迅速发酵，由此引发了公众对癌症免疫疗法、搜索引擎百度和三甲医院科室外包的广泛关注和热议。

对于魏则西事件小编就不做过多梳理了，我们直接来聊一聊百度的公关。首先公关团队在第一时间给予了声明，但这份声明一则对魏则西死亡的哀痛，二则表示该医院（武警北京总队第二医院）是一家公立三甲医院、资质齐全，目前已经向发证单位和医院主管部门递交审查申请函，并未讲明自己在这一事件中应有的责任，这是第一次推卸责任。随后，5月4日晚间，又爆出数位知乎网友因为涉嫌帮助百度“洗地”被知乎删号的事件，让百度的负面形象雪上加霜。

随后，百度CEO李彦宏对内部的邮件被公开，整篇话语丝毫看不到反省后的措施，却看到了“被惯坏的百度”追求KPI被大众诟病。截至目前，百度依然在推卸责任。

2016年4月17日，在北京某小区内，一名顺丰快递员在派件过程中，所骑行的三轮车不慎碰撞到一辆正在倒车的小轿车。轿车驾驶员下车后情绪激动，先是言语辱骂快递员，后又连续扇了快递员数记耳光。事件在网络发酵后，顺丰集团官方微博第一时间发文，表示要追究肇事者的责任。同时一张网络流传的截图显示，顺丰集团总裁王卫在其朋友圈发文称，“如果这事不追究到底，我不再配做顺丰总裁!”事件发生后，顺丰不到24小时就在官微上表明了自己的态度：对于责任，我们不会因愤怒而抛弃公允；对于尊严，我们也不会因为理解而放弃追回！声明态度明显，一方面表示追究责任，另一方面将单纯的打人事件上升到社会道德层面，成功地引导舆论转向对快递行业生存状况的讨论。

紧接着顺丰官微又发布：我们已找到这个受委屈的小哥，顺丰会照顾好这个孩子，请大家放心！引发舆论同情。另一方面总裁的“表态”，一方面公司的撑腰顺应了舆论风向，既给了外界一个交代，又暖了员工的心，博得了公众好感。

资料来源：http：//sanwen8. cn/p/16fPPH5. html.

案例思考：

1. 此案例中总共使用了哪些网络公关方式？
2. 你觉得此案例中哪些网络公关方式是值得学习的，哪些是需要改进的？

子任务四　网站整合推广

一、引例

Alexa 网站排名系统

关于 Alexa 网站的背景，Alexa 网站的自我介绍非常简单：创建于 1996 年 4 月，网站的愿景在于通过用户的参与，实现智能化和不断改善网络导航服务。其中 Alexa 的相关链接和网站流量排名就是这种愿景的具体体现，随着加入 Alexa 网络社区用户数量的增加，Alexa 的价值也更加充分地体现出来。综合网上其他一些相关资料，Alexa 目前归属于网上零售网站 Amazon，其本身也是一个不错的搜索引擎，不过更为吸引人的是 Alexa 的全球网站排名统计。因而在人们的印象中，Alexa 就是一个庞大的网站排名系统，虽然除了网站排名之外，Alexa 还提供更多有价值的信息，不过人们还是习惯性地将 Alexa 描述为 Alexa 网站排名系统。Alexa 官方网站截图如图 5-5 所示。

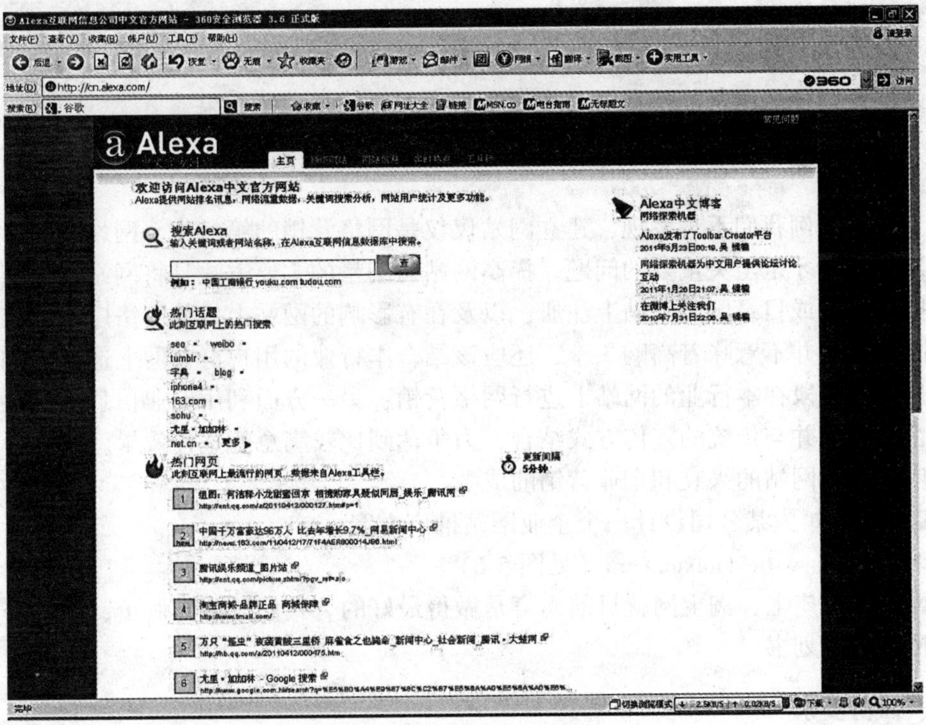

图 5-5　Alexa 官方网站截图

在全球网站访问量排名系统中，只要网站被该系统收录，输入网址即可看到网站访问量在全球网站中的排名情况，对于访问量在10万以内的网站，还有更为详细的统计资料和访问量排名统计。Alexa的网站排名包括全球网站总排名和按主题分类排名。全球网站总排名列出了500个访问量最大的网站（其他网站需要通过输入网址来查询）。按主题分类排名包括按照网站类别以及网站语言两种模式：按网站类别排名包括艺术、商务、电脑、游戏等16个大类；按照网站语言排名则包括英语、阿拉伯语、中文简体、中文繁体等21种语言，每种语言均列出了100个访问量最大的网站。

根据Alexa官网的介绍，Alexa网站排名系统的数据来源于使用Alexa工具条的用户统计信息，每个加入Alexa工具条社区的用户，在自己获得了一个有用工具的同时，也为Alexa网站获取统计数据做出了贡献。Alexa在国内的应用状况也充分说明了这一点。1992年年底之前，国内使用Alexa工具条用户数量比较少，直到1993年中期之后，Alexa才得到广泛应用，虽然这个排名系统的准确性一直受到一些质疑，但毕竟为互联网研究带来了极大的方便。Alexa之所以成为使用研究工具之一，还有一个重要的原因，即Alexa提供的所有信息目前仍是免费的。

资料来源：http：//www. ld. com/alexa. htm。

案例思考：

随着计算机技术和网络技术的迅速发展，越来越多的企业建立起了自己的电子商务网站，网站逐渐成为企业重要的商务平台。然而，通过本案例，可以思考以下问题：

网站推广与什么结合能够在短时间内产生令人意想不到的效果？

二、任务描述

从上面的案例我们不难发现，建立网站仅仅是网络营销的第一步，网站建成后，如何增加网站访问量才是至关重要的问题。提高网站访问量的主要方法是将网站通过自动注册技术在搜索引擎或目录服务网站上注册，以及在有影响的网站上投放网络广告来实现。很多时候高访问率并不意味着高购买率，还应该结合本行业的用户群在网上造成影响。一方面要通过技术手段在本行业的网站上进行网络营销；另一方面利用专业信息检索手段主动搜寻潜在客户，并与传统的宣传方式结合，力争达到比较满意的宣传效果。因此，网站的营销推广关系到网站的兴衰和企业营销的成败。

【实训案例】为某公司设计一个企业网站推广方案

【参考网页】www. taobao. com（见图5-6）

在网站的推广上，淘宝网就目前而言是做得最好的。我们以此为例子，为某公司做一个网站推广的计划书。

三、任务要求

通过网络，了解公司的基本概况、网站推广的意义、搜索引擎的使用，以及网站推广的方法，其中任务要求包括：

（1）网站推广对企业的作用。

图 5-6　淘宝网官方网站截图

（2）会达到点击率高，购买率也高的效果的推广方法。

（3）列举出在网站推广上做得好的企业。

四、实践步骤

在实践之前，我们首先要对以下几点内容做详细的了解，网站推广的必要性和重要性是我们学习的方向，通过各种网络途径来了解网站的推广。

（1）随着计算机技术和网络技术的迅速发展，越来越多的企业建立了自己的电子商务网站。网站逐渐成为企业重要的商务平台，但是大多数企业正面临网站推广的困难。只有建立自己的网站才在真正意义上过渡到网络营销阶段。所以我们要很好的掌握网站的推广。

（2）掌握企业的经营情况，在企业的不同发展时期做出不同的策略，来更好地提高搜索率和销售率。

（3）找大量的资料，为计划书做准备。

五、理论知识点

网站推广，是指网站塑造自身及产品形象，获得广大客户广泛认同的系列活动和过程。网站推广的目的在于让尽可能多的潜在客户了解并继续访问网站，通过企业网站获得有关产品和服务的信息，最终为购买决策提供支持，所以我们要掌握以下几点内容。

1. 搜索引擎注册

搜索引擎注册是最经典也是最常见的网站推广方法。搜索引擎是查找 web 信息的工具，它可以通过对某主题、某个关键词或其他参数搜索来加快搜索的速度。搜索引擎具有阅读、分析与储存网上信息的功能。

对企业来说，出于推广宣传的目的，可将自己网站的信息提交到搜索引擎数据库，以增加与潜在客户通过因特网建立联系的机会。搜索引擎是专门提供信息查询的网站，它们大多是通过在因特网上进行检索，从中提取相关的信息，从而建立起庞大的数据库。用户可以通过输入一定的文字，查找任何所需要的资料，其中当然也包括各种商业信息。由于认识到了搜索引擎的商业价值，越来越多的企业把搜索引擎注册为主要的网络营销手段，并且已经取得了很好的宣传效果。

2. 在线推广

网站推广与传统意义上的产品推广既存在差异，又具有共同之处。其差异在于推广工具的不同，网站推广的工具是在线推广的各种方式；其共同之处是网络推广仍然要综合利用线下传统的推广手段，传统推广工具对网站品牌的建立仍有着不可替代的作用。

3. 离线广告推广

离线广告推广，就是运用传统大众传媒来做网站推广，也包括将网站地址印在名片、小册子、信签、宣传资料等一切用户能够看到的载体上，对于制造商的产品，还可以在所有产品信息中添加网址。

网站提供推广服务时，理所当然会把推广重点放到在线推广方面。但是，从建立品牌的角度看，传统媒体的作用是不可忽略的。雅虎之所以能够从众多的搜索引擎网站中脱颖而出，在一定程度上要归功于它强有力的电视广告。亚马逊书店则在《人物》及《娱乐周刊》上刊登广告。统计数据也表明，网站在大众媒体市场的广告投入大大高于在网站上的广告投入。

用户媒体（如路牌、灯箱、公共汽车、出租车车身等）都是企业网站推广的有效工具，其信息传递的强迫性和广泛性可以大大提高网站的知名度。

例如，戴尔电脑公司曾在营销一款新 PC 机时，除了在网络上做旗帜广告和赞助广告，在生活时尚杂志刊登平面广告以外，还首次尝试推出户外广告。戴尔公司除了在纽约时代广场购买了一处平面广告牌，还为其产品在 11 个大城市的黄金地段购买了户外广告用地。另外，这次全面出击的广告运用还包括招贴画、明信、音乐会赞助等形式。这场广告运动表明，戴尔电脑从过去在广告中强调速度和供货、仅列出产品性能清单，成为与消费者直接对话的品牌形象，即戴尔将以优质的服务和技术支持来取信于消费者。

六、实验报告

根据实训步骤及网络广告文案写作的要求及原则，以实训案例为背景，完成以下实训报告。

1. 实验报告书

实验项目名称	为某公司设计一个企业网站推广方案	课程名称	网络营销	实验类型	课程实训
学生姓名		班级		学号	
团队成员姓名				指导老师	
实验地点		实验日期		课时	
实验目的和原理	目的：了解网络推广对企业的作用，并能为企业设计网站推广方案 原理：网站推广是网络营销的重要工具，网站的营销推广关系到网站的兴衰和企业的成败				
实验内容和要求	内容：通过网络，了解公司的基本情况、网站推广的意义以及搜索引擎的使用，设计一个企业网站的推广方案				
实验软件或网站	IE 浏览器、Office 办公软件 网站包括：www. taobao. com				
实验操作方法与实验步骤					
实验数据记录和处理					
实验结果与分析					
实验讨论与心得					
实验指导老师评语					
成绩评定	成绩评定：＿＿＿＿＿＿＿＿签名：＿＿＿＿＿				

七、小组讨论

根据本子任务的学习内容，结合实训案例背景，组织各小组讨论以下问题，并制作PPT进行课堂讲演。

（1）在进行网站推广的准备期中，可以从哪些渠道收集信息资料？

（2）我们要怎样更好地实行网站的推广计划？

（3）你认为还有哪些企业的网站推广做得很好？请分别列举出来。

实训任务六　搜索引擎营销

子任务一　关键字选择

一、引例

天猫商城搜索引擎优化的技巧——关键字选择

天猫商城占有了当前中国绝大部分在线购物比例，加上之前天猫商城就已经屏蔽了百度查找引擎对天猫商城站内商品链接的抓取，并且天猫商城在网络购物商场的品牌效应，致使相当多的人都习惯了直接上天猫商城查找商品。有查找引擎优化从业者剖析过，类似“连衣裙”这样的关键字，在天猫商城中的查找频率远远大于百度的查找频率，并且关键的是，在天猫商城上查找这些关键字的用户是比较频繁的，而用户在百度中查找这样词汇有可能是仅仅期望晓得和连衣裙关联的常识罢了。

随着许多天猫商城商家的涌入，天猫商城的商家之间的竞赛日益剧烈，天猫商城的站内查找引擎审阅算法也在不断地更新，之前天猫商城为了给所用商家都供给相对平等的机会，一般都是依照宝物将下架的时刻来排名的，但随着作弊商家的增多，以及天猫商城本身期望在用户体验上做一些改善，算法更新之后，如今的天猫商城宝物的算法显得愈加杂乱。而正如前文所讲到的那样，天猫商城站内查找引擎在平常家居购物上的商场比例实际上已超过了通用的查找引擎，如今的查找引擎比如谷歌也供给购物查找，但许多网民已习惯了几家大的电子商务购物网站，比如天猫商城、当当、京东和亚马逊等，因而如果有购物需要，网民都会选择直接打开这些购物网站查找而不是上通用查找引擎。

正因为如此，如今天猫商城商品购物优化排名的算法也在逐步更新，实际上天猫商城排名优化之前就有人在做。比如之前的算法其实是依照宝物下架时刻越接近排名就越靠前，所以许多商家通过在不同时间段发布重复的商品来使得自家商品处于天猫排名前列的作用。淘宝后来一系列的算法更新也引起了许多中小商家的抵抗，缘由就在于天猫商城将店铺信誉，好评率等都逐步加入排名核算的决定性要素中来。

当前天猫商城商家中竞赛最剧烈的是女性用品，如服装、化妆品等商品类型。如今天猫商城一般商家的首要推行方法是天猫商城直通车，还有天猫商城网站联盟，其中天猫商城直通车价格贵，有点类似于百度的竞价排名，但好在天猫商城坚持了不将直通车直接放置在左侧的产物列表成果中，从而在一定程度上也降低了天猫商城商家的恶性竞赛。此外就是天猫商城联盟，天猫商城联盟的推行方法也是许多新式商家比较喜爱的方法，天猫商城联盟首要依照成交率提成给推行用户，依照实际成交率来提成，所以不存在作弊的危险，商家也比较喜欢经过这样的方法来添加个人店铺的信誉。

资料来源：http：//www. im286. com.

案例思考：

1. 你如何看待“天猫商城”在搜索引擎中所使用的关键字？

2. 对于关键字的选取有哪些技巧？

二、任务描述

搜索引擎具有先天的营销优势，与传统媒体被动推送信息不同，在搜索引擎上，消费者在主动寻找感兴趣的产品和信息。他们的搜索行为本身就表明了对产品的兴趣，因此营销效果就更加精准，而精准无疑是所有广告主最关注的。“我知道，有一半的广告费浪费了，但是我不知道浪费在哪儿”，这句话在广告界流传甚广。越来越多的广告主已经不只是希望能找到精准的目标受众和目标消费者，而是希望能让潜在客户自己轻松找上门。企业营销管理也已经进入了“精准营销”时代，企业比任何时候都需要与目标消费群体进行精准沟通。如何选择关键词是一个老生常谈的话题了，这也正是做搜索引擎的第一步，也是最核心的一步。关键词选择对了让你事半功倍，选择错误，所做的努力都将付之东流。

【实训案例】为中小型企业精选目标消费群体

【参考网站】www. yijinfushi. com

西安依锦服饰有限公司是集开发、设计、生产、技术培训、销售为一体的专业定制各类职业工装及特种劳动保护用品的专业型服装企业。该企业处于初创阶段时，曾经积极尝试各种营销渠道，但传统的展会等方式却未给该企业带来预期的收益。后来企业使用百度推广也是为了借助百度强大的市场覆盖能力为自己拓宽市场份额，吸引尽可能多的客户，提升企业的销售业绩，同时百度推广低廉的价格对于初创型企业来说更容易接受。西安依锦服饰有限公司网站截图如图 6-1 所示。

三、任务要求

对于初创型企业来说，如何以低廉的推广成本来实现市场份额的拓展，从而吸引尽可能多的客户，以至于提升企业的销售业绩？

四、实践步骤

1. 目标——营销目的和策略的确定

受到行业差异、市场地位、竞争态势、产品生命周期、消费人群特性等因素的影响，营销目的和策略的差异很大，但又对后续工作有着深远影响。所以在推广流程的开始，需要明确以下信息：

图 6-1　西安依锦服饰有限公司网站截图

（1）提升品牌知名度、提升品牌形象、或产品促销，等等。

（2）白领、学生、IT 从业人员等。

（3）要让公司网站获得更多的流量，或是带来更多的订单等多个方面。

2. 分析——关键词数据和历史数据分析

根据目标受众确定关键词范围，分类整理，并估算不同类型关键词的搜索量，从而洞察受众在搜索引擎上的特性并判定搜索营销机会。通过历史数据辅助估算消费、效果和趋势。

3. 计划——词表与网站的确定并制定合理目标

确定费用、时间、资源等限定因素，基于营销目的和策略，选定最佳推广组合方案，确定投放使用的关键词表。

通过营销方案和关键词流量、费用、效果预估，配合历史数据，为推广活动设置合理的效果基准点，即关键，例如：总体访问量，平均点击费用，转化量，转化成本，平均访问停留时间，等等。如果是较长时间的投放，则需要将标准与推广相关各方达成共识。根据之前对目标受众搜索兴趣点完成网站的设计和制作。撰写相关创意。设定并测试效果监测系统。

4. 执行——实施及监测

协调各方及时在营销平台上开通账户、上传方案并按时开通上线。实施每日投放数据和效果数据的紧密监测和细微调整，保持稳定的投放，避免大幅波动。

5. 优化——数据分析与优化

每周、每月、每季度或在指定时间跨度进行数据汇总，生成报告，陈述当前形势，进行趋势和效果的数据分析，与推广标准进行比对，指出取得的成绩与不足。基于历史数据、投放数据、效果数据分析及对市场认识的更新，有步骤地调整关键词、创意、账户结构、网站构架和内容、运营流程等不同层级，以达到或超越之前制定的推广标准。如有不可控因素存在，或预期与实际情况差异较大，需要回到目标制定步骤进行基准点的调整并与各方达成共识。基于数据报告和分析得到的结论，制定优化方案，取得各方确认后实施。需要注意的是，优化不仅仅是对最初计划的裁剪，还需要基于新的数据分析和市场洞察设计新的尝试方向，使整个推广活动进入吐故纳新的正向循环，充分挖掘市场的潜力。

五、理论知识点

1. 关键词分析

关键词分析决定网站的盈利和转换率，关键词是按照搜索习惯来定的。

（1）网站的目标群体，如安踏跑步鞋，它面向的是年轻的群体，需要了解群体是老人、学生、男人还是儿童。

（2）主要产品是什么，产品归类主次和中等的依次排列。

（3）竞争对手的分析，页面靠前的分析，对方的关键词是怎么做的，竞争压力的大小和时效分析。

2. 关键词选择技巧

（1）关键词选择的基本原则。

① 调查用户的搜索习惯，如买校服，有人上百度，有人上京东或淘宝。

②关键词是否规范。关键词要精准，防止关键词过广。关键词不要过冷，以防没人搜索。

③关键词要选择与网站内容相关性强的词。

（2）选择关键词的步骤。

① 确定搜索的核心关键词。可以通过一些工具进行选择，如百度的博雅立方提词快手工具。

②主要关键词的拓展。

③模拟用户设定关键词。换位思考用户是如何搜索关键词的。

④查看同行关键词是如何设置的。

3. 关键词的选择

（1）关键词的搜集和挖掘。

① 搜集关键词有可能随着搜索引擎的变化而变化，有些网站是做季节性的群体。

②搜集要搜索和网站内容相关的关键词，如门业类包括防盗门、实木门、铁艺大门等，这些都是相关的内容。

③与用户交流获取关键词。

④研究同行的网站进行分析。

⑤使用关键词工具进行分析，看那些关键词流量大，流量最大的作为主关键词。

（2）关键词选择工具，百度下拉框、百度知道、问问、百度推广助手、百度指数、相关搜索。

（3）关键词竞争度分析。

① 在百度搜索框内输入关键词，在底部查看关键词搜索结果，了解竞争度的大小。小于50万的竞争度小，50万~100万是偏小一点的，100万~300万是中等，300万~500万是中等偏上，超过500万是高难度了，超过500万就没必要做了。

②竞争对手网站内部结构优化。是独立域名还是二级域名，是否是内容页。了解标题和描述，关键词是否放在标题里，网站结构层次强弱，网站导航，图片的大小，头部和底部是否有优化的痕迹，包括友链和底部导航。

③竞争对手的外链，了解外链的情况，收录的大小、PR值，友链的数量、竞争对手的快照是否更新。

④确定主关键词和长尾关键词。了解关键词的分类情况，以主关键词为核心拓展长尾关键词，一般有区域加产品名称如菏泽门业，百度、雅虎、谷歌等都有相关关键词，这些相关关键词可以作为长尾关键词的拓展。

⑤ 关键词流量的统计，转换率的统计。对关键词的总结情况进行区别，是否合理是否升级。

六、实验报告

以西安依锦服饰有限公司的案例为背景，按照实践步骤要求对公司网站投放的搜索关键词进行分析，并完成以下实验报告。

1. 实验报告书

实验项目名称	西安依锦服饰有限公司	课程名称	网络营销	实验类型	课程实训
学生姓名		班级		学号	
团队成员姓名				指导老师	
实验地点		实验日期		课时	
实验目的和原理	目的：掌握搜索引擎的类型及工作原理；掌握搜索引擎推广服务软件的下载及使用；掌握关键词的设置及优化				
实验内容和要求	内容：掌握公司投放关键词的技巧 要求：通过百度搜索引擎推广服务，分析公司投放关键词的情况并讨论形成优化方案				
实验软件或网站	IE浏览器、百度搜索引擎推广客户端软件、Office办公软件				
实验操作方法与实验步骤					

续表

实验数据记录和处理	
实验结果与分析	
实验讨论与心得	
实验指导老师评语	
成绩评定	成绩评定：________________签名：__________

七、小组讨论

根据本子任务的学习内容，结合实训案例背景，组织各小组进行讨论，并形成优化方案提交。

八、拓展案例

登录百度（www.baidu.com）、Google、易搜（www.yisou.com）、搜狗（www.sogou.com）、中国搜索（www.zhongsou.com）、3721搜索（www.3721.net）、网易搜索（www.163.com）、中国雅虎（www.yahoo.cn）、SOASO多元搜索引擎网站（www.soaso.com）等搜索引擎网站，搜索“你的名字”词条，分析各搜索引擎网站的搜索结果有何区别。然后在百度、谷歌、中国雅虎搜索关键词“杭州丝绸”，并填写下表。根据上述实践撰写一份1000字以上“主要搜索引擎网站搜索结果比较”的实践报告。

比较项目	百度	谷歌	中国雅虎
搜索速度			
搜索信息量（页面数）			
排名前10名页面			
搜索引擎广告			

子任务二　搜索引擎的优化

一、引例

“钻石小鸟”——网站搜索引擎优化

从图6-2和图6-3可以看出：钻石小鸟的核心关键词“钻石”、“钻石小鸟”百度排名前列，其网站SEO优化效果明显。

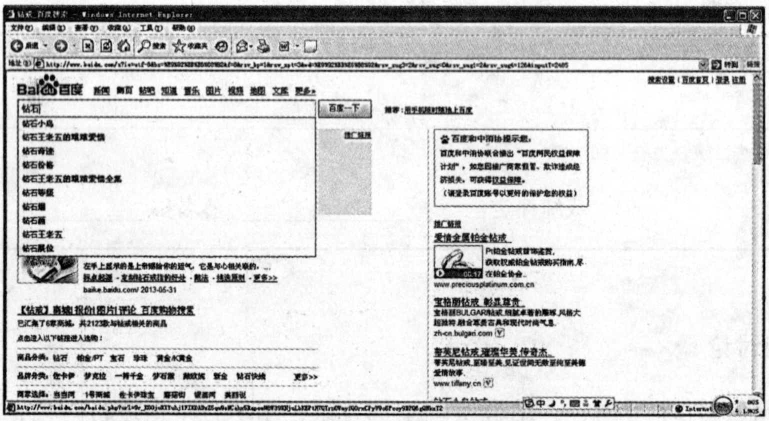

图6-2　“钻石”百度搜索截图

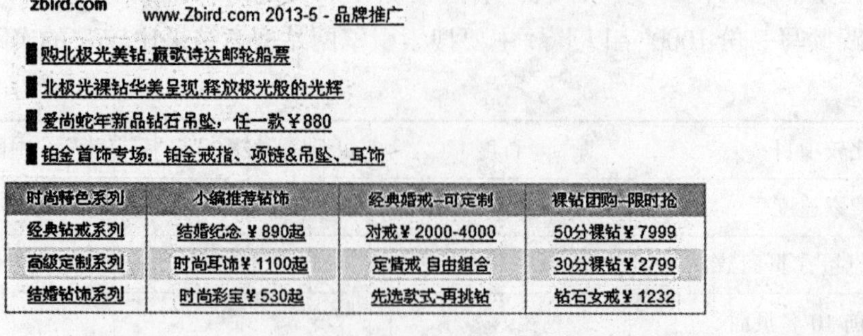

图6-3　“钻石小鸟”百度搜索截图

案例思考：

"钻石小鸟"网站在搜索引擎优化上主要采用了哪些优化技术？

二、任务描述

搜索引擎优化（search engine optimization，SEO）是一种利用搜索引擎的搜索规则来提高目的网站在有关搜索引擎内的排名的方式。所谓"针对搜索引擎作最佳化的处理"，是指为了要让网站更容易被搜索引擎接受。如何通过 SEO 这样一套基于搜索引擎的营销思路，来为企业网站提供生态式的自我营销解决方案，从而使企业网站在行业内占据领先地位，从而获得品牌收益呢？

三、任务要求

通过了解各类搜索引擎如何抓取互联网页面、如何进行索引以及如何确定其对某一特定关键词的搜索结果排名等技术，来对网页内容进行相关的优化，使其符合用户的浏览习惯，在不损害用户体验的情况下提高搜索引擎排名，从而提高网站的访问量，最终提升网站的销售能力或宣传能力。

四、实践步骤

1. 关键词的研究并选择

首先要把需要做的关键词都用表列出来，尤其是要分析用户习惯的关键词。在对客户的网站、搜索引擎占有率和市场目标进行分析后，SEO 工作室需要与客户共同建立关键词列表，用户将通过这些词来搜索客户公司的产品或服务，同样，客户也会提出在搜索引擎中需要获得的关键词排名。最重要的关键词不是由企业本身来决定，而是由用户决定，因为上面的每个用户发生的音讯都极有可能抉择着网站的关键词及产品的战略。社会化媒体下，网页的内容信息应当是对用户无效的，用户急需想获得的这些内容信息依旧可以从别的网站上得到参考。内容信息的创建网站建设以原创为最佳，其不是复杂的关键词堆砌。

2. 全面的客户网站诊断和建议

在建立了全面的关键词列表后，就需要对客户网站进行全面诊断，目的是让客户网站的每个页面都在搜索引擎获得更高的排名，全面的诊断和建议包括搜索引擎的快照时间、收录速度、每个网页的具体内容和元信息优化的分析，使客户网站更符合搜索引擎的排名要求。SEO 工作室需要不断地探索搜索引擎新算法，来保证客户网站的排名。

3. 搜索引擎和目录的提交

客户网站的建议一旦被应用上，就需要把客户网站系统性的提交到目录和搜索引擎中。选择高质量的目录是最关键的，比如 DMOZ、hao123、8684 网址大全等。很多 SEO 工作室购买自动登录目录及搜索引擎的工具，搜索引擎非常厌恶这种作弊行为，所以建议手动操作。

4. 月搜索引擎排名报告和总结

衡量自然搜索引擎优化是否成功，就可以通过搜索引擎来检查先前制定的关键词。做得比较好的 SEO 工作室，一般都会提供一个基线排名报告，报告会根据每一个关键词在每一个搜索引擎中显示客户网站的排名位置。如果客户的网站以关键词来排名，那么这个基线排名报告将显示具体的页码、位置，以及关键词排名的搜索引擎。此外，好的 SEO 工作室还会提供一篇每月摘要，这篇每月摘要将显示客户网站总的搜索引擎优化的进展，商讨具体的排名计划。

5. 季度网站更新

通常，关键词的提升和期望值会有所差距，因此最初的高排名只是成功的一半，搜索引擎是不断改变算法的。自然的搜索引擎优化和营销目标，都是通过每个季度客户网站的更新，而不断改变搜索引擎的显示。这些更新通过结合搜索引擎的算法，将附加的产品关键字推广出去。搜索引擎优化不只是一个结果，而是一个持续不断的过程。

五、理论知识点

1. 搜索引擎优化的概念

搜索引擎优化（SEO）是指针对各种搜索引擎的检索特点，按照规范的方式使网站栏目结构、网站内容、网站功能和服务、网页布局等网站基本要素适合搜索引擎的检索原则，提高网站对搜索引擎的友好性，获得搜索引擎的收录并在检索结果中排名靠前。搜索引擎优化的主要工作内容是通过了解各类搜索引擎如何实现网页的抓取、索引以及如何针对某一特定关键词确定搜索结果的排名规则，来对网页内容进行相关的优化，使其符合用户的浏览习惯，并以快速、完整的方式将这些搜索结果呈现给用户，同时在不损害用户体验的情况下提高搜索引擎排名。当然，搜索引擎优化的着眼点并非只限于排名规则等，更重要的是为了用户获取信息和服务提供方便，分析不同目标客户群消费行为与心理及用户对关键词的界定。

2. 搜索引擎优化的策略

在理解了搜索引擎优化的概念之后，懂得搜索引擎优化的策略对于企业营销人员来说是至关重要的。搜索引擎优化的策略大致有以下几种：

（1）关键词数据挖掘策略。关键词策略又可分为两种。一种是突出关键词策略。在搜索引擎中搜索信息一般是通过输入关键词来实现的，它是整个网站登录过程中最基本、也是最重要的一步，同时也是进行网页优化的基础。所以网页中一切可让搜索引擎抓取的文本中都应尽量带有关键词。突出关键词是吸引搜索引擎注意的一个最重要的因素，然而选择关键词并不是一件容易的事，要考虑诸多因素。首先是网站关键词的确定。关键词的数量一般在五个左右，而且关键词必须和网站内容高度相关，语句间的排列一定要符合搜索引擎的内在要求，把握好关键词的热门程度。关键词太热可能会使排名靠前不太容易，太冷则可能导致没有人搜索。其实是关键词优化。大多数搜索引擎是以词频和词的位置来计算相关度，但细节上又各有千秋。由于以词频和词的位置计算相关度的方法较为客观、准确，它是各大搜索引擎计算相关度的最基本方法，也是应用最为广泛、最为成熟的方法。除词频外，关键词在文件中的位置也对自动索引器选词和计算词的权值产生影响。另一种是关键词密度策略。关键词密度是指关键词在页面出现的总次数与该页面字数的比例。搜索引擎利用自身的算法来统计网页中每个词的重要程度，当然，那些重复出现的词或短语的关键词密度要大些，所以关键词密度越大，网页排名一般就会越靠前。

（2）站内优化。搜索引擎的优化应该是基于网站内容的优化，不断充实的网站内容，不仅仅是大型ICP网站的生命源泉，而且对于企业以网站进行网络营销的效果同样是至关重要的。这是因为搜索引擎的“蜘蛛”程序只能通过网页内容判断网站的质量，而不能从图片、FLASH动画上来判断。增加网站内容不仅满足了用户获取更多的有效信息和服务的需要，而且由于搜索引擎收录的信息量是以网页数为单位的，这样无形中也增加了搜索引擎的收录。因此，充实的网站内容是企业搜索引擎优化策略的一个基本要求。

（3）网站结构优化策略。一是保持网站有合理的栏目结构。比较差的网站管理系统会导致网站结构散乱，严重影响网站的PR值的传递以及搜索引擎收录。二是尽量少使用frame和iframe框架结构。因为框架式搜索引擎的盲点，它们一般很少顺着框架区抓取网站内容。三是尽可能使用静态网页。静态网页可以简单地认为就是网页文件中没有程序，只有HTML代码，一般以“.html”或“.htm”为后缀名的网页，不含有动态网页的“?”。因为搜索引擎一般不会从一个网站的数据库中访问全部网页，去抓取网站中“?”后面的内容。所以采用动态网页的网站在进行搜索引擎推广时，需要做一定的技术处理才能适应搜索引擎的要求。

（4）不要过于注重外部链接策略、搜索引擎一般会认为外部链接较多的网站，其重要性也相对较高。当然不是所有的链接都是同等重要的，要想获得较高的网站排名，外部链接需要具备一定的条件：一是链接文字必须含有自身优化的关键字，二是同类网站的优化水平要有保证。所以一般要谨慎使用外部链接策略，首先要注意对方的站点在其领域内是否是高质量的，其次要注意对方要求的链接名称是否和对方网站地位相称。用一个涵盖范围广泛的关键词来做一个内容非常局限的网站链接名称，很可能会使自己的网站受到负面影响。

六、实验报告

以“钻石小鸟”为背景案例，按照实践步骤要求对该网站在搜索引擎优化上进行相关技术的分析，并完成以下实验报告。

1. 实验报告书

实验项目名称	“钻石小鸟”搜索引擎优化分析	课程名称	网络营销	实验类型	课程实训
学生姓名		班级		学号	

续表

团队成员姓名				指导老师	
实验地点		实验日期		课时	
实验目的和原理	目的：掌握搜索引擎的优化技巧、操作方法及步骤				
实验内容和要求	内容：掌握网站搜索引擎的技巧、方法 要求：通过百度搜索引擎推广服务，分析公司在优化方案上所采用的技术				
实验软件或网站	IE 浏览器、百度搜索引擎推广客户端软件、Office 办公软件				
实验操作方法与实验步骤					
实验数据记录和处理					
实验结果与分析					
实验讨论与心得					
实验指导老师评语					
成绩评定	成绩评定：＿＿＿＿＿＿＿＿签名：＿＿＿＿＿＿				

七、拓展案例

登录中国网站排名网（www. chinarank. org. cn）了解网站排名各项指标的概念，在该网站搜索口输入你们学校网址或关键词或网站名称，了解你们学校网站全国排名第几，有哪些网站与它建立了链接，客户流量如何分布等信息，撰写分析报告，提交给学校网管以做参考。下载安装中国网站排名工具条，随时了解你所登录的各个网站的有关指标数值。思考这对你的网络营销有何启发。登录 www. 315. org 了解该网站进行网站统计排名的做法。

实训任务七　许可 E-mail 营销

子任务一　营销邮件设计

一、引例

中国特奥会的许可 E-mail 营销

中国特奥会为了进行有效的宣传，提高人们对它的认识，并获得更多的支持与帮助，与现在网合作，开展了许可 E-mail 营销工作。

1. 市场程序

特奥会有两方面的需求：一是需要中国当地的志愿者帮助其扩大规模；二是需要来自各大企业和政府的帮助，以在国内发展特奥会这个非营利组织。特奥会希望建立自己的邮件数据库来实现上述目标并为以后的工作奠定基础。但他们最初只有 300 个赞助商和志愿者的 E-mail 地址，这对于将来工作的作用是微乎其微的。现在网根据实际需求设计了两个不同的 E-mail 活动。

对于第一个需求，现在网利用 opt-in（可选性电子邮件）数据库里运动、保健和体育栏目的 284458 个用户，在特奥会的帮助下，设计了 6 个问答题并链接到了特奥会及其相关的网站里。然而，特奥会并不想人们只是加入他们的行列，他们希望吸引那些真情关注的人们并为这项慈善事业作贡献。因此，他们限制只有回答问题的正确率在半数以上的参与者才可以进入其数据库。现在网设计了国际知名网球明星休斯特亲笔签名的网球球拍、T 恤衫和帽子作为优胜者的礼品来提高参与者的积极性。

为了能够时刻了解活动的成功性，现在网为奥特会创立了他们自己的基于网络的跟踪系统。这个在线跟踪系统可以让奥特会了解每个参与者问题回答的正确性，同时还可以了解到他们打开邮件的时间及相关联的正确答案，甚至还可以了解有多少用户把 E-mail 转发给了朋友及他们的朋友是否参与。

对于第二个需求，现在网创立了一个无声拍卖活动和英文的 opt-in，发送到了 107191 个在华各大国际企业的外国人和职业人士的手里，此拍卖目标为在上海的 2002 网球大师杯赛价值 1800 元人民币的门票。回复者可以参与此门票的竞标并选择是否进入特奥会的数据库参加以后的活动。

2. 统计数据

对于中文用户，现在网用了等级递进的方式运作提问测试。首先，10000 个用户收到了信息，记录他们的回复和开启。其中 4377 个邮件被打开，2852 个用户回复了至少其中 4 个问题。在这些数据的基础上，改变标题和邮件内容，把其中比较难的三个问题修改成容易一些的。这次的 100000 个用户收到信息后有 6370 个开启，4229 个回答了 4 个或 4 个以上的问题。而后，现在网在保持此标题的基础上变换了其中一个问题，把邮件发送给了其余的 264458 个用户。最后 153385（58%）个用户开启了邮件，其中 93566（61%）个用户回答了 4 个或 4 个以上的问题，在这 9 万多个回复者中，有 53883 个选择了加入以后特奥会的活动。

对于英文版的无声拍卖，最初的测试比较困难，因为比赛是进行中的。首先，现在网设计了一个好的标题“住在中国，帮助中国”（“Since we're in China now, we might as well help!”），这些英文邮件使用者可以使用邮件里的 HTML 格式参与竞标。78%的用户打开了邮件，其中 21%参与了竞标。总之，得到了 18395 个竞标者，门票以 3500 元的价格定标。

3. 活动结论

一些幸运优胜者获得了休斯特的亲笔签名服装，特奥会获得了一笔资金，重要的是，特奥会的数据库记录从 300 多个增至 75000 个以上，并让更多的人了解了“特奥会”，起到了良好的宣传效果。

案例思考：

1. 什么是许可 E-mail 营销？
2. 许可 E-mail 营销在“特奥会”中起了什么作用？

二、任务描述

1971 年，雷·汤姆林森发明了一种通过网络在不同计算机之间发送和接收文件的程序，被称为“E-mail”。随着网络的普及，现如今 E-mail 已成为门户网站的基本服务之一，也成为网络用户的基本应用之一。1994 年著名的律师事件之后，E-mail 的网络营销价值逐渐被人们所认识，E-mail 营销悄然而生并得到了迅速地推广。

【实训案例】 营销邮件设计

【任务背景】

小李前不久在某城市开了一家服装公司，该公司主要经营某品牌的女装及相关的饰品。由于此品牌在国内知名度不高，一方面要面对歌莉娅、千百惠、only 等知名品牌的竞争，另一方面小李还要面对淘宝网、凡客和麦考林网上商城的销售压力。对于这些情况，小李下定决心要把服装销售量做大，而如何开展营销成了小李第一个碰到的问题。

三、任务要求

小李在营销邮件设计上应考虑以下几点：

1. 主要竞争对手的产品及服务情况。

2. 开展营销邮件的主要对象有什么特征？

3. 如何有效地开展 E-mail 营销？

四、实践步骤

开展 E-mail 营销的过程，也就是将有关营销信息通过电子邮件的方式传递给用户的过程。为了将信息发送到目标用户的电子邮箱，应该明确向哪些用户发送这些信息，发送什么信息，以及如何发送信息。开展 E-mail 营销一般要有如下几个主要步骤：

（1）制订 E-mail 营销计划，分析目前所拥有的 E-mail 营销资源，如果公司本身拥有用户的 E-mail 地址资源，首先应利用内部资源。

（2）决定是否利用外部列表投放 E-mail 广告，并且要选择合适的外部列表服务商。

（3）针对内部和外部邮件列表分别设计邮件内容。

（4）根据计划向潜在用户发送电子邮件信息。

（5）对 E-mail 营销活动的效果进行分析总结。

上述步骤是进行 E-mail 营销要经历的一般过程，但并非每次活动都要经历这些步骤，并且不同的企业、不同阶段的 E-mail 营销内容和方法也有所区别。一般说来，内部列表 E-mail 营销是一项长期性工作，通常在企业网站的策划建设阶段就已经纳入了计划，它的建立需要相当长的资源积累，而外部列表 E-mail 营销可以灵活地采用，因此，这两种 E-mail 营销的过程有很大差别。

五、理论知识点

（一）E-mail 营销的含义

E-mail 营销在发达国家已经发展成为一个成熟的网络营销应用行业。在国内，尽管 E-mail 营销已经为许多企业所采用，但各个企业在利用 E-mail 开展市场营销活动时存在很大的误区，其中包括不少著名的大型企业，由于对 E-mail 营销自身的规律缺乏全面的认识，在很大程度上制约了 E-mail 营销效果的发挥。规范的 E-mail 营销活动没有得到普遍应用，使得发送垃圾邮件者有可乘之机，大量的垃圾邮件不仅破坏了正规 E-mail 营销的名誉和网络环境，也为规范的 E-mail 营销带来了直接的威胁，甚至严重影响了整个网络通信环境。因此，非常有必要从认识上和方法上加深对 E-mail 营销的了解。

冯英健在《E-mail 营销》一书中，对 E-mail 营销是这样定义的：E-mail 营销是在用户事先许可的前提下，通过电子邮件的方式向目标用户传递有价值信息的一种网络营销手段。这个关于 E-mail 营销的定义强调了三个基本因素：

①基于用户许可；

②通过电子邮件传递信息；

③信息对用户是有价值的。

三个因素缺少一个，都不能称之为有效的 E-mail 营销。

因此，真正意义上的E-mail营销也就是许可E-mail营销（简称“许可营销”）。“许可营销”理论由营销专家Seth Godin *Permission Marketing：Turning Strangers Into Friends, and Friends into Customers* 一书中最早进行系统的研究，这一概念一经提出就受到网络人员的普遍关注并得到广泛应用。许可E-mail营销的有效也已经被许多企业的实践所证实。基于用户许可的E-mail营销与泛滥邮件（Spam）不同，许可营销比传统的推广方式或未经许可的E-mail营销具有明显的优势，比如，可以减少广告对用户的滋扰、增加潜在客户定位的准确度、增强与客户的关系、提高品牌忠诚度等。许可E-mail营销是网络营销方法体系中相对独立的一种，既可以与其他网络营销方法相结合，也可以独立应用。

（二）E-mail 营销的分类

根据定义，规范的E-mail营销是基于用户许可的，但实际上还存在着大量的不规范现象，并不是所有的电子邮件都符合法规和基本的商业道德，不同形式的也有不同的方法和规律，所以首先应该明确E-mail营销有哪些类型，这些E-mail营销又分别是如何进行的。可以通过下列5种方法对E-mail营销进行分类。

1. 按照是否经过许可分类

按照发送信息是否事先经过用户许可来划分，可以将E-mail营销分为许可E-mail营销和未经许可的E-mail营销。正规的E-mail营销都是基于用户许可的，未经许可的E-mail营销也就是通常所说的垃圾邮件。

2. 按照E-mail地址的所有权分类

潜在用户的E-mail地址是企业重要的营销资源，根据对用户E-mail地址资源的所有形式，可将E-mail营销分为内部E-mail营销和外部E-mail营销，或者叫内部列表和外部列表。内部列表是一个企业/网站利用一定方式获得用户自愿注册的资料来开展的E-mail营销；而外部列表是指利用专业服务商或者具有专业服务商同样可以提供专业服务的机构提供的E-mail营销服务，自己并不拥有用户的E-mail地址资料，也无需管理维护这些用户资料。

3. 按照营销计划分类

根据企业的营销计划，可分为临时性的E-mail营销和长期的E-mail营销。前者包括不定期的产品促销、市场调查、节假日问候、新产品通知等；长期的E-mail营销通常以企业内部注册会员资料为基础，主要表现为新闻邮件、电子杂志、顾客服务等各种形式的邮件列表，这种的作用要比临时性的E-mail营销更持久，其作用更多地表现在顾客关系、顾客服务、企业品牌等方面。

4. 按照E-mail营销的功能分类

根据E-mail营销的功能，可分为顾客关系E-mail营销、顾客服务E-mail营销、在线调查E-mail营销、产品促销E-mail营销等。

5. 按照E-mail营销的应用方式分类

开展E-mail营销需要一定的营销资源，获得和维护这些资源本身也要投入相应的经营资源，当资源积累达到一定的水平，便拥有了更大的营销价值，不仅可以用于企业本身的营销，也可以通过出售邮件的广告空间直接获得利益。按照是否将 E-mail 营销资源用于为其他企业提供服务，E-mail 营销可分为经营型和非经营型两类。当以经营性质为主时，E-mail 营销实际上已经属于专业服务商的范畴了。

在实际工作中用户所面对的往往不会是单一形式、或者单一功能的 E-mail 营销，而是一些复合类型的 E-mail 营销。例如，可能既要建立自己的内部列表，又需要采用专业服务商的 E-mail 营销方式。

（三）许可 E-mail 营销的基本方法

E-mail 营销是一个广义的概念，既包括企业自行开展建立邮件列表开展的 E-mail 营销活动，也包括通过专业服务商投放电子邮件广告。常用的许可 E-mail 营销方法是按照 E-mail 地址的所有权划分内部 E-mail 营销和外部 E-mail 营销，或者叫内部列表和外部列表。内部列表也就是通常所说的邮件列表，是利用网站的注册用户资料开展 E-mail 营销的方式，常见的形式如新闻邮件、会员通信等。外部列表 E-mail 营销则是利用专业服务商或者其他可以提供专业服务的机构提供的用户电子邮件地址来开展 E-mail 营销，也就是以电子邮件广告的形式向服务商的用户发送信息。

（四）许可 E-mail 营销的主要功能

通过企业的实践与应用，E-mail 营销的功能主要体现在品牌形象、产品推广、网站推广、顾客关系、顾客服务、资源合作、市场调研等多方面。不能片面地将 E-mail 营销仅仅理解为利用电子邮件来开展促销、发送广告的活动。

1. 品牌形象

E-mail 营销对于企业品牌形象的价值，是通过长期与用户联系的过程中逐步积累起来的，规范的、专业的 E-mail 营销对于品牌形象有明显的促进作用。但品牌建设不是一朝一夕的事情，不可能通过几封电子邮件就完成这个艰巨的任务，因此，利用内部列表开展经常性的 E-mail 营销具有更大的价值。

2. 产品推广

产品/服务推广是 E-mail 营销最主要的目的之一，正是因为 E-mail 营销的出色效果，使得 E-mail 营销成为最主要的产品推广手段之一。一些企业甚至用直接销售指标来评价 E-mail 营销的效果，尽管这样并没有反映出 E-mail 营销的全部价值，但也说明营销人员对 E-mail 营销带来的直接销售有很高的期望。

3. 网站推广

与产品推广功能类似，电子邮件也是网站推广的有效方式之一。与搜索引擎相比，E-mail 营销有自己独特的优点：网站被搜索引擎收录之后，只能被动地等待用户去并发现网站，通过电子邮件则可以主动向用户推广网站，并且推荐方式比较灵活，既可以是以简单的广告，也可以是以新闻报道、案例分析等方式出现在邮件的内容中，获得读者的高度关注。

4. 顾客关系

与搜索引擎等其他网络手段相比，E-mail 首先是一种互动的交流工具，然后才是其营销功能，这种特殊功能使得 E-mail 营销在顾客关系方面比其他网络营销手段更有价值。与 E-mail 营销对企业品牌的影响一样，顾客关系功能也是通过与客户之间长期沟通才发挥出来，内部列表在增强客户关系方面具有独特的价值。

5. 顾客服务

电子邮件不仅是与顾客沟通的工具，在电子商务和其他信息化水平比较高的领域，同时也是一种高效的顾客服务手段，通过内部会员通信等方式提供顾客服务，在节约大量顾客服务成本的同时提高顾客服务质量。

6. 资源合作

经过用户许可获得的 E-mail 地址是企业的宝贵营销资源，可以长期重复利用，并且在一定范围内可以与合作伙伴进行资源合作，如互相推广、互换广告空间。企业的营销预算总是有一定限制的，充分挖掘现有营销资源的潜力，可以进一步扩大 E-mail 营销的价值。

7. 市场调研

利用电子邮件开展在线调查是网络市场调研中的常用方法之一，具有问卷投放和回收周期短、成本低廉等优点。

六、实验报告

以实训案例为背景，按照实践步骤要求对小李所经营的服装及相关饰品的行业状况、竞争对手和消费者的特征等方面开展营销，并完成以下实验报告。

1. 实验报告书

实验项目名称	为某服装品牌代理商开展邮件营销	课程名称	网络营销	实验类型	课程实训
学生姓名		班级		学号	
团队成员姓名				指导老师	
实验地点		实验日期		课时	
实验目的和原理	目的：熟练应用和掌握邮件营销的方法和作用 原理：E-mail 营销是网络营销活动中的重要环节，网络营销人员应通过对 E-mail 营销的开展，及时调整本公司的营销计划，为优先取得“商机”打下基础				
实验内容和要求	内容：E-mail 营销的设计 要求：通过互联网络收集主要竞争对手的产品及服务情况，本产品的主要客户群体及销售地域及此产品的营销方式				
实验软件或网站	IE 浏览器、Office 办公软件、相关论坛、搜索引擎和相关系统				

续表

实验操作方法与实验步骤	
实验数据记录和处理	
实验结果与分析	
实验讨论与心得	
实验指导老师评语	
成绩评定	成绩评定：__________签名：________

七、小组讨论

根据本子任务的学习内容，结合实训案例背景，组织各小组讨论以下问题，并制作PPT进行课堂讲演。

（1）根据E-mail营销的情况，你认为E-mail营销的方法有哪些？

（2）E-mail营销有哪些特点？

（3）E-mail营销的制作步骤有哪些？

八、拓展案例

“新江南”公司的E-mail营销

“新江南”旅游公司为了在“五一黄金周”之前进行公司旅游项目促销，公司营销人员计划将E-mail营销作为重点策略之一。公司在网络营销方面并没有多少经验，因此这次活动计划将上海作为试点城市，仅选择部分满足营销定位的用户发送E-mail广告。目前暂时没有条件开展网上预定活动，主要是品牌宣传。

“新江南”公司网站的功能比较简单，主要是公司介绍、旅游路线介绍、景点介绍等，网站上有一个会员注册区，有用户1000多人，但由于疏于这方面的管理，已经有半年多时间未向会员发送信息了。公司内部营销资源非常有限，还需要借助于专业服务来发送 E-mail 广告。在服务的选择上，花费了比较多的时间，因为首先要对服务的邮件列表定位程度、报价和提供的服务等方面进行比较分析，“新江南”最终选择了新浪上海站，该网站有一份关于上海市白领生活的电子周刊，订户数量超过 300000，这份电子刊物将作为本次 E-mail 营销的主要信息传递载体。

为了确保此次活动取得理想的效果，计划将从 2004 年 3 月 26 日开始连续四周投放 E-mail 营销信息，发送时间定为每周三，前两次以企业形象宣传为主，后两次针对公司新增的旅游路线进行推广。接下来该公司市场人员的主要任务是设计 E-mail 广告的内容，针对内部列表和外部列表分别制作，并且每个星期的内容都有所不同。

E-mail 营销活动结束后，网络营销人员吃惊地发现，在进行 E-mail 营销期间，公司网站的日平均访问量比上个月增加了 3 倍多。

资料来源：宋文官．网络营销与案例分析．北京：高等教育出版社，2005.

案例思考：

1. 试分析“新江南”公司 E-mail 营销能够成功的原因。
2. 企业开展 E-mail 营销应该注意哪些事项？

子任务二 新闻组

一、引例

猫扑网：娱乐门户的“猫派”营销

Web2.0 已经成为一个新营销时代的符号，在这个“所有行业都是娱乐行业”的年代里，web2.0 基础上的互动娱乐营销也正掀起一场全球性的营销革命，成为企业推广的一个主流手段。

第 13 届广告节上，海外人士评价中国的“第一娱乐门户”猫扑网在互动营销领域表现极为出色，“中国的新闻组营销已经走到了世界前列”。

Web2.0 技术使用户从信息的接收者变成了传递者，最成功的应用是 social Networking（网络社交），目前全球前一百名的网站里，有几十家属于 social Networking 网络，比如 myspace、Facebook 以及 Orkut。

任何成功网站都有自己的杀手锏，myspace 其实是把音乐的应用整合到了技术平台里去，符合了用户的需求，把喜爱音乐的原创力量整合到了一起。而猫扑网是以“交友”作为杀手锏的，中国用户的合群性需求特别强烈，用户通过互联网打开地域和心理界限进行交流的意愿也非常强，所以猫扑网把 web2.0 服务优势集中在了“交友”上，比如在“我的空间”页面设置了基于页面端的 IM（即时沟通工具），网友可以看到其他好友是否同时在页面，可以随时打开对话框交流，这是猫扑“我的空间”和普通博客最大的不同。

和其他传统门户相比，猫扑网不仅发布信息，更是用来培育用户社会关系网络的，不是简单的信息发布和浏览者，而是营造“好友”关系，比如“我的空间”以好友网状结构形态存在，每个用户处在一个人际关系网的节点上。

另外，猫扑网的视频应用技术和商用技术都已经非常成熟，有21项视频直播点播的技术在美国有专利，曾经做过200万用户同时在线的大型赛事直播，还可以实现视频框内外的互动交流，成为营销展现的绝佳阵地。

猫扑网的营销理念就是做以用户为核心的深度营销。我们有很多自己的追求，所依托的信念，在营销上与传统媒体只是进行简单曝光完全不同，虽然曝光是基础，但Web2.0网站是以用户为核心的，使得我们一定要做深度营销。这个绝对是营销的大趋势。

营销有很多维度，品牌曝光是第一个维度，但品牌曝光和用户最终形成购买，还有很长的距离，现在广告市场越来越嘈杂，广告的效果越来越差，初级营销手法已经不能满足需求了，很多企业都迫切需要创新的深度营销，企业更多的时候，有意识寻求一种能够与消费者深层次沟通的敏感点，要设计能引爆行业的事件点。

猫扑网和每个用户进行信息交互，包括给IT、数码、家电、汽车、快速消费品、汽车等行业去做推广的时候，营销切入点和传统门户的品牌曝光是完全不同的，而是深层次地去影响用户对产品的好感度、忠诚度，跟用户直接对话，拨动他的心弦。

资料来源：世界经理人互动社区，www.ceconlinebbs.com/LT1%C3%A8%C6%CB.HTM。

二、任务描述

俗话说得好“好酒不怕巷子深”，当今社会是信息时代，为了让众多的消费者对该品牌的服装有更深入的认识，小李必须采取一些宣传，新闻组是大家相对聚齐的地方，通过新闻组发帖，认识更多的朋友来参观或得到更多的帮助。

【实训案例】 新闻组的运用

【任务背景】

小李前不久在某城市开了一家服装公司，该公司主要经营某品牌的女装及相关的饰品。由于此品牌在国内知名度不高，一方面要面对歌莉娅、千百惠、only等知名品牌的竞争，另一方面小李还要面对淘宝网、凡客和麦考林网上商城的销售压力。对于这些情况，小李下定决心要把服装销售量做大，而如何开展营销成了小李第一个碰到的问题。

三、任务要求

帮助小李在新闻组利用上考虑以下几点：

1. 新闻组的命名原则有哪些？
2. 如何利用新闻组的特征来开展营销？
3. 小李在用新闻组做宣传时应注意什么事项。

四、实践步骤

1. 设置新闻组

我们以 CN99 新闻组为例，说明其设置方法，打开 Outlook Express，点击工具、账户，如图 7-1 所示。

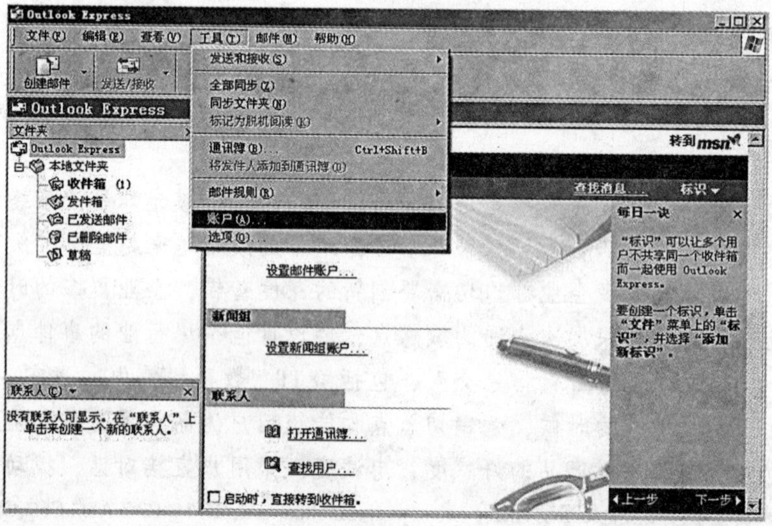

图 7-1　设置账户

在账户中点击“新闻”标签，选择“添加”按钮下级中的“新闻”命令，如图 7-2 所示。

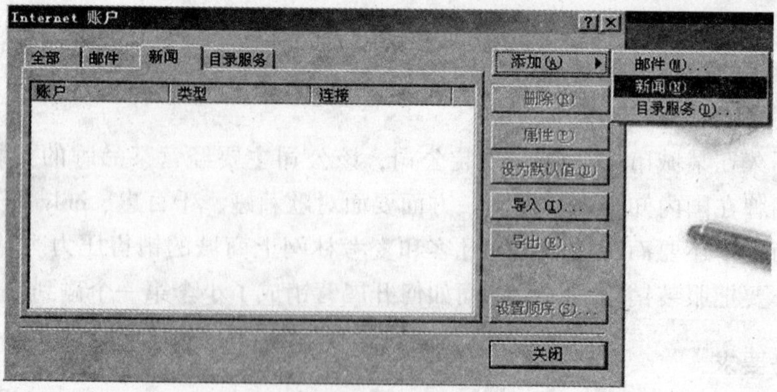

图 7-2　添加新闻

出现“Internet 连接向导”，首先输入用户名，如图 7-3 所示，然后输入邮件地址，如图 7-4 所示，最后输入新闻组服务器，如图 7-5 所示。

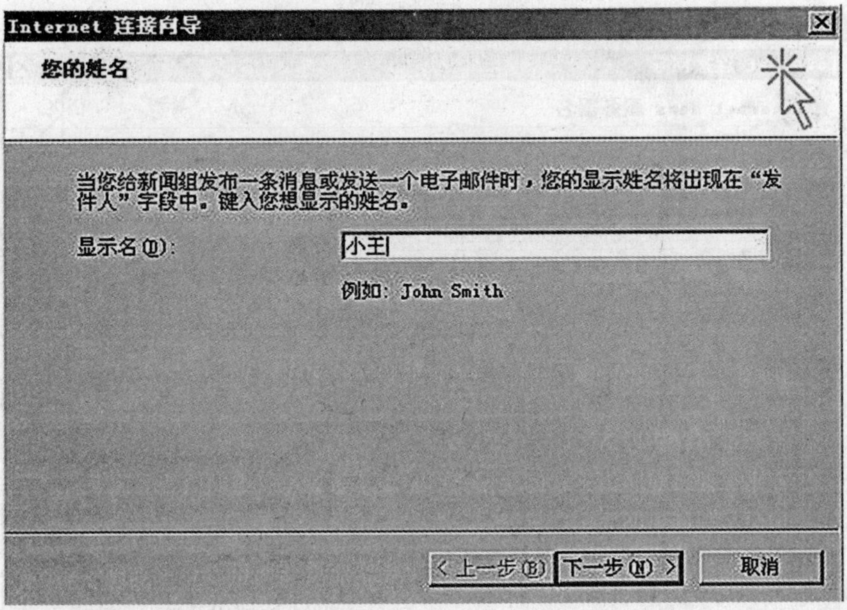

图 7-3　输入用户名

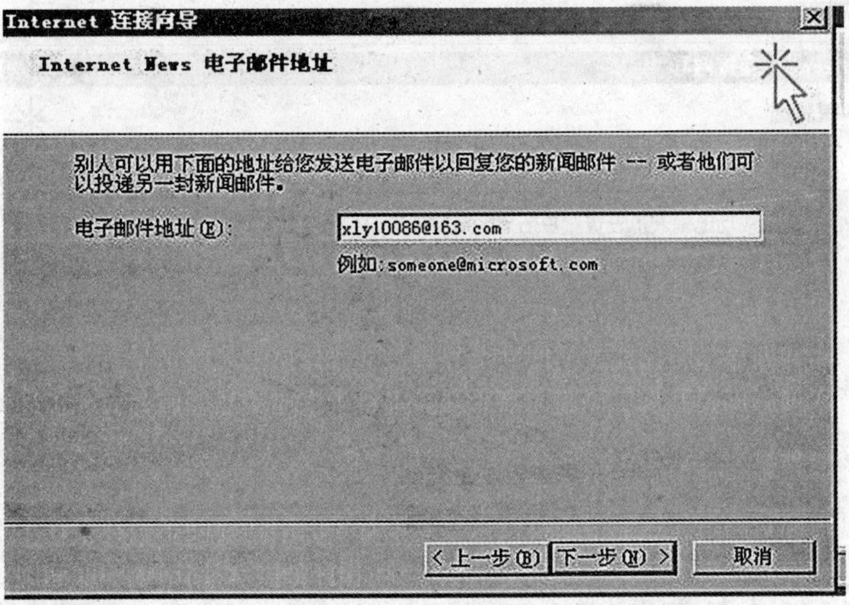

图 7-4　输入邮件地址

2. 使用新闻组

新闻组设置完成后（见图 7-6），出现图 7-7 的画面，点击关闭，这时系统提示是否从服务器下载新闻组（见图 7-8），该操作只需做一次如图 7-9 所示。

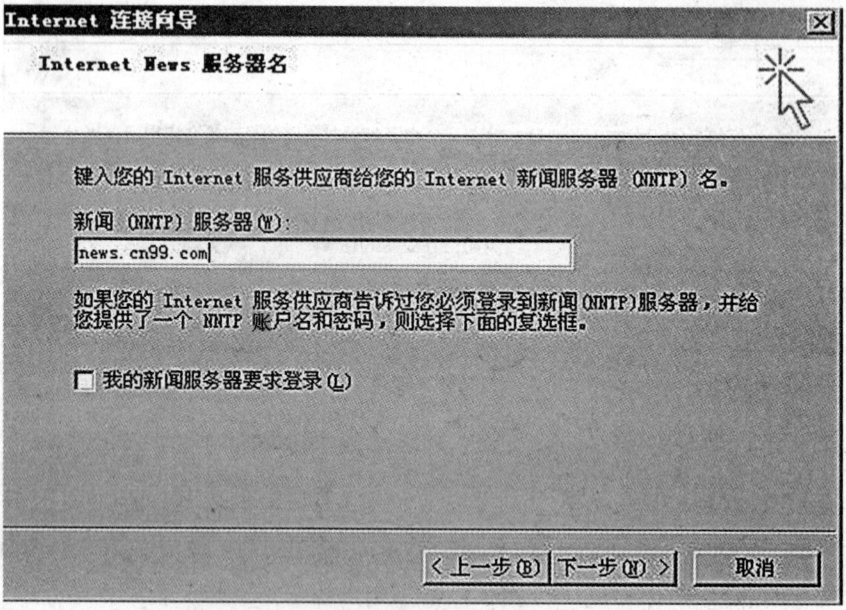

图 7-5　输入新闻组服务器

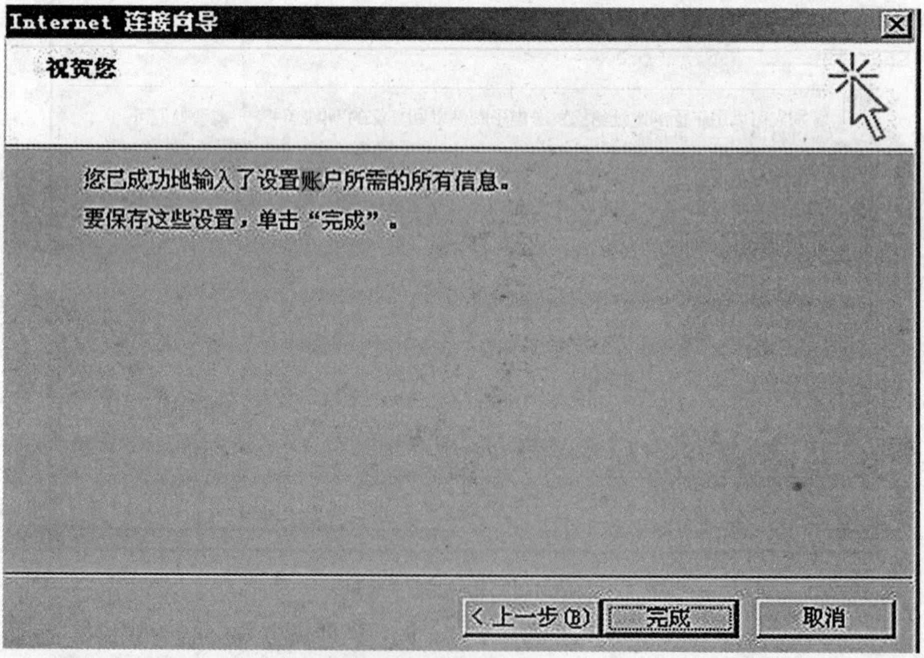

图 7-6　设置完成

新闻组下载结束后，可以根据自己的兴趣爱好预定新闻组，由于一个新闻组的主题分类成千上万，因此，可以预定多个新闻组，如图 7-10 所示。

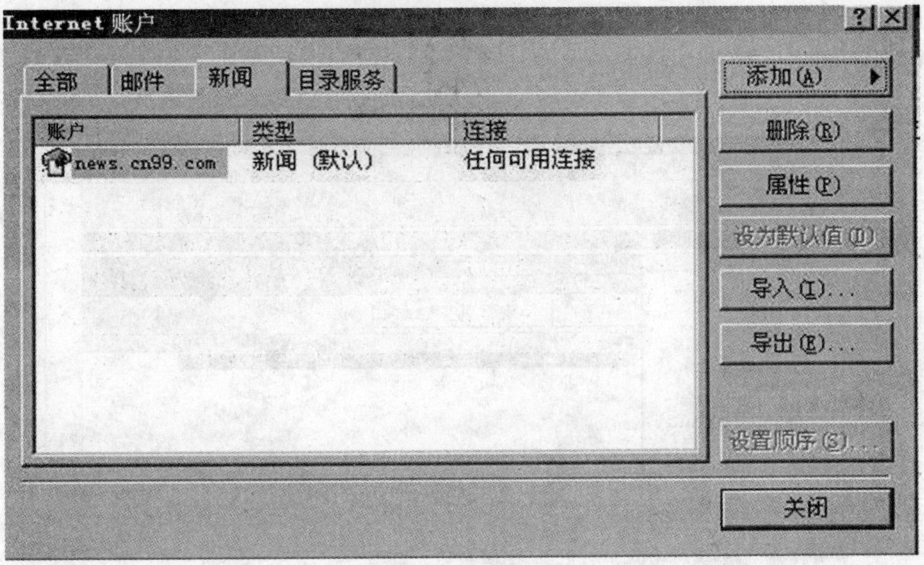

图 7-7　关闭设置画面

图 7-8　下载新闻组提示

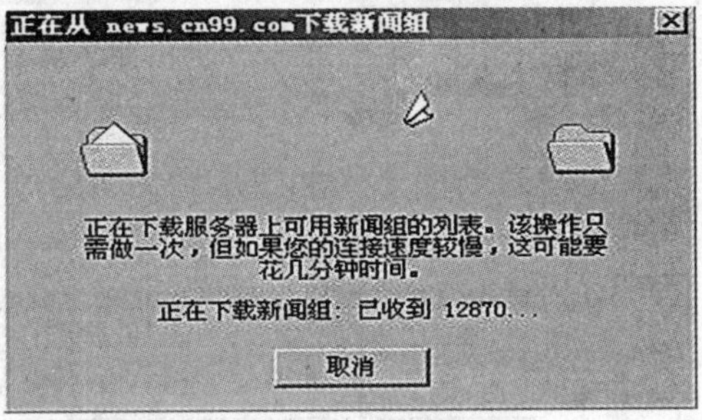

图 7-9　下载过程

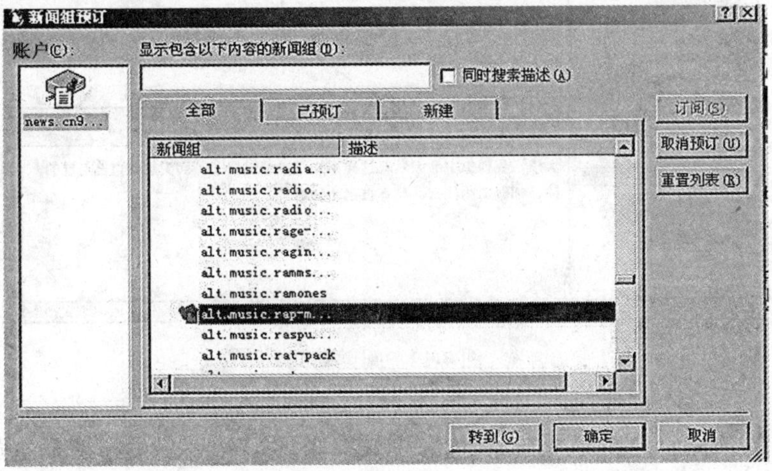

图 7-10　预定新闻组

可以同步新闻组，即将远程新闻服务器上的新闻与本地同步，当然需要耗费一定的时间，也可以不同步，如图 7-11 所示。

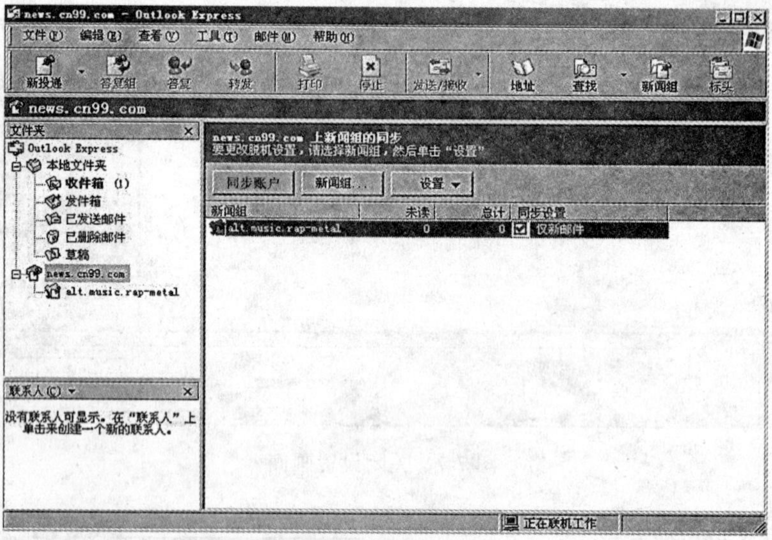

图 7-11　同步新闻组

现在可以看新闻了，如图 7-12 所示。

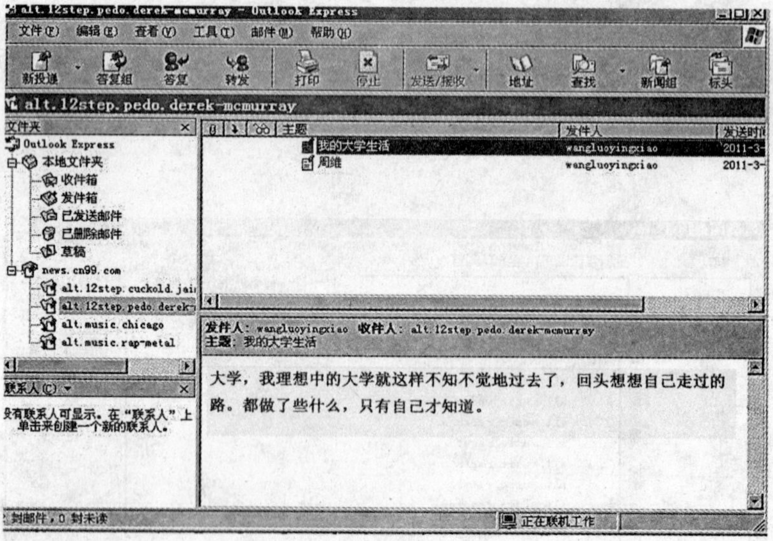

图 7-12　阅读新闻

也可以撰写新闻，点击图 7-12 左上角的“新投递”按钮，发布新闻，如图 7-13、图 7-14 所示。

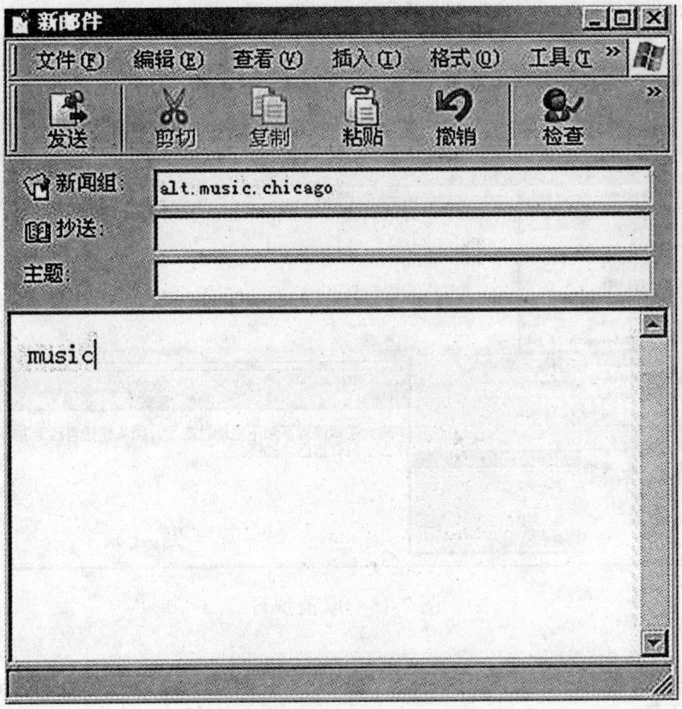

图 7-13　发布新闻

图 7-14　写新闻

当然也可以取消订阅新闻，如图 7-15 所示。

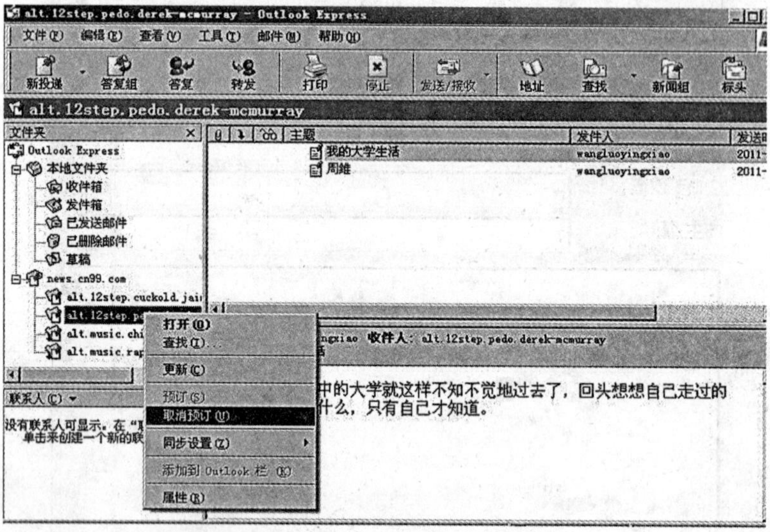

图 7-15　取消预订

五、理论知识点

在我们的日常生活中公告板随处可见：办公室、幼儿园，甚至在图书馆。公告板用于同样的目的：提供一个交换信息的中心点。在 Internet 上的公告板称为“新闻组（newsgroups）”或“讨论组”。每个“新闻组”都集中于特定的兴趣主题。它们的主题各式各样，可谓无所不包，无所不能。我们在“新闻组”中可以阅读文章，可以发表自己的评论，就如同日常生活中的一样，而且，其他人也能够通过“新闻组”阅读我们的文章，回复我们的邮件，提出他的构想见解。同我们常说的电子邮件一样。要阅读 Internet 上的“新闻组”，我们需要一个新闻阅读器。微软公司的“Outlook Express”和网景的“Netscape 共同讨论”都是很好的新闻阅读器。

新闻组（英文名 Usenet 或 Newsgroup），简单地说就是一个基于网络的计算机组合，这些计算机被称为新闻服务器，不同的用户通过一些软件可连接到新闻服务器上，阅读其他人的消息并可以参与讨论。新闻组是一个完全交互式的超级电子论坛，是任何一个网络用户都能进行相互交流的工具。

（一）新闻组的优点

新闻组和 WWW、电子邮件、远程登录、文件传送同为互联网提供的重要服务内容之一。在国外，新闻组账号和上网账号、E-mail 账号一起并称为三大账号，由此可见其使用的广泛程度。由于种种原因，国内的新闻服务器数量很少，各种媒体对新闻组的介绍也较少，用户大多局限在一些资历较深的老网虫或高校校园内。不少用户谈到互联网时，往往对 www、E-mail、文件下载或者 ICQ 甚至 IP 电话头头是道，但对新闻组则只知其名，不知其实。新闻组是一种高效而实用的工具，它具有四大优点。

（1）海量信息。据有关资料介绍，目前国外有新闻服务器5000多个，据说最大的新闻服务器包含39000多个新闻组，每个新闻组中又有上千个讨论主题，其信息量之大难以想象，就连WWW服务也难以相比。

（2）直接交互性。在新闻组上，每个人都可以以自由发布自己的消息，不管是哪类问题、多大的问题，都可以直接发布到新闻组上和成千上万的人进行讨论。这似乎和BBS差不多，但它与BBS相比有两大优势，一是可以发表带有附件的“帖子”（随着时代的发展，现在BBS也可以传附件了），传递各种格式的文件；二是新闻组可以离线浏览。但新闻组不提供BBS支持的即时聊天功能，也许这就是新闻组在国内使用不广的原因之一。

（3）全球互联性。全球绝大多数的新闻服务器都连接在一起，就像互联网本身一样。在某个新闻服务器上发表的消息会被送到与该新闻服务器相连接的其他服务器上，每一篇文章都可能漫游到世界各地。这是新闻组的最大优势，也是网络提供的其他服务项目所无法比拟的。

（4）主题鲜明。每个新闻组只要看它的命名就能清楚它的主题，所以我们在使用新闻组时其主题更加明确，往往能够一步到位，而且新闻组的数据传输速度与网页相比要快得多。

（二）新闻组的命名规则

国际新闻组在命名、分类上有其约定俗成的规则。新闻组由许多特定的集中区域构成，组与组之间成树状结构，这些集中区域就被称为类别。目前，在新闻组中主要有以下几种类别：

- comp：关于计算机专业及业余爱好者的主题。包括计算机科学、软件资源、硬件资源和软件信息等。
- sci：关于科学研究、应用或相关的主题，一般情况下不包括计算机。
- soc：关于社会科学的主题。
- talk：一些辩论或人们长期争论的主题。
- news：关于新闻组本身的主题，如新闻网络、新闻组维护等。
- rec：关于休闲、娱乐的主题。
- alt：比较杂乱，无规定的主题，任何言论在这里都可以发表。
- biz：关于商业或与之相关的主题。
- misc：其余的主题。在新闻组里，所有无法明确分类的东西都称之为misc。

新闻组在命名时以句点间隔，通过上面的主题分类，我们可以一眼看出新闻组的主要内容。

（三）新闻组推荐

1. 新帆新闻组（news \ newsfan. net）

目前国内人气最旺的新闻组之一，里面有关于电脑、生活、科学、教育等多方面的内容，不可不去。

2. 微软中文新闻组（msnnews \ microsoft. com）

微软的一个技术新闻组，是为所有中文用户开辟的一个全新的技术交流空间。探索最新技术、共享使用经历、研究技术难题是这里的最大特色。

3. CN99（news. cn99. com）

国内最大的新闻组服务器，内含 3 万多个新闻组栏目，是国内唯一能和国外新闻组服务器进行转信的新闻组，在那里你可以感受一下真正的国际新闻组是什么样子。

六、实验报告

根据以实训案例为背景，按照实践步骤要求对小李所经营的服装及相关饰品的行业状况、竞争对手和消费者的特征等方面开展营销，并完成以下实验报告。

1. 实验报告书

实验项目名称	为某服装品牌公司开展新闻组宣传	课程名称	网络营销	实验类型	课程实训
学生姓名		班级		学号	
团队成员姓名				指导老师	
实验地点		实验日期		课时	
实验目的和原理	目的：熟练应用和掌握新闻组的方法和作用 原理：新闻组是网络营销活动中的重要环节，网络营销人员应通过对新闻组的运用，及时调整本公司的营销宣传方式，为优先取得“商机”打下基础				
实验内容和要求	内容：新闻组的运用 要求：通过新闻组工具的运用及时收集主要竞争对手的产品及服务情况，本产品的宣传效果及认识情况				
实验软件或网站	IE 浏览器、Office 办公软件、Outlook Express5. 0 以上。				
实验操作方法与实验步骤					
实验数据记录和处理					
实验结果与分析					

续表

实验讨论与心得	
实验指导老师评语	
成绩评定	成绩评定：____________ 签名：________

七、小组讨论

1. 请比较电子邮件、新闻组的异同，它们各适用于什么场合？
2. 用 Outlook Express 再增加一个其他新闻组。
3. 新闻组在电子商务中有什么作用？

八、拓展案例

不可复制的反击战——A 药业感冒药营销造势记

作为中国最具知名度的中药企业同仁堂，其发展故事一度被拍成国内热门电视剧《大宅门》。电视剧播出后，公众对这个具有近 340 年历史的老字号有了更多的认识。

春节刚过，A 药业公司会议室里聚集了以陈经理为首的营销领导班子，他们正聚精会神地再次观看电影《天下无贼》。与会者不知道陈经理葫芦里卖的什么药，私下里说这个片子看了好几遍了，但他们知道陈经理肯定“别有用意”。事实也是如此，观看后陈经理问大家，这个片子里到底植入了多少广告？随后他说明了当前形势及用意。

A 药业厂子不大，效益却很好，这源于自己的拳头产品 a 感冒药。然而好景不长，另一家感冒药逐渐渗进了自己的市场，且促销模式与自己的简直是前脚跟后脚，终端客户更乐意接受竞争对手的产品。为了夺回自己的市场，他们决定采取新闻营销策略。

A 药业成立了“新闻组”，重点操作新闻营销，强调的是从热点话题或者新闻事件切入，与品牌信息产生联系进行信息传播。“新闻组”还与某公司的一部电视剧合作，后与电视剧组接触后发现，采取植入式广告效果未必好：一是历史剧与药品关系不大；二是布景不能生搬硬套。但可以以赞助的形式传播，同时可以在“选秀”过程中现场布景。于是 A 药业搭上“新闻营销”的班车。

“新闻组”与省内多家媒体建立了合作关系，及时报道 A 药业与电视剧组的动向。与此同时，借助有影响力的纸媒开始以软文的形式传播 A 药业的产品，并利用互联网新闻组上热点话题开展营销，双管齐下，效果良好，代理商主动找上门代理销售产品，A 药业的产品市场逐渐扩大。

案例思考：

1. 什么是新闻组？
2. 新闻组在 A 药业当中起了什么作用？
3. A 药业公司如何利用新闻组拓展市场？

子任务三　邮件列表

一、引例

病毒性营销的创意

——邮件列表的应用

自从 HOTMAIL. COM 创造了“病毒性营销”的经典范例之后，这种“利用他人资源宣传自己”的营销手段受到营销人员的极大重视，并试图在多种场合利用这种互联网营销特有的方式，当然，谁不希望自己的推广信息在很短时间内像“CIH”一样为数以百万计的人们所了解呢？

在使用免费邮件发信时，免费邮件提供商会自动在信件结尾附上“欢迎使用××免费邮件”之类的信息，带有一定的强制性，严格来说，与病毒性营销的精髓有一点冲突，那么，有没有一种方法，让用户将信息原封不动地转发给他人呢？

前一段时间，在 OICQ 用户中广泛流传着一个关于黑客的传说，大意是说，台湾一个黑客组织将在不久之后的某一天摧毁所有在线用户的系统，请尽量不要上线并请大家相互转告。

使用 OICQ 的用户是一些使用即时信息交流的特定群体，虽然他们的细分特征并不明确，不过，从这个例子中可以受到一定的启发，在设计病毒性营销方案的时候，可以将目标锁定在一定的范围内，例如一个网站某一频道的用户、某个专业论坛的访问者等，只要这个范围内的用户是目标用户或其中一部分，信息的有效传播同样可以获得理想的宣传效果。

资料来源：冯英健 . 2000-07-10，www. markingman. net.

二、任务描述

邮件列表是网上商品推广的一种重要手段，也是和你的客户保持联系的重要方式。建立自己的邮件列表，对于推广网站，销售产品，与你的客户保持联系都有重要意义。

【实训案例】 与客户保持联系的邮件列表

【任务背景】

小李前不久在某城市开了一家服装公司，该公司主要经营某品牌的女装及相关的饰品。由于此品牌在国内知名度不高，一方面要面对歌莉娅、千百惠、only 等知名品牌的竞争，另一方面小李还要面对淘宝网、凡客和麦考林网上商城的销售压力。对于这些情况，小李下定决心要把服装销售量做大，而如何开展营销成了小李第一个碰到的问题。

三、任务要求

根据上面的实训案例，请问小李该如何运用邮件列表来获得更多的客户，并使每次邮件列表的运用都能行之有效？

（1）小李发邮件列表的对象应如何确定？

（2）小李应用邮件列表来开展服装营销活动，能否取得成功？原因是什么？

四、实践步骤

每个人都有自己的邮箱，你可以在邮箱的“通讯录”中找到“邮件列表”的标签，点击打开即可开始创建属于自己的列表。

邮件列表使用方法：

（1）首先需启用“邮件列表”功能。

（2）选取系统内的一个用户为列表发送用户。

（3）为此列表发送用户选定多个接收用户。

（4）然后再向此列表发送用户写信时，邮件将会被发送给所有指定的接收用户。

大家可以试着做下面的练习提高熟练程度：

（1）找几个有知名度的企业网站，观察网站中是否已建立邮件列表，它们之间有什么区别，并尝试加入。

（2）进入提供免费邮件列表服务的网站，如希网邮件列表（http：//www. cn99. com），选择加入一个邮件列表，再退出列表。

（3）尝试创建一个电子邮件列表，并在一个邮件列表上预定所需的商品。

五、理论知识点

（一）邮件列表的定义

在许可 E-mail 营销中，经常要用到“邮件列表”这一概念。邮件列表是许可 E-mail 营销的基本手段之一，在 E-mail 营销中具有重要作用。

邮件列表（Mailing List）的起源可以追溯到 1975 年，是互联网上最早的社区形式之一，用于各种群体之间的信息交流和信息发布。早期的邮件列表是一个小组成员通过电子邮件讨论某一特定话题，一般通称为讨论组，由于早期联网的计算机数量很少，讨论组的参与者也很少，现在的互联网上有数以十万计的讨论组。讨论组很快就发展演变出另一种形式，即有管理者管制的讨论组，即现在所说的邮件列表，或者叫狭义的邮件列表。

讨论组和邮件列表都是在一组人之间对某一话题通过电子邮件共享信息，但二者之间有根本的区别，讨论组中的每个成员都可以向其他成员同时发送邮件，而对于现在通常的邮件列表来说，是由管理者发送信息，一般用户只能接收信息。因此也可以理解为，邮件列表有两种基本形式。

公告型（邮件列表）：通常由一个管理者向小组中的所有成员发送信息，如电子杂志、新闻邮件等。

讨论型（讨论组）：所有成员都可以向组内其他成员发送信息，其操作过程简单来说就是发一个邮件到小组的公共电子邮件，通过系统处理后，将这封邮件分发给组内所有成员。

邮件列表具有以下两个特点。一是传播广泛。它可以同时向网上成千上万个用户迅速传递信息，传递的方式可以是主持人发言，也可以是自由讨论和接收发言人发言等方式；二是使用起来简单方便。只要能够使用电子邮件的用户都可以使用邮件列表。

邮件列表主要使用在以下几个方面：一是企业应用，企业简介和形象宣传、新产品发布宣传与客户保持联系、向客户提供产品技术支持和信息反馈；二是 WEB 站点宣传，主页更新，信息反馈；三是组织社团和俱乐部，吸引新用户的加入，提供成员之间的交流工具；四是技术讨论，各种技术问题的探讨、研究和咨询服务；五是电子杂志，可以主办自己的电子杂志，通过邮件列表向成千上万户发送；六是新闻发布；七是邮购业务。

内部列表是一个企业、网站利用一定方式获得用户自愿注册的资料来开展的许可 E-mail 营销，其主要形式有：会员通讯、电子刊物、新闻邮件、新产品通知、促销、优惠信息、不定期用户通知等。而外部列表是指利用专业服务商或者具有与专业服务商一样可以提供专业服务的机构所提供的 E-mail 营销服务，自己并不拥有用户的 E-mail 地址资料，也无需管理维护这些用户资料。如 Google 上的商务引擎发布、北京易城商务网推出的商务快车、深圳电子公司生产的点金商务引擎搜索等。外部列表和内部列表在操作方法上有明显区别，对于外部列表来说，技术平台是由专业服务商提供的，企业只需在上面填写好公司的基本信息，后台操作由服务商提供。我们可以通过表 7-1 比较内部列表和外部列表。

表 7-1　　内部列表和外部列表的比较

比较项目	内部列表	外部列表
主要功能	顾客关系、顾客服务、品牌形象、产品推广、在线调查、资源合作	品牌形象、品牌推广、在线调查
投入费用	相对固定，取决于日常经营和维护费用，与邮件发送数量无关，用户数量越多，平均费用越低	没有日常维护费用，营销费用由邮件发送数量、定位程度等决定，发送数量越多，费用越高

续表

比较项目	内部列表	外部列表
用户信任程度	用户主动加入，对邮件内容信任程度高	邮件为第三方发出，用户对邮件的信任程度取决于服务商的信用、企业自身的品牌、邮件内容等因素
用户定位程度	较准确	取决于服务商邮件列表的质量
获得新用户的能力	用户相对固定，对获得新用户效果不显著	可针对新领域的用户进行推广，吸引新用户能力强
用户资源规模	需要逐步积累，一般内部列表用户数量比较少，无法在很短时间内向大量用户发送信息	在预算许可的情况下，可同时向大量用户发送邮件，信息传播覆盖面广
邮件列表的维护和内容设计	需要专业人员操作，无法获得专业人士的建议	服务商由专业人员负责，可对邮件发送、内容设计等提供相应的建议
E-mail 营销效果	较准确评价每次邮件发送的效果，需要长期跟踪分析	有服务商提供专业分析报告，可快速了解每次活动的效果

（二）邮件列表的技术基础

发行平台是邮件列表营销的技术基础。经营自己的邮件列表，可以自己建立邮件列表发行系统，也可以根据需要选择专业服务商提供的邮件发行平台服务，实际中具体采用哪种形式，取决于企业的资源和经营者个人的偏好等因素。

1. 建立邮件列表发行系统

不同类型的邮件列表其经营方式也有一定的差别，但在基本原理上是相似的。下面以建立一份电子刊物为例来介绍建立邮件列表的主要问题。经营一份电子刊物需要的最基本的功能应该包括用户订阅（含确认程序）、退出、邮件发送等，一个完善的电子刊物订阅发行系统则还含有更多的功能，如邮件地址的管理（增减）、不同格式邮件的选择、地址列表备份、发送邮件前的预览、用户加入/退出时的自动回复邮件、已发送邮寄记录、退信管理等，这些都需要后台技术的支持。随着用户数量的增加和邮件列表应用的深入，还会出现更多的功能需求，这都需要后台技术不断完善。

技术问题的实现一般有两种常用的方式：如果企业网站具备必要条件，可以完全建立在自己的 Web 服务器上，实现自主管理；如果订户人数比较多，对邮件列表的功能要求很高，这时最好的方式是与邮件列表专业服务商合作，利用专业的邮件发行平台来操作。此外，作为一种特殊情形，如果邮件列表规模太小，用户量只有几百人甚至更少，那么发送邮件内容并不需要考虑太复杂的技术问题，利用一般的邮件发送方式即可完成，当然也可以采用邮件群发程序来进行。严格来讲，这种群发邮件的方式并不是真正意义上的邮件列表，可以在邮件列表营销的初期试用，或者作为一种过渡手段。

用户加入/退出邮件列表的方法，通常有两种方式：一种是通过设置在网页上的“订阅/退出”框，用户输入字的邮件地址并点击相应按钮即可；另一种方式为发送电子邮件方式加入/退出。这两种方式可以同时存在，不过后者更适合在没有网站的情况下经营邮件列表，前者的应用更加普遍。

与邮件列表的加入/退出一样，邮件内容的发送也是基于 Web 的方式和基于 E-mail 方式两种。基于 Web 的发行方法，即是将邮件内容粘贴到通过浏览界面显示的邮件列表内容发行区域中，检查无误后点击“发送”按钮即可。基于 E-mail 的发行方式非常简单（通常是利用专业邮件发行商的服务），只需将内容和格式设置好的邮件发送到一个指定的电子邮箱中，然后，发行系统会自动将邮件分发到列表中各个用户的邮箱中。

2. 选择第三方的邮件列表发行

一般来说，邮件列表专业服务商的发行平台无论是在功能上，还是在技术保证上，都优于一般企业自行开发的邮件列表程序，并且可以很快投入应用，大大减少了自行开发所需要的时间，因此，与专业邮件列表服务商合作，采用专业的邮件列表发行服务是常用的手段。当企业互联网应用水平比较低，邮件列表规模不是很大，并不需要每天发送大量电子邮件时，没有必要自行建立一个完善的发行系统。另外，如果用户数量比较大时，企业自行发送邮件往往对系统有较高要求，并且大量发送的邮件可能被其他邮件服务商视为垃圾邮件而遭到屏蔽，这时，专业邮件列表服务的优势更为明显。国外一些发行量比较大的邮件列表，很多也是通过第三方专业发行平台进行的，如网络营销相关的电子刊物 AIM Ezine、Ezine-tips 等。但出于对用户资料的保密性等因素的考虑，一些电子商务网站因为要发送大量的电子邮件，通常需要利用自己的邮件系统发行。

3. 选择专业发行平台需要考虑的问题

专业邮件列表发行平台是一种通用的邮件发行和管理程序，同一个平台可能要有上千个邮件列表用户。一些第三方邮件列表发行系统存在各种各样的问题，因此，在选择邮件列表发行服务商时要慎重，同时考虑到将来可能会转换发行商，要了解是否可以无缝移植用户资料，而且还要考虑服务商的信用和实力，以确保其不会泄露自己的邮件列表用户资料，并能保证相对稳定的服务。选择邮件列表专业发行平台时，需要对邮件列表发行平台的基本功能进行必要的考虑，以满足自己的期望指标，如用户地址管理、用户资料备份、邮件内容预览、退回邮件管理、邮件格式选择等。

根据不同的 E-mail 营销目的和手段，如果还有其他特殊需要，则应和服务商取得联系，以获得专业的服务。各邮件列表服务商提供的发行平台在功能上会有一定的差别，可根据自己的需要进行比较选择。

此外，当邮件列表规模比较小或者要求不高时，免费邮件列表资源也可以作为一种选择，主要用于个人学习和研究。不过，随着免费网络服务的减少，可用的免费邮件列表资源也越来越少了，并且免费服务总是有各种各样的功能限制，或者在邮件列表中插入服务商的广告内容。因此，作为商业网站，建议不要采用这种免费服务。

（三）邮件列表内容

在 E-mail 营销的三大基础中，邮件内容与 E-mail 营销最终效果的关系更为直接，影响也更为明显，邮件的内容策略所涉及的范围最广，灵活性最大。邮件内容设计是营销人员要经常面对的问题，相对于用户 E-mail 资源的获取，E-mail 内容设计制作的任务更重，因为如果没有合适的内容，即使有再好的邮件列表技术平台、邮件列表中有再多的用户，仍然无法向用户传递有效的信息。

1. 邮件列表内容的六项基本原则

由于 E-mail 营销的具体形式有多种，如电子刊物 E-mail 营销、会员通信、第三方 E-mail 广告灯，即使同样的 E-mail 营销形式在不同的阶段，邮件内容模式也并非固定不变的，所以很难简单地概括所有 E-mail 营销内容的一般规律。

①目标一致性。邮件列表内容的目标一致性是指邮件列表的目标应与企业其他营销战略相一致，营销目标是邮件列表内容的第一决定因素。因此，如果在以用户服务为主的会员通信邮件列表内容中插入大量的广告内容会偏离预定的顾客服务目标，同时也会降低用户的信任度。

②内容系统性。很多电子刊物和会员通讯内容缺乏系统性，有些邮件广告内容过多，有些邮件内容匮乏，有些则过于随意，没有一个特定的主题，或者方向性不明确，感觉和自己的期望有很大差距。如果将一段时期的邮件内容放在一起，则很难看出这些邮件之间有什么系统性，这样，用户对邮件列表很难产生整体印象，这种邮件列表内容策略将很难培养用户的忠诚性，因而会削弱 E-mail 营销对于品牌形象提升的功能，影响 E-mail 营销的整体效果。

③内容来源稳定性。在邮件列表经营过程中，由于内容来源不稳定使得邮件发行时断时续，有时中断几个星期到几个月，甚至半途而废的情况并不少见，甚至不少知名企业也会出现这种状况。内部列表营销是一项长期任务，必须有稳定的内容来源，才能确保按照需要保持相对稳定性。不过应注意的是，邮件列表是一个营销工具，并不仅仅是一些文章/新闻的简单汇集，应将营销信息合理地安排在邮件内容中。

④内容精简性。尽管增加邮件内容不需要增加信息传输的直接成本，但应从用户的角度考虑，邮件列表的内容不应过分庞大，过大的邮件不会受到欢迎：首先，是由于用户邮箱空间有限，字节数太大的邮件会成为用户删除的首选对象；其次，由于网络速度的原因，接收/打开较大的邮件耗费时间也更多；最后，太多的信息量让读者很难一下子接受，反而降低了 E-mail 营销的有效性。

因此，应该注意控制邮件内容的数量，不要过多的栏目和话题，如果确实有大量的信息，可充分利用链接的功能，在内容摘要后面给出一个 URL，如果用户有兴趣，可以通过点击链接到网页浏览。

⑤内容灵活性。建立邮件列表的目的，主要体现在顾客关系和顾客服务、产品促销、市场调研等方面，但具体到某一个企业、某一个网站，可能所希望的侧重点有所不同，在不同的经营阶段，邮件列表的作用也会有差别，邮件列表的内容也会随着时间的推移而发生变化，因此，邮件列表的内容策略也不是一成不变的，在保证整体系统性的情况下，应根据阶段营销目标而进行相应的调整，这也是邮件列表内容一致性的要求。

⑥最佳邮件格式。邮件内容需要设计一定的格式来发行，常用的邮件列表格式包括纯文本格式化、HTML 格式和 Rich Media 格式，或者是这些格式的组合，如纯文本/HTML 混合格式。一般来说，HTML 格式和 Rich Media 格式的电子邮件比纯文本格式具有更好的视觉效果，从广告的角度来看，效果会更好，但同时也存在一定的问题，如文件字节数过大，以及用户的客户端无法正常显示邮件内容等。哪种邮件格式更好，目前并没有绝对的结论，这与邮件的内容和用户的阅读特点等因素有关，如果有可能，最好给用户提供不同内容格式的选择。

2. 邮件列表内容的基本要素

尽管每封邮件的内容结构各不相同，但邮件列表的内容有一定的规律可循，设计完善的邮件内容一般应具有下列基本要素。

①邮件主题：本期邮件最重要的主题，或者是通用的邮件列表名称加上发行的期号。

②邮件列表名称：一个网站可能有若干个邮件列表，一个用户也可能订阅多个邮件列表，仅从邮件主题中不一定能完全反映出所有信息，需要在邮件内容中表现出列表的名称。

③目录或内容提要：如果邮件信息较多，给出当期目录或者内容提要是很有必要的。

④邮件内容 Web 阅读方式说明（URL）：如果提供网站阅读方式，应在邮件内容中给予说明。

⑤邮件正文：本期邮件的核心内容，一般安排在邮件的中心位置。

⑥推出列表方法：这是正规邮件列表内容中必不可少的内容，推出列表的方式应该出现在每一封邮件内容中。纯文本个人的邮件通常用文字说明退订方式，HTML 格式的邮件除了说明之外，还可以直接设计退订框，用户直接输入邮件地址进行退订。

⑦其他信息和声明：如果有必要对邮件列表做进一步的说明，可将有关信息安排在邮件结尾处，如版权声明和页脚广告等。

六、实验报告

以实训案例为背景，按照实践步骤要求对小李所经营的服装及相关饰品的行业状况、竞争对手和消费者的特征等方面开展营销，并完成以下实验报告。

1. 实验报告书

实验项目名称	为某服装品牌公司推广应用邮件列表	课程名称	网络营销	实验类型	课程实训
学生姓名		班级		学号	
团队成员姓名				指导老师	

续表

实验地点		实验日期		课时	
实验目的和原理	目的：熟练应用和掌握邮件列表的方法和作用 原理：邮件列表是网络营销活动中的重要环节，网络营销人员应通过对邮件列表的运用，及时联系客户，增加产品的营销宣传方式，为优先取得“商机”打下基础				
实验内容和要求	内容：邮件列表的运用 要求：通过邮件列表工具的运用及时收集主要竞争对手的产品及服务情况，本产品的宣传效果及认识情况				
实验软件或网站	IE 浏览器、Office 办公软件、Outlook Express5.0 以上				
实验操作方法与实验步骤					
实验数据记录和处理					
实验结果与分析					
实验讨论与心得					
实验指导老师评语					
成绩评定	成绩评定：__________ 签名：________				

七、小组讨论

1. 如何创建一份高质量的电子杂志？
2. 如何吸引用户来订阅你的邮件列表？
3. 如何利用邮件列表的营销功能，让你的邮件列表盈利？

八、拓展案例

中国最大本土 UPS 生产商科士达 E-mail 营销成功案例

科士达公司成立于 1993 年，是专业从事不间断电源、整体机房、逆变电源、移动电源、免维护铅酸蓄电池研发和生产的高科技集团企业，是规模最大的 UPS 不间断电源和一体化柜式的机房研发生产企业。科士达产品除国内销售外，还出口到六十多个国家和地区。

根据信息产业部电子信息产业发展研究院 CCID 调查统计，2000 年至 2005 年，科士达 UPS 的销量连续六年排名国产品牌第一位。2005 年，科士达自有品牌 UPS 以 16.8 万台、14.7%的市场份额，在各个品牌中占有率的排名由第三位上升至第二位，实现了国产 UPS 进入市场前两名的历史性突破。2005 年，科士达 UPS 产品国内外销量超过 100 万台，约占全球年度总销量的 5%，是全球不间断电源产业增长最快的供应商。

1. 目标

（1）潜在目标客户许可 E-mail 营销，开发新客户销售线索。

（2）老客户许可 E-mail 营销，挖掘销售线索，提高品牌忠诚度。

（3）渠道经销商快捷沟通，提高渠道的执行能力，降低渠道费用。

（4）市场调查为市场活动开展提供准确的数据支持，为新产品开发提供准确的需求数据。

（5）结合企业网站，丰富潜在目标客户数据库。

2. 实施

（1）建立潜在客户、老客户、渠道经销商数据库，根据详细的字段对客户与渠道进行多层次、多角度定义，为客户细分提供数据基础。

（2）自动同步更新数据库，利用易智软件，自动远程读取企业 CRM 系统数据，同步更新到易智数据库中，实现数据同步更新、集中管理。

（3）通过咨询订阅解决方案与名单生成工具，整合企业网站，自动收集增加潜在目标客户数据，丰富了数据库，实现了数据同步更新、集中管理。

（4）通过强大的客户无限细分功能、快速搜索功能，为每一细分客户组制作了个性化的、用户友好的 EDM（电子直邮）内容，挖掘了更多的销售线索，与客户建立了密切的、友好的互动关系，提高了客户的品牌忠诚度。

（5）针对不同的经销商，制作出具有针对性的 EDM 内容，与经销商建立了快捷的、直接的沟通方式，直接对渠道的管控能力、渠道的执行能力有重要作用。不仅仅提升了渠道的销售能力，对于降低渠道成本也非常有成效。

（6）通过强大的可以自定义的市场调查解决方案部署，科士达持续、定期地开展针对企业满意度、产品开发建议及客户获取信息途径的市场调查，科学地采集了大量的、有效的市场数据，对客户关系决策、市场投入决策，以及新产品开发决策提供了有效的数据支持。

3. 结束语

E-mail 营销是企业营销工作中越来越重要的组成部分，E-mail 营销是一个先进的 E-mail 营销系统，易智 E-mail 营销软件系统助力科士达股份开展更为有效的 E-mail

营销。

案例思考：

1. 试分析科士达公司 E-mail 营销能够成功的原因。
2. 讨论开展 E-mail 营销应该注意的事项。

子任务四　邮件群发

一、引例

广州美国人学校

广州美国人学校是坐落在广州市中心的一家教育机构，学校师生约1500人，为全世界在广东的外国学生提供良好的课程教育，在现代教育的理念指导下，信息化和教育本身紧紧地联系在一起，密不可分。广州美国人学校为了实现学校教育和家庭教育的紧密结合，加强学校和家长，家长和学生之间的实时沟通，邮件成了最方便的信息化沟通工具，利用“某品牌的邮件群发平台”定期向学生及学生的家长发送newsletter，让遍布全球的学生家长都能及时地收到学校的newsletter，一方面提高了老师的工作效率，另一方面提高了学校在家长心中的声誉，更重要的是为学生的成长提供了沟通上的保障。高发送率的“某品牌的邮件群发平台”是现代教育中必不可少的电子邮件沟通平台。

二、任务描述

邮件群发是网站推广的一种重要手段，也是和企业客户保持联系的重要方式。如何利用自己的邮件进行群发，对于推广网站，销售产品，与企业客户保持联系都有重要意义。

【实训案例】 信息传发快速的功能——邮件群发

【任务背景】

小李前不久在某城市开了一家服装公司，该公司主要经营某品牌的女装及相关的饰品。由于此品牌在国内知名度不高，一方面要面对歌莉娅、千百惠、only 等知名品牌的竞争，另一方面小李还要面对淘宝网、凡客和麦考林网上商城的销售压力。对于这些情况，小李下定决心要把服装销售量做大，而如何开展营销成了小李第一个碰到的问题。

三、任务要求

根据上面的案例实训，请你帮助小李利用邮件群发来联系客户，保持与客户之间的关系，邮件群发应合理应用，不要让其成为一把“双刃剑”。

四、实践步骤

群发 E-mail 不是网上那种滥发垃圾信件的行为，它只是为了方便大家同时与多个好友联系的一种方法。

用 FoxMail（最好是 3.1 以上版本）实现 E-mail 群发，可以通过“抄送”和“暗送”功能实现，但在这里我们要教大家通过组的功能来实现，因为它更实用更方便。

（1）打开 FoxMail，点击工具栏中的“地址簿”图标（或在 FoxMail 主菜单的“工具”中选择“地址簿”）。

（2）当“地址簿”打开后，点击“创建组”图标（或在“文件”菜单中选择“创建组”）。

（3）在“组名”栏中填入你给这个组自定义的名字，然后点击“增加”按钮。

（4）在“选择地址”中，左边是地址簿里所有好友的列表，右边是新建这个组的成员。双击左边窗口的列表，把想加入组内的好友都添加到右边窗口，然后点击“确定”按钮。

（5）在这里我们不仅可以看到这个新建组的组名，还可以看到组内每个成员的名字。确认无误后点击“确定”按钮。

（6）这样在地址簿里我们就可以看到多出了刚才新建的那个组。组实际上就是把多个联系人的 E-mail“捆绑”在一起，当向这个组发出一封 E-mail 时，组内的每个成员都会同时收到这封信，省去了我们一封一封重复写信的辛劳。

（7）组创建完毕后，就该使用了。打开 FoxMail 的“地址簿”，双击这个组，然后开始写信的主题和正文。写完后点击“立即发送”图标，这封信立即就被分别发送到组内每个成员的信箱中去了（发信的速度很快，虽然它是发给多个人，但只占用发一封信的时间）。

五、理论知识点

1. 邮件群发定义

邮件群发是个人或者组织通过对邮件地址的收集，并且使用邮件群发器，大量发送邮件的过程。发送过程是取得了邮件接收者的许可，是合法的邮件营销。否则将被视为垃圾邮件。

2. 主要使用者

（1）电子账单的应用，网上营业厅的普及，金融、电信、运营商等所提供的增值服务，此类需求主要在于高频率、大批量、高精准，对邮件的时效性以及送达率要求极高。

（2）媒体、大型网站、沙龙式企业等以会员为链条进行主要业务，此类需求主要用于会员身份验证，企业信息发布，电子杂志的发送，针对性以及可订阅性强。

（3）咨询、管理、咨询类企事业应用的迅速崛起，展会的推广，课程的编排，此类需求主要在于不定期、大批量发送，邮件回执率成为一个重要因素。

（4）邮件营销是传统营销的延伸，是新世纪各个层次各类型企业网络推广的一个主要方法。

3. 编辑本段使用者的期望

用邮件群发此种推广方式去推广的公司或机构都抱着一种大海捞针的偶然性心态，他们乐观地想象只要 1 万封邮件当中有 1~2 封可以回复的话，那么 2 万，4 万，8 万……侥幸的心态导致越来越多的网民跟风，随着时间的推移，最终导致“垃圾邮件”现象的出现。

（1）编辑本段工具分类。

邮件群发一般使用工具完成，有 SMTP 型工具和 WEB 型工具，两类工具各有优缺点。SMTP 是 SIMPLE MAIL TRANSFER PROTOCOL 的缩写，是一般的发信软件；Web 服务器传送（serves）页面使浏览器可以浏览，然而应用程序服务器提供的是客户端应用程序可以调用（call）的方法（methods）。

（2）编辑本段功能特点。

①独有的伪原创文章自动生成系统，为发送成功率保驾护航，1 秒生成 100 篇；

②支持发送的邮箱多，可支持发送 QQ、163、126、gmail、雅虎、搜狐、新浪等主流邮箱；

③设置有黑白名单，不想发的客户可以轻易过滤掉；

④模拟人工的 web 方式邮件群发，99%不进垃圾邮件；

⑤实时提供发送结果展示，发了多少，自己都知道；

⑥支持多媒体邮件、邮件内容变量功能、IP 瞬时变换功能；

⑦在线升级全免费；

⑧系统自动调整发送速度，不像有些同类软件，要求用户设置复杂。

⑨原生编译代码，适用 win2000 以上的所有平台，包括 winXP，win2003，vista 等；

⑩多内核发送，发送时充分利用机器，不会带来任何拖沓和滞后。

六、实验报告

以实训案例为背景，按照实践步骤要求对小李所经营的服装及相关饰品的行业状况、竞争对手和消费者的特征等方面开展营销，并完成以下实验报告。

1. 实验报告书

实验项目名称	为某服装品牌公司开展邮件群发宣传	课程名称	网络营销	实验类型	课程实训
学生姓名		班级		学号	
团队成员姓名				指导老师	

续表

实验地点		实验日期		课时	
实验目的和原理	目的：熟练应用和掌握邮件群发的方法和作用 原理：邮件群发是网络营销活动中的重要环节，网络营销人员应通过对邮件群发的运用，及时调整本公司的营销宣传方式，为优先取得“商机”打下基础				
实验内容和要求	内容：邮件群发的运用 要求：通过邮件群发工具的运用及时收集主要竞争对手的产品及服务情况，本产品的宣传效果及认识情况				
实验软件或网站	IE 浏览器、Office 办公软件、Outlook Express5.0 以上				
实验操作方法与实验步骤					
实验数据记录和处理					
实验结果与分析					
实验讨论与心得					
实验指导老师评语					
成绩评定	成绩评定：＿＿＿＿＿＿＿＿　签名：＿＿＿＿＿＿				

七、小组讨论

1. 邮件群发对企业开展宣传活动有什么作用？
2. 请同学们分组模拟企业和顾客来完成邮件群发接收，并讨论邮件群发的利与弊。

八、拓展案例

北京某游戏开发运营公司的宣传

某游戏开发运营公司为了及时推广宣传其某一款游戏，公司营销部门经过筛选，选择了 QQ 邮件群发。因为这里的 15~50 岁之间的人群很喜欢他们的游戏。并且使用 QQ 邮件群发到达收件夹，群发出去后 QQ 用户一上线则立即有邮件提示，第一时间查看此邮件。然后通过邮件内容宣传很快转化成直接注册用户和以后的忠实玩家。

网络搜索和其他宣传所带来的顾客还不能很好地满足他们的销售目的，他们还选择了163邮件群发，也是因为163邮件使用者的群体都是25~50岁之间有购买能力和适用此产品的人群。

案例思考：

1. 邮件群发对企业新产品进入市场有什么作用？
2. 邮件群发的格式要求有哪些？

实训任务八　域名营销

子任务一　域名命名与注册

一、引例

蚂蚁博大象——域名之争

单说美国的“通用电气公司（GENERAL ELECTRIC COMPANY）”，或许很多人并不太熟悉，但如果说起其简称“GE”，就已被相当多的人知晓：从飞机发动机、发电设备、金融服务、医疗造影、电视节目到工业塑料等，其产品种类繁多，是世界上最大的多元化服务性公司，数年来销售收入一直位于世界第一，就连被国人所熟知的杰克·韦尔奇，就是GE公司在1981至2001年度的首席执行官。而成立于1999年的宁波市大港通用电器照明有限公司，是一家以经营照明产品为主的公司。2006年12月20日，该公司委托宁波市江东大港丰虎电子经营部（以下简称大港经营部），建立了一个域名为“gelighting. com. cn”的网站，以销售照明产品。显然，无论从目前的规模、实力、影响来说，这个电子经营部与GE公司都无法相提并论。2008年4月9日，中国国际经济贸易仲裁委员会域名争议解决中心（简称域名争议解决中心）收到GE公司提交的投诉书，请求裁决将“gelighting. com. cn”的域名转移给自己。于是，在此之前并无实质性交集的“蚂蚁”和“大象”，围绕着这个域名，开始了一场争夺战。判决结果：域名争议解决中心驳回GE公司要求将争议域名“gelighting. com. cn”转移给投诉人的投诉请求。至此，大港经营部总算成功地保住了“gelighting. com. cn”的域名。

资料来源：http：//net. chinabyte. com.

案例思考：

在这次的“蚂蚁博大象”域名之争中，“蚂蚁”最终战胜了“大象”，成功保住了“gelighting. com. cn”域名。

1. 你认为“蚂蚁”战胜“大象”的原因在哪里？
2. 为何“大象”会不惜高价想买回“gelighting. com. cn”的域名呢？
3. 这个域名对这个企业有怎样的影响？

二、任务描述

域名，对网站来说至关重要，它不仅是指引人们找到你网站的唯一地址，更是你在宣传推广网站。一般来说一个易记、逻辑性强，从字面意思上能够反映网站服务内容或宗旨的域名更能提升网站的形象，让人们记住这个网站，愿意向朋友介绍这个网站。因而域名设计对网站策划者来说是很重要的一项工作，是网站 CI 设计中的重要一步。域名的价值主要体现在其品牌价值上。好的域名在做品牌宣传时，将起到事半功倍的作用。好的域名可以让消费者难以忘怀，看到域名后能即刻联想到本公司，并能体会到公司早已树立的形象。域名集传统商业世界中的 6 大商业资源于一体，即公司法人、营业执照、注册商标、产品品牌、公司名称和销售地点等六项资源于一身，为客户提供了类似电话号码的索引功能，可使客户在检索中自动进入该公司网站，因而域名具有极高的营销价值。例如：当我们看到 www. taobao. com 时会自然想到这是淘宝的网站。而且对于一些不知道淘宝网站的人可能也会以 www. taobao. com 或 www. tbao. com 来试验这是否淘宝网站。

三、任务要求

运用域名的设计理念和方法，针对特定企事业单位的自身情况，为其设计较为合理、有效的域名。避免域名设计中的弯路和陷阱。深刻认识域名在企业营销策略中的作用，认清域名与 IP 地址、域名与商标之间的关系，理解域名是企业的营销资源，同时它也是一种有限的资源。

四、实践步骤

第 1 步：认知域名设计规则

（1）淘宝网网站的域名结构。

www（四级域名：主机名）. taobao（三级域名：网站名称）. com（二级域名：网站性质）（. cn 一级域名：如果存在国家或地区域名后缀的话）

（2）域名类型。

（3）域名命名规则。

由于互联网上的各级域名是分别由不同机构管理的，所以各个机构管理域名的方式和域名命名的规则也有所不同。但域名的命名也有一些通用的规则。

①域名中只能包含以下字符：“A，B，C，D…” 26 个英文字母、“0，1，2，3，4，5，6，7，8，9” 10 个数字、“-”（英文中的连词号）。

②域名中字符的组合规则：在域名中，不区分英文字母的大小写，对于一个域名的长度是有一定限制的，最长可达 67 个字符（包括后缀）。

③CN 下域名命名的规则。遵照域名命名的全部共同规则。只能注册三级域名，三级域名用字母（A~Z，a~z，大小写等价）、数字（0~9）和连接符（-）组成，各级域名之间用实点（.）连接，三级域名长度不得超过 20 个字符。不得使用或限制使用以下名称：

第一，注册含有“CHINA”、“CHINESE”、“CN”、“NATIONAL”等须经国家有关部门（指部级以上单位）批准。

第二，公众知晓的其他国家或者地区名称、外国域名、国际组织名称不得使用。

第三，县级以上（含县级）行政区划名称的全称或者缩写。

第四，行业名称或者商品的通用名称不得使用。

第五，他人已在中国注册过的企业名称或者商标名称不得使用。

第六，对国家、社会或者公共利益有损害的名称不得使用。

如果申请的域名已被别人注册，这时，就发生了域名注册冲突，解决冲突的办法是，换个名字，或是在申请的域名上加“-”或一些字母等，或是选择其他可用的域名。域名注册完成后，就可以使用自己的域名建立网上的宣传站点，但是，每年要为域名付年费。不同的域名、不同的机构收费不相同，付款方式与注册时的付款方式一致。另外，域名一经注册不能买卖。需要修改域名注册信息时（域名本身不得修改），要提交盖有单位公章的域名申请表给域名注册机构，域名登记申请表上要注明修改项。

第七，经国家有关部门（指部级以上单位）正式批准和相关县级以上（含县级）人民政府正式批准是指，相关机构要出具书面文件表示同意××××单位注册×××域名。如：要申请 beijing. com. cn 域名，则要提供北京市人民政府的批文。

（4）域名的管理机构。

在中国域名注册通常分为国内域名注册和国际域名注册。目前，国内域名注册统一由中国互联网络信息中心——CNNIC 进行管理，具体注册工作由通过 CNNIC 认证授权的各代理商执行。而国际域名注册现在是由一个来自多国私营部门人员组成的非盈利性民间机构——国际域名管理中心（Internet Corporation for Assigned Names and Numbers，简称 ICANN）统一管理，具体注册工作也是由通过 ICANN 授权认证的各代理商执行。

第 2 步：域名设计前需做的准备

无论是个人、公司，还是其他单位，若要进行域名申请，在申请前都要仔细考虑以下项目，为域名的申请和注册做好准备：

（1）域名注册的目的。

（2）域名涉及的业务范畴。

（3）企业的名称、性质、行业、商标、产品等方面的信息。

（4）建立网站的目标。

（5）中英文域名的选择。

（6）域名数量的确定。

第 3 步：域名设计技巧

（1）域名与企业名称或者商标相一致。

（2）尽量简短易记，以 4~8 个英文字符为宜。

（3）逻辑性字母组合便于记忆。

英文单词组合（如 gelighting. com. cn）、汉语拼音组合（如 taobao. com）和其他逻辑性字母组合三种。（如，纯数字组合 58. com，字母+数字组合 hao123. net，英文+拼音的组合 chinaren. com，逻辑意义组合 e-plastic. cn 等）

（4）字母+数字组合——区分域名的最佳方法。

（5）慎用“-”和“_”。

（6）谨慎选择域名后缀。

（7）另辟蹊径，重新命名，域名与企业毫不相干。

第 4 步：域名注册

域名注册是 Internet 中用于解决地址对应问题的一种方法。域名注册遵循先申请先注册的原则，管理机构对申请人提出的域名是否违反了第三方的权利不进行任何实质审查。每个域名都是独一无二、不可重复的。因此，在网络上，域名是一种相对有限的资源，它的价值将随着注册企业的增多而逐步为人们所重视。

五、理论知识点

（一）域名概述

域名（domain name），是由一串用点分隔的名字组成的 Internet 上某一台计算机或计算机组的名称，用于在数据传输时标示计算机的电子方位（有时也指地理位置），一个域名，它定义的是行政自主权，以便控制互联网的境界。

域名的注册遵循先申请先注册的原则，管理机构对申请人提出的域名是否违反了第三方的权利不进行任何实质审查。在中华网库，每一个域名的注册都是独一无二、不可重复的。因此在网络上域名是一种相对有限的资源，它的价值将随着注册企业的增多而逐步为人们所重视。

在新的经济环境下，域名所具有的商业意义已远远大于其技术意义，而成为企业在新的科学技术条件下参与国际市场竞争的重要手段，它不仅代表了企业在网络上的独有的位置，也是企业的产品、服务范围、形象、商誉等的综合体现，是企业无形资产的一部分。同时，域名也是一种智力成果，它是有文字含义的商业性标记，与商标、商号类似，体现了相当的创造性。在域名的构思选择过程中，需要一定的创造性劳动，使得代表自己公司的域名简洁并具有吸引力，以便使公众熟知并对其进行访问，从而达到扩大企业知名度、促进经营发展的目的。可以说，域名不是简单的标志性符号，而是企业商誉的凝结和知名度的表彰，域名的使用对企业来说具有丰富的内涵，远非简单的“标志”二字可以穷尽。因此，不论学术界还是实际部门，大都倾向于将域名视为企业知识产权客体的一种。而且，从世界范围来看，尽管各国立法尚未把域名作为专有权加以保护，但国际域名协调制度是通过世界知识产权组织来制定，这足以说明人们已经把域名看做知识产权的一部分。

域名注册早期很多都不是实时注册的，现在直接提交域名注册查询都是实时结算、实时注册成功。这种实时性主要是应对现在越来越严重的域名抢注现象。域名注册的所有者都是以域名注册提交人填写域名订单的信息为准的，成功 24 小时后，即可在国际（ICANN）、国内（CNNIC）管理机构查询 whois 信息（whois 信息就是域名所有者等信息）。

（二）域名历史

在早期的网络中，每台计算机在网络上检索的主机的文件（host. txt）从一台计算机在社会责任投资（SRI 国际）。它映射的计算机的主机名以数字为地址。快速增长的网络，它不可能维持一个中央组织的主机名的注册表，在 1983 年出现了域名系统的 ARPANET，由互联网工程任务组发布的 RFC 882 和 RFC 883。

- com- 供商业机构使用，但无限制最常用，被大部分人熟悉和使用
- net- 1985 年 1 月，原供网络服务供应商使用，现无限制
- org- 1985 年 1 月，原供不属于其他通用顶级域类型的组织使用，现无限制
- edu/. gov/. mil- 1985 年 1 月，供美国教育机构/美国政府机关/美国军事机构使用。

（三）管理机构

1. 国际域名

最为通用的域名 . com/. net 的管理机构是 ICANN，ICANN（The Internet Corporation for Assigned Names and Numbers）互联网名称与数字地址分配机构是一个非营利性的国际组织，成立于 1998 年 10 月，是一个集合了全球网络界商业、技术及学术各领域专家的非营利性国际组织，负责互联网协议（IP）地址的空间分配、协议标识符的指派、通用顶级域名（gTLD）、国家和地区顶级域名（ccTLD）系统的管理以及根服务器系统的管理。这些服务最初是在美国政府合同下由互联网号码分配当局（Internet Assigned Numbers Authority，IANA）以及其他一些组织提供。现在，ICANN 行使 IANA 的职能。但 ICANN 并不负责域名注册，ICANN 只是管理其授权的域名注册查询商，在 ICANN 和注册商之间还有一个 Verisign 公司，注册商相当于从 Verisign 公司批发域名，但管理注册商的机构是 ICANN。

特点：包括相应的标准 ISO 3166-1 国家代码的国家信访局。他们是唯一的顶级域名，包括两个字母。创建和管理国家域名代表团的互联网编号分配机构（IANA）的责任。IANA 的互联网名称与数字地址分配机构（ICANN），是规范互联网的最高权力机构的一个组成部分。

2. 中国域名

CN 域名的管理机构是 CNNIC，CNNIC 授权注册商，在 CNNIC 和注册商之间就没有类似 Verisign 这样的公司，注册商直接从 CNNIC 批发域名。

3. 通用顶级

通用顶级域名，共有 7 个，也就是现在通常说的国际域名。由于 Internet 最初是在美国发源的，因此最早的域名并无国家标识，人们按用途把它们分为几个大类，它们分别以不同的后缀结尾：. com（用于商业公司）；. net（用于网络服务）；. org（用于组织协会等）；. gov（用于政府部门）；. edu（用于教育机构）；. mil（用于军事领域）；. int（用于国际组织）。最初的域名体系也主要供美国使用，因此美国的企业、机构、政府部门等所用的都是“国际域名”，随着 Internet 向全世界的发展，. edu、. gov、. mil 一般只被美国专

用外，另外三类常用的域名 . com、. org、. net 则成为全世界通用，因此这类域名通常称为“国际域名”，直到现在仍然为世界各国所应用。

4. 地理顶级

地理顶级域名，共有 243 个国家和地区的代码，例如 . cn 代表中国，. uk 代表英国。这样以 . cn 为后缀的域名就相应地叫做“国内域名”。与国际域名的后缀命名类似，在 . cn 顶级域名下也分设了不同意义的二级域名，主要包括类别域名和行政区域，这样就是通常说的二级域名：可以在 . com，cn 或 . net，cn 等二级域下进行三级注册域名，三级域名可分为两类：类别域名和行政区划域名。类别域名是依照申请机构的性质划分出来的域名，具体包括：AC 科研机构、COM 工、商、金融等企业、EDU 教育机构、GOV 政府部门、NET 互联网络、接入网络的信息中心（NIC）和运行中心（NOC）、ORG 各种非营利性的组织。

（四）域名级别

域名可分为不同级别，包括顶级域名、二级域名、三级域名、国家代码域名等。

1. 顶级域名

顶级域名又分为两类：

一是国家顶级域名（national top-level domain names，简称 nTLDs），目前 200 多个国家都按照 ISO 3166 国家代码分配了顶级域名，例如中国是 cn，美国是 us，日本是 jp 等；

二是国际顶级域名（international top-level domain names，简称 iTDs），例如表示工商企业的 . com，表示网络提供商的 . net，表示非营利组织的 . org 等。目前大多数域名争议都发生在 com 的顶级域名下，因为多数公司上网的目的都是赢利。为加强域名管理，解决域名资源的紧张，Internet 协会、Internet 分址机构及世界知识产权组织（WIPO）等国际组织经过广泛协商，在原来三个国际通用顶级域名的基础上，新增加了 7 个国际通用顶级域名：firm（公司企业）、store（销售公司或企业）、Web（突出 www 活动的单位）、arts（突出文化、娱乐活动的单位）、rec（突出消遣、娱乐活动的单位）、info（提供信息服务的单位）、nom（个人），并在世界范围内选择新的注册机构来受理域名注册申请。

2. 二级域名

二级域名是指顶级域名之下的域名，在国际顶级域名下，它是指域名注册人的网上名称，例如 ibm，yahoo，microsoft 等；在国家顶级域名下，它是表示注册企业类别的符号，例如 com，edu，gov，net 等。

我国在国际互联网络信息中心（Inter NIC）正式注册并运行的顶级域名是 CN，这也是我国的一级域名。在顶级域名之下，我国的二级域名又分为类别域名和行政区域名两类。类别域名共 6 个，包括用于科研机构的 ac；用于工商金融企业的 com；用于教育机构的 edu；用于政府部门的 gov；用于互联网络信息中心和运行中心的 net；用于非营利组织的 org。而行政区域名有 34 个，分别对应于我国各省、自治区和直辖市。

3. 三级域名

三级域名用字母（A~Z，a~z，大小写等）、数字（0~9）和连接符（-）组成，各级域名之间用实点（.）连接，三级域名的长度不能超过20个字符。如无特殊原因，建议采用申请人的英文名（或者缩写）或者汉语拼音名（或者缩写）作为三级域名，以保持域名的清晰性和简洁性。

4. 国家代码

国家代码由两个字母组成的顶级域名，如.cn、.uk、.de和.jp称为国家代码顶级域名（ccTLDs），其中.cn是中国专用的顶级域名，其注册归CNNIC管理，以.cn结尾的二级域名我们简称为国内域名。注册国家代码顶级域名下的二级域名的规则和政策与不同的国家的政策有关。注册时应咨询域名注册机构，问清相关的注册条件及与注册相关的条款。某些域名注册商除了提供以.com、.net和.org结尾的域名的注册服务之外，还提供国家代码顶级域名的注册。ICANN并没有特别授权注册商提供国家代码顶级域名的注册服务。

（五）国内常见域名注册商

1. 老牌域名、虚机服务商：中国万网

官方网站：http：//wanwang. aliyun. com

2. 金牌域名、邮箱服务商：新网

官方网站：http：//www. xinnet. com

3. 著名互联网服务商：新网互联

官方网站：http：//www. dns. com. cn

4. 著名域名、虚机服务商：中国易名

官方网站：http：//www. ename. cn/

5. 老牌动态域名服务商：网域—花生壳

官方网站：http：//www. oray. net

6. 老牌域名、虚机服务商：35互联—中国频道

官方网站：http：//www. 35. com

六、拓展案例

假设你是某公司的网络营销经理，请为该公司设计一款合适的域名，并说明设计的理念和思路。设计完成后，可以到中国万网等网站进行域名的注册练习。

子任务二　域名保护

一、引例

百度BaiDu. COM作为全球知名的搜索引擎公司，已经在纳斯达克成功上市，市值已经高达几百亿。在百度创立之初，却没有回购BaiDu. NET域名，导致BaiDu. NET不归百度公司所有。BaiDu. NET持有人在百度成功上市后，开价数百万

要求 BaiDu. COM 回购该域名。而 BaiDu. NET 也是一家公司的网站，仅仅因为域名的前缀相同，所以该网站流量巨大。而且让很多网民都以为该公司的业务即为 BaiDu. COM 百度公司所有，这让百度损失很大的流量和声誉。

如果 BaiDu. NET 也成立和 BaiDu. COM 相同的业务，那么不需要推广，BaiDu. NET 就会直接收到网民因为输入 BaiDu 而分流的巨大流量，会造成 BaiDu. COM 的业务被 BaiDu. NET 所分流。对 BaiDu. com 的业务、网站流量、品牌、信用都是巨大的考验。

案例思考：

如果百度在成立之初，就注重域名保护意识，回购 BaiDu. NET 域名，那么可能仅仅只需几千元就能购买到，而不需现在的几百万。短短几年间，BaiDu. NET 价格已经翻过多少番？

二、任务描述

一个好的域名不仅能为商家省去很多广告费，而且还具有广泛的传播效果，给企业带来持续的商业价值。但是如果产生域名纠纷则会使企业受到很大的经济损失，同时域名抢注对知名或驰名商标造成的商标淡化问题，对于商标权人的品牌策略来说，也是一种无法估量的损失。所以域名的保护工作也是企业建设的一项重要的任务。

三、任务要求

1. 了解企业为何要进行域名的保护。
2. 掌握企业如何进行域名保护。

四、实践步骤

1. 为避免域名被抢注，域名注册应及时。
2. 域名设计中，要将相似域名一并注册。
3. 域名申请成功后，要及时续费保护。

五、理论知识点

企业的域名同企业品牌一样代表了企业的形象。域名的知名度和访问率就是公司形象在 Internet 商业环境中的具体表现，公司域名知名度和商标知名度一样具有重要的商业价值，与商标一样具有“域名效应”。随着网络空前的开放性和自由性，域名作为品牌的价值实际上已经远远超过了真实市场。

域名一旦遭到抢注，追回的难度非常大，如果是驰名企业的域名被抢注，则可以通过诉讼的途径追回，但不能对抗合法并善意取得的域名持有人。域名遭到抢注后，被抢注者会面临三种选择：花巨资买回域名；放弃该域名重新使用新的域名；通过域名争议解决机构、仲裁、诉讼追回域名。无论是哪种方式，最终损失的还是企业的经济效益。

（一）域名保护策略

1. 域名要及时注册

根据《中国互联网络域名注册暂行管理办法》第十六条的规定，域名注册服务遵循“先申请先注册”原则。企业只有尽早地注册域名才能防范抢注者抢注与自己企业相关的域名，可以说域名是企业的无形资产。域名与企业名称、产品名称及商标名称并不一定必须一致。一个域名只能由一家企业注册，该企业也并不一定要拥有与该域名相同或相似的企业、商标或产品名称。但是，不知情的顾客常常根据自己知晓的企业及其产品或商标名称搜索其网站，如果企业及其产品或商标的名称已经被他人抢先注册，企业的合法权益则可能受到侵犯，自己积累的无形资产可能因此而流失，这就要求富有战略眼光的企业应该把自己企业及其产品与品牌的中英文名称及时注册成域名，以防止被别人抢注的风险发生，以保护自己的未来收益。

2. 设计申请相似域名

域名命名的限制和申请者的广泛，极易出现类似的域名，从而导致用户的错误识别，影响企业的整体形象。例如，经常有人将 www. whitehouse. com 错误地当做白宫的网站 www. whitehouse. gov。因此，企业最好同时申请多个相近似的域名，以避免自己形象受损的可能。另外，为便于顾客识别同一企业不同类型的服务，企业也可以申请类似的但又有所区别的系列域名，如微软公司的 www. microsoft. com 和 home. microsoft. com 提供不同内容的服务。例如，王峻涛只注册了 8848. net 和 my8848. net 等域名，而国际域名 8848. com 则属瑞典一家公司，国内域名 8848. com. cn 在 1998 年 6 月被云南一家企业注册，8848. net. cn 则被山东一家企业注册。美国通用汽车公司中国网站域名为 www. gm. com. cn，但域名 www. gm. net. cn 却是中国金药网域名。搜狗搜索引擎网站（www. sogou. com）和搜狗网（www. sougou. com）域名就容易混淆。85818 是网上购物中心（www. 85818. com. cn）的域名，而域名 www. 85818. com 却是另外一家网站的域名。

3. 按照国际标准选择顶级域名

一般来讲，将域名最后有类似“cn”、“jp”、“hk”等地区性标志的域名称地区域名。与此相对应，如果域名不是以地区标志结尾的，一般都称为“国际域名”。

4. 申请注册网站名称

网站名称，就是企业为自己网站所起的名字，如搜狐、网易、一搜等，网站名称一般作为网站徽标的一部分，放置在网页最显著的位置。网站名称不同于中文域名，网站名称是人们对网站的称谓，而中文域名是网站在因特网上的地址，其区别如同人的姓名与身份证号码一样。网站名称一般到当地工商管理部门注册登记，以免自己的合法权益受到侵害。例如，网站名称都为“中国商品网”的网站却是域名为 www. cscst. com 和 www. goods-china. com 的两个不同的网站。

5. 及时续费保护

域名注册实行年费制，即每年要向域名注册机构缴纳一定数额的管理费。在实际注册中，根据年限长短、申请的域名数量多少还可给予一定程度的优惠。对于续费截止日未完成续费的域名，将暂停服务，注册服务机构届时提醒企业，暂停服务 15 日仍未完成续费的域名，将予以删除，重新开放给公众注册。

（二）域名抢注

1. 域名遭抢注的原因

（1）企业忽略了域名的保护。

企业域名屡遭抢注，主要在于企业的域名保护意识薄弱。很多企业重视耗资打造自身的经济，却忽视了企业在网络上的宣传。当企业的影响力不断扩大的时候，部分企业看到其品牌后蕴藏的巨大商机，遂在其域名上申请注册不同级别的域名，较好地防护了自身品牌的域名。然而过去很长一段时间，企业即使知道自己的域名被抢注，却不采取积极应对措施，听之任之，也在一定程度上助长了抢注者的气焰。有的企业甚至认为域名对其发展的作用微不足道，也助长了抢注风。

（2）抢注者的操作。

企业域名背后往往蕴藏着巨大的商业价值，抢注者注册某企业域名后，可通过高价转让给该企业，赚取差价。使得抢注风越刮越大，整个行业陷入域名危机。

（3）法律方面的问题。

2009 年 12 月 14 日之前，我国对各种域名的申请人无任何限制，自然人、企业法人等均可申请注册域名，使得我国域名抢注处在难堪的境地。

2009 年 12 月 14 日之后，中国互联网络信息中心（CNNIC）对国内域名注册申请人资格的审查有了严格限制，即个人不能申请注册国内域名。这在一定程度上减少了域名抢注的发生，但会导致个人用户选择到国外注册，或者被迫冒用公司名义填写虚假信息。这种治标不治本的行为很难得到根治。

2. 保护措施

域名抢注现象目前已成为普遍存在的问题，那么作为企业应如何应对域名抢注问题？

（1）提交 UDRP 非诉讼解决

解决机构有：

①亚洲域名争议解决中心

②公共资源中心纠纷解决事务所

③国家仲裁事务所

④世界知识产权组织

UDRP 是负责管理国际域名系统 ICANN 公布实施的，对国际顶级域名如“.com”“.net”“.org”争议纠纷的解决机构。

对于同时符合以下三个条件的均可向该机构提出裁决申请：

①注册域名与投诉人享有权利的商标相同或令人混淆的近似；

②域名注册人就其域名不享有权利或合法利益；

③域名被恶意注册和使用。

对于上述第三点“恶意”的理解有四种情形：

①被投诉人注册或获得域名的主要目的在于，向作为商标权人的投诉人或者投诉人的竞争对手，以高于域名注册的直接花费的昂贵价格，出售、出租或者以其他方式转让域名注册；

②被投诉人注册域名是为了阻止商标权人将商标注册为对应的域名，并且被投诉人已经实施了这种类型的行为；

③被投诉人注册域名的主要目的在于扰乱其竞争对手的经营活动；

④被投诉人通过使用域名，可能使网络用户误以为投诉人的商标与被投诉人使用域名的网站或其他在线站点及其提供的产品或服务有同一来源或有其他联系，从而出于商业目的，故意试图将网络用户吸引到自己的网站或者其他在线站点。

然而 UDRP 裁决的救济仅限于要求域名注册组织取消被投诉人的域名注册或者将有争议的域名转移给投诉人。至于投诉人因被投诉人恶意行为而造成的其他损失，则不属于 UDRP 的处理范围。

（2）中国域名争议非诉讼解决。

解决机构有：

①中国国际经济贸易仲裁委员会域名争议解决中心

②亚洲域名争议解决中心

③香港国际仲裁中心

争议域名应当限于由中国互联网络信息中心负责管理的 CN 域名和中文域名。但是，所争议域名注册期限满两年的，域名争议解决机构不予受理。

（3）人民法院。

我国法院在处理域名纠纷领域颇有成效，可以说走在世界前列。最高人民法院于 2001 年实施了《关于审理涉及计算机网络域名民事纠纷案件适用法律若干问题的解释》，可以通过民事诉讼程序，使用民法，知识产权法，反不正当竞争法，相关国际法以及国际公约来解决。

司法解决是较传统的途径，但也是最具法律效力的途径。因此，司法途径是当前解决域名争议最普遍的途径。

由于域名权是一个尚未被各国现行法普遍肯定的新型知识产权，但法律上未能将其明确作为一种民事权利进行规定，这已经成为其发展中的一个隐患。这意味着该权利的内容、保护方法、侵权后的责任都还处于混沌状态。在此情况下，企业不得不花更大的代价去保护该权利。目前国际立法上往往援引侵犯商标权来加强有法可依的域名保护，许多明显有违常理的域名抢注据此得以有效遏制。但是归根到底，只有在有效立法确立之后，与域名相关的利益才有可供保护的法律依据。

（三）域名的法律特征

域名的法律特征主要体现在以下三个方面：

1. 标志性

域名的设计与使用初衷是为了用识别性标记来区分网络上的计算机，以方便网络寻址和信息传输，故标志性应为其基本特征之一。与商标标志性的显著性要求不同，域名的标志性是计算机识别，只需存在细微差别即可，有较强的技术性特征。

2. 唯一性

域名的唯一性是绝对的、全球性的，这是由网络覆盖的全球性和网络 IP 地址分配的技术性特征所决定的。商标、商号等传统标志可因行业、商品等的不同而存在不同主体拥有相同标志的情形，域名的唯一性则不因行业、商品等的不同而有任何不同。

3. 排他性

域名的排他性是其唯一性的延伸与保证。在任一个注册机构注册的域名均具有全球的通用效力，同时，“先申请先注册”的域名注册原则保证了一个域名只能被成功注册一次，这些使得域名必然产生全球范围内的排他性。

六、拓展案例

腾讯 QQ，名列亚洲即时通信软件首位，世界即时通信软件第三位。2000 年 3 月，腾讯 OICQ 遭 ICQ 所属方“美国在线”指控，痛失 OICQ. COM 域名，为避免再遭知识产权大棒，腾讯断然放弃 OICQ 品牌；2003 年 1 月，腾讯在 QQ. COM. CN 域名的争夺战中落败；事隔不到两月，中国顶级域名 QQ. CN 再次与腾讯“擦肩而过”，被个人用户抢先升级注册；2003 年 4 月 8 日，据有关人士透露，一直奋战在即时通信领域的腾讯，不惜花血本 1000 万收购海外的 QQ. COM 全球顶级域名。

案例思考：

腾讯 QQ 先后痛失“ICQ. COM 域名”、“QQ. CN”域名之后又不惜血本购买了“QQ. COM 全球顶级域名”，请结合你所学知识，分析其原因，并做一份报告。

子任务三　域名交易

一、引例

“出售船只”词组域名 boatsforsale. com 高价出售

易名中国（eName. cn）6 月 1 日讯，据海外消息，域名 boatsforsale. com 于近日完成交易，卖家为域名投资人士 Frank Schilling，域名交易价格在（150000—250000 美元）之间。

Whois 查询显示，域名 boatsforsale. com 早在 1999 年 9 月就已注册，至今已有超 13 年的历史，具有一定的时间价值，在 5 月 30 日域名信息又发生变更，目前续费至 2017 年 9 月。而 boatsforsale. net/. cn 等主流后缀域名均被注册一空。

资料来源：http：//news. ename. cn/yumingjiaoyi. html.

二、任务描述

域名不仅是企业的一项营销方面的战略资源，对企业的营销发挥重要作用，同时域名还可以像普通商品一样被用来买卖和转让，而且有些域名的转让价格高到了惊人的程度。2013 年 6 月，中国易名网上的信息：58 同城 CEO 姚劲波以近 160 万元的高价，成功卖出了极品 3 数字域名 518. com。

三、任务要求

熟悉域名交易的流程，知晓域名交易的相关网站，能够对相关域名的交易活动进行管理。

四、实践步骤

域名交易的流程：根据互联网络域名自身的性质及相关技术要求，域名交易流程划分为以下几个步骤：

1. 交易准备

（1）交易服务机构提供交易平台以及其他相关交易准备等。

（2）交易服务机构对买方会员进行身份认证。

（3）交易请求。

① 卖方提出域名交易申请前，同意接受交易服务机构制订的相关交易条款；

② 卖方向交易服务机构提出交易申请，并将该域名状态由“不可交易”状态置为“正常”状态；

③交易服务机构接受申请后，该域名状态由“正常”置为“交易等待验证”状态，在此状态下，域名注册者的信息可以更改，但其他交易服务机构不能再对该域名提交交易申请。

（4）验证请求。

① 交易服务机构对卖方身份、交易域名的有效性及交易时间的有效性进行验证；有效交易的时间范围为域名注册后的 15 日后到域名到期前 15 日前，即用户激活域名交易开始时间必须在域名注册后的 15 日以后，域名交易结束时间必须在域名到期日前 15 日；

②卖方进行 E-mail 和域名密码验证，验证通过后，域名状态由“交易等待验证”置为“交易进行中”；

③验证未通过的，交易服务机构通知卖方重新开始交易流程，同时域名状态置为“正常”。

（5）锁定域名。

域名状态置为“交易进行中”时待交易域名被锁定，在此期间该交易域名的任何信息均不能被修改；

(6) 进行交易。

① 买卖双方按照交易服务机构制定的交易流程进行议价；

② 议价在有效时间范围内完成。

③ 议价失败的，域名状态由“交易进行中”置为“正常”。本次交易终止，卖方可重新开始交易流程。

(7) 交易确认。

① 交易时间结束，买方、卖方及交易服务机构三方签署交易协议。

② 交易服务机构确认交易完成，域名状态由“交易进行中”置为“交易确认中”。

(8) 交易码域名交易管理机构收到域名交易服务机构提交的交易完成确认信息后，通过中心数据库向其传送交易码。

(9) 域名过户。

①交易服务机构按照域名注册服务机构的要求提交用以确认卖方变更注册者信息的必要审核材料及交易码，经注册服务机构验证成功后（15 日内完成验证），注册服务机构更改域名密码，并修改相关注册者信息。

②交易服务机构将域名密码发放给买方。

五、理论知识点

(一) 域名交易概念

域名交易是指个人或商业团体，将自己所注册的尚未到期且属于自己的互联网域名通过有偿方式授权，给中介网站和域名平台网站转让等方式进行所属权变更的行为。域名交易需要熟悉交易规则、域名规则，各个注册商的规则有时候是不同的，有的注册商转移 id 号是不过户的（就是管理权变更，但域名所有权没有变更的），有的注册商转移 id 号同时域名就过户了（就是管理权和域名所有权同时变更），但这种变更也有风险，如果该域名是被别人盗用的交易，那该域名还是有可能被原所有人索回的。

(二) 域名交易方式

1. 域名经纪服务

域名经纪服务（domain name brokerage）是指企业或个人委托为其用户全权委托交易流程提供评估、分析、谈判、收购域名的全过程服务。域名经纪的优势在于提供专业的一对一、评估域名、多轮谈判等一条龙服务，保证域名交易便捷，最大限度节省买卖双方的时间和资金，是买卖双方委托进行较大额度交易的域名交易方式。

2. 域名中介服务

域名中介服务是指企业或个人将域名和资金委托第三方机构，为其保障交易双方的资金和域名安全，保证将域名和金额过户至交易双方的一个第三方服务。域名中介优势在于安全有保障、技术过硬、信誉高以及较严格的流程，是全面保障买卖双方安全交易的有力选择之一。

3. 淘域名自助交易

淘域名自助交易是指企业或个人，通过自助交易系统进行域名买卖的一种域名交易方式。自助交易提供了“拍卖竞价”、“易拍易卖”、“一口价”与“用户询价”等多重模式，用户自主操作，域名及金额自动过户，优势在于操作安全、简便、快捷，是投资者进行域名转让、收购和发布在售信息最方便的操作方式。

（三）域名价值的评估

一个好的域名可能蕴含着巨大的商业价值。选择恰当的域名，使域名与企业的名称、商标整合在一起，构成一个完美的 CI 标志。最好将域名注册得简短、形象、易于记忆使用。

1. 后缀

在美国，“. com”的域名被认为是最好的，而相同的“. net”域名的价值只有“. com”域名价值的 20%~25%，“. org”则只有 10%。目前“. cn”也是 10%左右。

2. 域名长度

一般地讲，越短的域名越有价值。超过 15 个字符的域名不太可取。

连字符（-）会削弱域名的易输入性，降低域名的价值。

3. 影响力

（1）容易被理解的域名，其价值就高。

（2）和业务的关联性。一眼就能看出提供哪种产品或服务的域名，其价值就高。

（3）发音清晰。域名发音不易被混淆、从读音就能正确拼写的域名价值就高。

（4）单词的语调也能影响域名的价值。

（5）给人印象和容易记忆。域名的印象是指一个域名给人留下的第一印象，当人们看了第一眼后能够记住的程度。给人留下深刻而良好的印象的域名价值就高。

（四）域名交易的合法性

2005 年 2 月 4 日，我国域名注册管理机构中国互联网络信息中心（CNNIC）正式发布实施《域名交易服务规则》。该规则的发布，将规范国内发展迅速的域名交易行为，为促进域名资源的优化配置提供有力保障。

（五）域名交易平台

1. http：// www. ename. com 中国易名网

2. http：//www. haovip. com HAOVIP 域名交易网

3. http：//www. eachnic. com 易域网所属中国万网也是大型域名交易网

4. http：//www. domaindeal. cn 域名交易

5. http：//www. tubage. net 兔巴哥域名交易网

6. http：//www. namedealing. com 佳域网

7. http：//www. dnn. cn 中国互联网域名联盟交易中心

8. http：//www. cckey. cn 中国通用网址大全国内唯一一个专门通用网址交易网

9. http：//www. 97. com. cn 中国域名交易网

10. http：//boaisex. zhaohua. com/namecn. htm 域易网

11. http：//www. ccnic. cn 中国易通域名交易网

12. http：//www. each8. com 易米网

六、拓展案例

登录中国通用网址（www. cckey. cn）、易名中国（www. ename. cn）、中国易通域名交易网（www. ccnic. cn）等域名交易网站了解域名交易知识，如有条件可实践有关项目。

实训任务九　博客营销

子任务一　博客开设与推广

一、引例

博客发展简史　未来仍有发展创新空间

1. 博客早期

Links. net 通常被认为是第一个博客，由当时还是斯沃斯莫尔学院的学生 Justin Hall 于 1994 年创建。当然，那时还不叫博客，Justin Hall 把它叫做自己的个人主页。

“网志”这个概念直到 1997 年才被创造出来。“网志”概念由 Jorn Barger 在早期影响力较大的博客 Robot Wisdom 中提出，用以描述“记录网络日志”这个过程。

1998 年，Jonathan Dube 为 The Charlotte Observer 撰写关于 Bonnie 飓风的博客，这是传统新闻网站上的第一个博客。

1999 年，Peter Merholz 将“weblog（网志）”缩写为“blog”，音译过来就是我们现在所说的“博客”。五年后，Merriam-Webster 把 blog 作为他们的年度代表词。

最初的博客是手动更新的，它们通常与某个主页或存档相链接。这种方式效率较低，但除非用户本身是可以定制博客平台的程序人员，否则只能接受这种方式。

在博客出现后的几年里，一些与当时不同的“博客”平台开始出现。LiveJournal 可以说是早期站点里辨识度最高的。

1999 年，Evan Williams 与 Meg Hourihan 在 Pyra 实验室创办了之后被称为 Blogger 的平台。后来博客得以成为主流，很大程度上要归功于 Blogger。

2. 发展阶段

2000 年后的几年，是博客的发展阶段。根据 Jesse James Garrett 编写的一份名单，1999 年互联网上共有 23 个博客。到了 2006 年年中，博客总数达到 5000 万（数据来源于 Technorati 的博客圈状态报告）。用“呈指数状态增长”来形容当时的博客发展并不为过。

政治类博客是早期最常见的博客类型之一。这时，一些政治候选人开始利用博客进行宣传，这其中包括 Howard Dean 和 Wesley Clark。

与此同时深度话题类博客也开始崭露头角。这类博客对时事新闻和娱乐文化进行的分析讨论远深于主流媒体，并且对传统媒体报道的内容进行直接评论。

到2001年，人们对写博客的兴趣日益浓厚，于是介绍博客技巧的文章数量开始增长。到如今，最受欢迎最成功的博客中有很大比例是“meta blogs”（专门介绍博客相关内容的博客）。

一些现在很受欢迎的博客也在新世纪初期开始冒泡。由Calacanis创办于2003年的Weblogs，Inc.随后被出售给AOL，售价高达2500万美元。正是这笔交易巩固了博客的长期地位，而不是像某个风潮一般转瞬即逝。

3. 博客成为主流

2000年到2010年中期，博客成为主流。2005年1月，有报告指出3200万美国人阅读博客。同年，Garrett M. Graff被白宫授予出版信任状，成为首个获此殊荣的博客作者。

主流媒体网站也开通了相关博客或扩大原有博客的覆盖度。

同时主流媒体开始与博客、博客作者进行合作。

这一时间段内的博客数量增长更为可观，2010年末，全球有超过1.52亿博客。事实上，几乎所有主流新闻站点都配有至少一个博客，很多企业与个人也是如此。

微博用户可以发表140个字符以内的微型文章，也可以转载或收藏其他用户发表的内容。用户之间还可以相互关注。

4. 博客的未来

八到十年前，博客是人们在网络上的主要交流途径。但在过去五年里，随着社交媒体和社交网络的发展，博客的作用开始减退，成为个人网络名片的一部分。

很多博客开始采用多媒体内容。视频博客和播客在博客圈的地位有所提升。

在可预见的未来里，博客似乎不会有质的飞跃。但从内容的寻找、传播以及获取方式来看，还有很大的发展创新空间。

资料来源：http：//www.admin5.com.

二、任务描述

2002年，博客的概念被引入中国并得到快速发展；2005年，博客得到规模性增长；据CNNIC统计，截至2008年6月底，我国拥有个人博客/个人空间的网民比例达到4203%，用户规模已经突破1亿人关口，达到1.07亿人。伴随着注册数量的增多，博客以极快的速度融入到社会生活中，逐步大众化，成为基于互联网的基础服务。并随之带来一系列新的应用，诸如博客广告、博客搜索、企业博客、移动博客、博客出版、独立域名博客等创新企业模式，日益形成以博客为核心的价值链条。博客网站提供平台，博客作者撰写博客，并通过持续不断的更新获得与公众之间的交互沟通，积累“人气”，提高知名度。“粉丝”们关注博客，并通过不断增长的点击率为博客平台带来持续高涨的注意力。巨大的点击率又能吸引广告商，形成良性循环。

【**实训案例**】建立一个博客并进行推广

【**参考网页**】http：//blog. sina. com. cn

图 9-1　新浪博客排行第一徐小明的博客

新浪著名股票博客——徐小明的博客（见图 9-1）。其博客内容全部是股市操盘信息，吸引了大批网民点击。主要吸引股民的地方就在于他提供的盘中同步分析精辟、准确。而截至 2010 年 10 月，徐小明的博客点击量高达 14 亿次以上，目前在新浪博客中高居第一，远远超过韩寒和徐静蕾的博客。徐小明曾荣获中金在线举办的“2009 年度最受欢迎财经博客评选”财经博客百强。他在博客中记录的盘中同步分析提示以及每天的操作策略，对热衷于股票的趋势炒作的股民有借鉴意义；尤其是大盘见顶暴跌后的反弹，徐小明对反弹阻力位的预测和反弹见顶出逃时机的把握有着独到的见解。

三、任务要求

你对博客、博客营销了解吗？目前你是否在想：创建博客，让自己在网络上也拥有个人的一片天空？若你在为企业做事，你是否在想：博客如何为企业所用开展营销活动呢？了解博客，体验博客给企业带来的价值，让博客为企业的营销活动服务，让你的企业通过博客动起来！为了让你的想法得以实现，请继续依次完成各项任务。

根据新浪的博客页面及其他博客网页，我们要达到如下几个目标：

1. 全面了解博客的概念、特点。
2. 做博客的推广工作。

四、实践步骤

1. 博客的创建

每个人都可以拥有个人博客，并且是免费的，创建起来也非常容易，通过以下步骤即可完成。

（1）选择一个提供博客服务的网站。

能够提供博客服务的网站很多，如专门提供博客服务的博客公社（http：//blog. blogchina. com，见图 9-2）；或是综合性的服务平台，如新浪博客等。

图 9-2　博客公社

（2）注册。

打开所选择的网站，找到用户注册按钮，填入相关资料，即可完成注册（见图 9-3）。

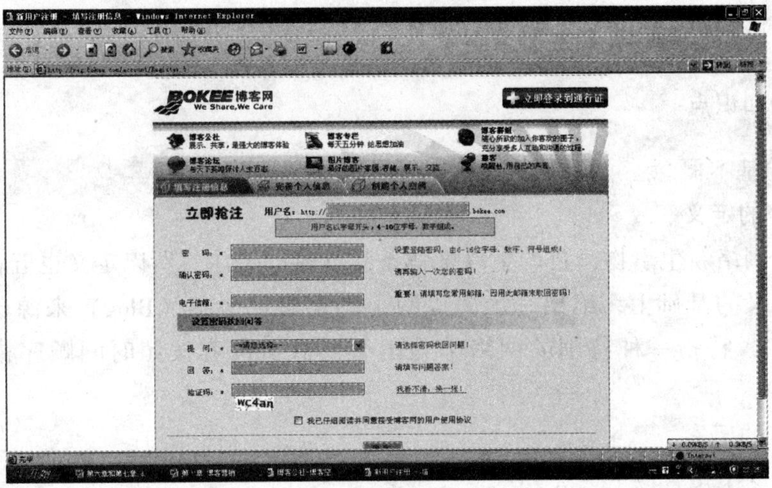

图 9-3　注册博客账号

（3）登录上传相关内容。

注册完成后，即可登录个人博客空间，进行写作或上传相关内容，并可对个人博客进行管理。

2. 博客的推广

博客建立起来后，要积极地推广才能聚集人气，常用的做法有以下几种。

①坚持更新博客，围绕相关关键词写文章。经常登录博客，并不断围绕新的事情或焦点等上传新内容，以增加点击率，可以想象一个长时间都是老面孔的博客是不能够提起大家的精神的。

②将发表的文章细致分类，使博客的结构条理清晰。在博客上发表的文章有可能很多，这时就很有必要进行细致分类，以便于博友能够在很短的时间内找到自己感兴趣的内容，另外，分类还能够给人一种博客结构明晰、条理清楚之感。

③登录与博客相关并支持签名 URL 代码的论坛，用论坛签名来做博客推广。经常登录相关论坛，发表相应帖子，并留相应签名、感想的博友就可以通过链接直接找到你的博客。

④注册各大博客社区辅助博客，加入主博客链接做博客推广，可以写一些吸引眼球的文章（原创或者转载）来吸引网民。

⑤多去拜访他人的博客，给其他博友留言回复。经常光顾他人的博客，并进行友好的留言或回复，别人也会礼尚往来地回访你的博客。

⑥和知名博友交换友情链接，提高用户流量，提高搜索引擎的信任度。

⑦减少 JS 代码及过于花哨的代码，比如，音乐、视频播放等。站在用户的角度上，加上这些多媒体因素，能增强博客的客观性，如果站在 SEO 角度则不大友好。

⑧将流量统计代码放入博客中。根据搜索关键词的来源适当增加用户搜索频率高的关键词的文章。

⑨登录百度、Google 等各大搜索引擎。

五、理论知识点

1. 博客的基本概念

（1）博客的定义。

博客作为网络新生事物，自产生以来就备受大家的关注，所以定义也五花八门，本书在总括所有定义的基础上，给出一个简单明了的定义：博客（Blog）来源于“Web Blog（网络日志）”，特指一种特别的网络个人出版形式，内容按照时间顺序排列，并不断更新。

（2）博客的要素。

博客的定义中包含以下三大要素。

①网页主体内容由不断更新的、个人性的众多“帖子”组成。

②它们按时间顺序排列。而且是倒序方式，也就是最新的放在最上面，最旧的放在最下面。

③内容可以是各种主题、各种外观布局和各种写作风格，但是文章内容以“超链接”作为重要的表达方式。

2. 博客的基本特征

博客既不是个人日记也不等同于个人网站，它有着自身明显的特征。

（1）个人性。

博客没有上司领导，没有公司束缚，没有内在的主题要求，也没有文体限制，甚至没有工作要求，成为博客纯粹是一个自由状态的人的自发行为。个人性的行为，个人性的角度，个人性的思想，个人性的爱好和兴趣，正是博客文体能够吸引博客本人和读者的力量源泉。以“个人大脑”作为网络搜索引擎和思想发源地，依然是任何技术无法实现的极致。你的家人、朋友、读者，以及所有关心、关注你的人，只要来到你的博客，就可以对你的生活、工作和思想，有着最真切、最全面的了解，是所有其他通信手段无法替代的。

（2）即时性。

写博客是一种习惯，就像学生时代写日记一样，写博客应该成为每天的“必修课”，经常（甚至每天）更新，不断积累，是博客文体有别于其他个人文章、著作的关键。这种即时性，才可以及时记录个人的行为、信息和思想。因为即时，所以新鲜，所以独特。将写博客作为习惯，也使别人阅读博客成为习惯。

（3）开放性。

传统观念的博士是花了很多年时间将知识装入自己的脑袋中。因为肚子里的墨水丰溢，从而鹤立鸡群。但是，博客却完全不同。面对网络，装在个人脑袋里的东西即使再丰富，如果不及时分享出来就相当于空荡荡的白痴一样。在网络面前，你知识渊博的衡量标准，就是你奉献的程度。博客是要把自己最珍贵、最有价值的收获都奉献出来。“我吃的是草，挤出来的是牛奶”，是博客的写照。当然，你把这种开放，当做一种个人表现也可以，能使别人受益的“个人表现”应该提倡和鼓励。心胸不够开阔，思想不够活跃的人，很难成为合格的博客。

（4）拿来主义。

光开放自己，肚子里的东西也是非常有限的。博客的优势就是，不断搜索提炼信息，不断学习和思考。博客的确需要很“博”，但是博客最根本的信念就是：“别人知道得比我更多”，因此，博客文体最重要的特点就是链接，链接是博客最有力的武器，没有链接就没有活力。

（5）交互性。

“读者比我知道得更多，比我能够表达得更多”，博客与读者的交流是关键，没有互动交流的博客也没有生命。博客（作者）是博客网站的核心，而围绕着博客与博客，博客与读者，读者与读者之间多重交互的沟通是关键，没有交互就没有生命。当你的一篇文章、一种思考，获得诸多意想不到的反馈时，你就明白，写博客绝不是简单的浪费时间，写博客更不是给读者简单的奉献，同时自己也从读者那里得到极大的收获。

（6）可信度。

本来更准确的词汇，应该是“权威性”，但是博客与传统意义上的权威实在有点不兼容。但是的确不能否认，要成为一名受人欢迎的博客，必须以自己超一流的水平建立长期的权威性。正是因为对你的信任，许多人将博客网站作为自己每天补给信息与思想的第一站，没有这种可信度保证，这样的博客就是平庸的博客。要争取注意力，博客世界的竞争一点也不比传统领域轻松。

总而言之，罗马不是一天造成的，博客也不是一天就能当成的。写博客，就意味着开始实践一种新的生活方式、新的工作方式、新的学习方式和新的交流方式。这些方式都是以“Web”方式为内核心的。没有对学习的激情，没有对自己关注领域的执著，没有对每天书写的着迷，是不可想象的。因此，是否会成为一名博客，归根结底是由自己内在的一些特征所决定。而成为一名优秀的博客，必须有一些特殊的素质和性格，要下一定的决心，付出一定的代价。

六、实验报告

通过对知识点的学习，我们掌握了博客的基本知识，结合实训任务的要求，完成以下实验报告。

1. 实验报告书

实验项目名称	建立一个博客并进行推广	课程名称	网络营销	实验类型	课程实训
学生姓名		班级		学号	
团队成员姓名				指导老师	
实验地点		实验日期		课时	
实验目的和原理	目的：熟练掌握博客的基本定义和博客的推广工作 原理：随着博客的普及，越来越多的人开始创建个人博客，博客进入了草根时代				
实验内容和要求	内容：按照实训步骤进行资料的收集、整理、分析及总结，对博客了解清楚，在进行创作时要大胆创新，做好推广工作				
实验软件或网站	IE 浏览器、Office 办公软件 调查对象：中国博客网（http：//www.blogcn.com） 博客网（http：//www.bokee.com） 新浪博客（http：//www.sina.com.cn）				
实验操作方法与实验步骤					
实验数据记录和处理					
实验结果与分析					

续表

实验讨论与心得	
实验指导老师评语	
成绩评定	成绩评定：__________签名：________

七、小组讨论

根据本章的学习内容，结合实训案例背景，组织各小组讨论以下问题，并制作 PPT 进行课堂讲演。

(1) 什么是博客?

(2) 如何创建个人博客?

八、拓展案例

口口相传显奇迹　博客成为网络营销“新势力”

《疯狂的石头》利用网络这样一种低成本的营销方式迅速获得了成功，为以博客、论坛等为代表的网络营销提供了新的例证。“200 万的生意被你做成了 1000 万!”这是《疯狂的石头》中的一句经典台词。现在这句台词竟然变成了现实。这个低成本、高票房的奇迹也许将成为中国电影制造的一个经典。就如同他前卫的名字一样，这个仅花费 300 万元的小成本国产影片，让很多看过的、没看过的都为它疯狂不已!

通过冯董的“金口”——“200 万的生意被你做成了 1000 万!”，《疯狂的石头》上映 17 天，总票房就突破千万，首批 30 万套 DVD 也全部脱销。全国主要各大城市的晚间黄金点的平均上座率为 80%；疯狂的票房走势带动“石头”的身价持续上涨，网络播映权、电视台播映权都卖出了国产小成本影片的天价。

大多数人第一次知道这部电影，是通过网络。它没有多大的行销阵势，不像之前的《英雄》、《十面埋伏》，等等。打着“大行销”的阵势，豪华的首映，上亿的宣传费用。而这部所有演员都操着一口重庆方言的纯娱乐电影，没有铺天盖地的宣传、没有明星的加盟，在 MSN 或 QQ 上，就有不同的朋友问：“疯狂的石头”看过没? 听说超好看的；或者说，快去看《疯狂的石头》吧，我看过了，真的很好看啊；而更多的人，是把关于这部影片的内容和观后感写进了自己的博客里。

制作成本仅仅 300 万元的《疯狂的石头》，只凭少得可怜的行销费用，就赢得了更多人的关注，“石头”在造势方面的“智慧”可见一斑了。他们没有选择烧钱式的、狂轰滥炸的广告攻势，而是看中了口口相传的病毒式口碑效应。在公映之前，“石头”就在制造口碑上下足了工夫。通过在上海电影节上的宣传活动和影评人放映专场，先行在影评人和媒体中进行了预热。紧接着推出了在五个城市的免费放映，最直接地创造了口碑，提高了影片人气，在影片正式公映之前两周，就已经持续不断地传出了好评。

在选择媒体宣传上，“石头”更倾向于选用BBS、MSN及博客等形式进行宣传，而这些途径，正是当下主要受众获取电影信息的重要途径。公映之前首先吸引了这部分人，加上有扎实的影片质量做保证，“一传十，十传百”的原始传播效果不容小觑。有关《疯狂的石头》的博客信息，光从Google搜索一下，就有266000多条。可见，互联网成就了《疯狂的石头》的行销，而博客的疯狂传播，让它“疯狂”再“疯狂”。

案例思考：

请结合案例说明博客在企业营销中的作用。

子任务二 软文营销

一、引例

现如今，很多企业利用微博、博客等平台来做宣传，大多数企业往往是白费力。但也有很多企业能赢得成千上万的访客（见图9-4）。这些企业究竟是怎么做的呢？本文介绍的十大企业就值得大家学习，学习他们的经验，再将他们的成功策略运用到自己的企业博客建设中。

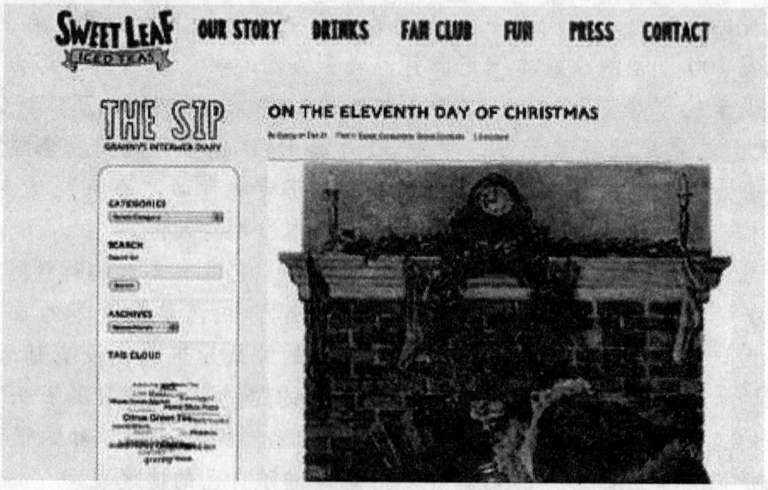

图9-4 Sweet Leaf Tea

Sweet Leaf Tea是一个卖特种茶的企业博客。他们创造了一种既让企业博客显得人性化又能保持品牌特征的方法。Sweet Leaf Tea的博客设计给访客轻松随意、和蔼可亲的感觉。

在感觉随意的字体下方，怀旧的图片和闲适的语言风格共同营造了 Sweet Leaf Tea 的总体氛围，这显得更“人性化”而不是“营销化”。这种设计风格一下就能抓住其目标受众的注意力。

同时，Sweet Leaf Tea 在博客上又用轻松友善的方式介绍了他们的员工。博客上贴出了各位“Tea Mates”（teammates 的变形）的照片，同时给出了每个员工的外号和兴趣爱好，这让每个访客都能感受到他们工作中的愉快气氛。

小贴士：考虑让你的员工成为品牌的形象代言人。重点推出你的团队是一个不错的主意，它能让访客在浏览中感受到你们工作中的团结友爱。这种坦率透明能让访客对你产生信任感。同时，整个团队的共同参与能保证你企业博客的轻松、有趣、可靠的特点。尽管专业也很重要，但是要记住你的访客都是人，人人都喜欢有趣的东西。

Pioneer Woman 是一个生活方式推广类博客的成功范例（见图 9-5）。博客的创始人 Ree Drummond 将它打造成了一个多主题平台，博客内容包括推销她自己写的烹饪书和展示她的摄影作品。她的成功秘诀在于与读者保持零距离，在博客里营造了一种热情友好的感觉。

图 9-5　Pioneer Woman 博客

首页上简单随意的自我介绍就能体现 Ree 的热情友好（见图 9-6）。指向社交站点的链接都很好辨认，它们都是为了配合博客的整体风格专门设计的。这是一个绝妙的品牌营销手段。

在契合品牌诉求方面，Ree 在经营中的另一个亮点是博客的标题图（图 9-3）。她会根据一年中时间和季节的变化更新标题图。因为乡村生活的很多内容与季节和假期密切相关，这个细节紧密联系了博客的主题。除此之外，有必要注意她照片的选用。当你想给读者营造某种感觉或氛围时，博客上的照片往往非常关键。

图 9-6 Pioneer Woman 博客标题图

同时，她博客的结构布局清晰明了，在读者的注意力持续时间很短的今天，这尤为重要。Ree 增加了让你选择不同阅读模式的按钮，你可以选择一页显示多篇或者只显示很少几篇等多种阅读模式。这些细节的把握也是她的读者黏性很高的原因之一。

小贴士：在企业博客设计中要牢记你的品牌诉求。你可以考虑用图片和特殊设计来吸引读者。如果增加了博客的美感，你就能更容易地为读者创造出一种亲密和贴心的感觉。

资料来源：易网财经。

案例思考：

1. 品牌企业为什么要推行博客营销？
2. 各个品牌企业的博客都各有哪些优势？
3. 列举网上其他的博客营销成功的案例。

二、任务描述

博客营销的概念在 2004 年已经受到关注，2005 年博客营销将走向实用，博客营销的价值也将逐渐体现出来。博客营销的作用首先表现在节约费用方面。聆科网络在此分析了博客降低网络营销费用的六个方面：通过博客内容增加搜索引擎可见性；以更低的成本对读者行为进行研究；以最少的费用建立权威网站品牌；个人博客可以部分替代广告投入；节省保持用户的费用；博客减小了被竞争者超越的潜在损失。

【实训案例】 寻找一个企业为其制作一个博客

三、任务要求

（1）了解企业历史背景、产品文化、服务对象。

（2）了解其他企业的博客，作对比。

四、实践步骤

（1）了解企业的背景。

（2）了解企业的文化。

（3）熟悉企业的产品，服务对象。

（4）企业的发展前景。

五、理论知识点

企业要做好博客营销，必须综合企业内外环境，积极采取有效的营销策略，以便更好地发挥博客营销的优势。

1. 平台构建策略

（1）物理平台。利用博客营销的一个首要前提就是要有一个好的物理平台——博客站点。虽然博客营销对于不同领域、不同企业而言没有统一的模式，不过有关博客营销的基本思想是相通的，因此可以作为研究制定博客营销基本操作模式时的参考。博客营销的物理平台选择主要有以下三种：一是利用第三方博客平台的博客文章发布功能开展的网络营销活动；二是企业网站自建博客频道，鼓励企业内部有写作能力的人员发布博客文章以吸引更多的潜在用户；三是有能力运营维护独立博客网站的人，可以通过个人博客网站及其推广，达到博客营销的目的。

（2）内容平台。站点空间选择好以后接下来就是对界面和内容的设计，在进行界面设计的时候应该遵循以下原则：一是界面风格与企业文化保持一致性；二是界面视觉友好性，除了一些专业的设计博客站点外应避免使用非网络安全色；三是登录入口的快捷性；四是发表评论的便利性；五是博客导航条的明晰性。企业可根据自身情况界面设计，在突出特色的同时保持平台的稳定性。在博客上所发表文章的内容是至关重要的，虽然博客带有强烈的个人色彩，但对企业而言，博客内容最终是要为传播服务，所以对博客内容应该重点关注。

（3）人员平台。在人员平台的构建中，应当采用“全员+专员”的策略，一方面企业可以动用全体员工利用博客进行沟通交流，及时传递市场信息；另一方面必须由专业人员来集中精力驾驭瞬息万变的网络，专门负责博客的运作。跟企业网站一样，企业可以就博客营销的整个过程指定和设置专业的人员和部门来负责，对博客内容及形式进行维护、更新以及信息分析，挖掘市场潜力。

2. 站点维持策略

（1）建立及时反应机制。博客营销强调个性、创新和知识性的特点，决定了对于博客营销中目标顾客的反馈信息必须进行人工回复，而且要相当小心，因为一旦回复出现问题很有可能带来连锁的不良反应。为此企业可以建立一个专门的问题小组负责处理顾客的反馈信息，做到及时、准确、有效。

（2）建立网上监测系统。网上信息瞬息万变，随时对这些信息作出反应是企业在博客营销时要注意的。在博客营销过程中可以建立一种网上监测系统，随时对博客中讨论最多的话题、人物企业进行监测，以发现市场机会和潜在的公关危机，并及时采取应对措施。

(3) 线下公关。当营销活动取得一定的成果并拥有一定数量的稳定消费群后，保持这些客户的持续关注就相当重要。除了在线上继续更新博客文章以保持持久的吸引力外，企业还应当结合推广策略在双方离线后开展线下公关活动，来增强影响力。通过线下公关，能保持博客营销传播效果的持续性。

3. 推广策略

(1) 利用网络广告。网络广告是许多企业进行网络营销常用的手法，特别是在门户网站如雅虎、新浪、搜狐等投放插件广告或旗帜广告，一般会取得比较好的效果。

(2) 专业文章与站点链接。能吸引博客读者注意并产生信赖感的大多是那些具有专家层次或者知识面广博的博客所发表的专业文章。因此，企业一方面可以大量发表专业文章，就产品的某一个知识点与博客读者交流，逐渐形成自己的权威；另一方面，可以借用博客文章可信度高的特点，在文章中嵌入自己博客站点的链接地址，只要读者接受了文章内容，自然会去查看相关内容的原文，成为企业的潜在消费者。

(3) 增强与搜索引擎及知名站点的链接。目前的搜索引擎都具有强大的博客内容搜索功能，在企业的营销活动中，可以通过在博客网站上增加内容而增加被搜索引擎搜索到的机会，从而给博客网站带来更多的访问数量。增加与知名站点的链接，可以使自己在搜索引擎中的排名靠前，引起更大的关注度从而也带来更多的市场机会。

(4) 利用 RSS。RSS 是一种描述网站并与网站内容保持同步的格式。它是一种信息迅速传播的技术平台，在博客中占有相当重要的位置。利用它每个人都可以发布自己的信息文件并且直接被其他网站调用。由于它是基于 XML 标准，能被终端和服务器使用，企业可以利用这种优势把自己博客站点的内容提供给其他网站，在增加了主动性的同时达到了推广站点的目的。

(5) 借势造势传播。企业博客也需要增加点击率，提高其阅读量，形成较为稳定的受众圈。通过对受众圈意见领袖的影响，达到口碑传播效果。要想增加其影响力，可以通过运用名人效应，还可以通过企业策划热点话题引起讨论等方法来进行借势造势的传播。

六、实验报告

以实训案例为背景，按照实践步骤要求对宁波某厨房用品公司的行业状况、企业客户和网站运行情况等进行研究分析找出合适的交换广告网，并完成以下实训报告。

1. 实验报告书

实验项目名称	企业名称	课程名称	网络营销	实验类型	课程实训
学生姓名		班级		学号	
团队成员姓名				指导老师	
实验地点		实验日期		课时	

续表

实验目的和原理	目的：掌握博客营销的作用 原理：博客营销就是营销者利用博客的集聚性、互动性和共享性的特点及其赖以运行的网络载体
实验内容和要求	内容：掌握企业的背景、产品等信息，进行分析总结 要求：通过资料的整理分析，了解企业通过博客营销对企业的作用
实验软件或网站	IE 浏览器、Office 办公软件 调查网站包括：企业网站、企业博客等
实验操作方法与实验步骤	
实验数据记录和处理	
实验结果与分析	
实验讨论与心得	
实验指导老师评语	
成绩评定	成绩评定：＿＿＿＿＿＿＿＿签名：＿＿＿＿＿＿

七、小组讨论

根据本子任务的学习内容，结合实训案例背景，组织各小组讨论以下问题，并制作PPT 进行课堂讲演。

1. 通过学习本子任务，你认为哪些企业适合博客营销？
2. 实用博客营销的优劣势是什么。

八、拓展案例

亚马逊网站的书籍作者博客营销策略

为了鼓励用户为网站创作内容（User-generated Content），全球最大的网上零售网站亚马逊（Amazon. com）发布了一份新程序（The Amazon Connect），为所有的图书作者开通博客，目的在于增进读者与作者之间、读者与 Amazon. com 之间的接触和沟通。同时，书籍作者博客不仅为作者提供了一个推广自己图书产品的渠道和机会，也给予那些购买图书的访问者再次访问 Amazon. com 的理由。

亚马逊的图书作者博客营销策略非常高明，在很多电子商务网站还没有将博客与营销策略产生联想时，亚马逊已将博客营销运用自如了。

在亚马逊的图书作者博客栏目，作者最新发布的博客文章被醒目地放在作者介绍页面或图书的介绍页面，同时有一个链接指向该作者的全部博客页面。此外，用户也可以通过自己的 Amazon 首页看到购买过图书的作者的最新博客文章。

在网上零售网站上，网络购物者需要根据有限的产品介绍信息进行购买决策，有时是比较困难的，如何增加更详尽的产品信息是网上零售网站的难题之一。亚马逊网站在产品信息方面一直引领潮流。2005 年，他们就开始允许用户上传产品相关图片。Amazon 还开始测试 wiki 产品页面，消费者都可以增加或编辑图书或产品的信息，类似 wikipedia（维基百科）编辑方式。公司还让用户对产品加描述关键词标签，让所有人浏览。

不过目前该程序还不允许读者对作者博客进行评论，或者通过 RSS 订阅博客文章。专家认为，受欢迎的博客有两个特点是必须具备的：可以 RSS 订阅和读者评论，因此 Amazon 应该开通两个功能。同时，Amazon 还可以利用 RSS 信息源作为向用户发送个性化推荐产品的工具，如向那些订阅作者博客的人发送“购买该作者图书的用户还可以购买……”之类的产品促销信息，这种策略无疑将产生巨大的网络营销价值。

资料来源：冯英健 . www. marketingman，net. 2006-01-04.

案例思考：

1. 请从平台构建、站点维持和推广等方面分析亚马逊的博客营销策略的成功之处。
2. 亚马逊的博客营销策略有哪些不足之处？它给我国类似企业的启示是什么？

实训任务十 网络客户服务

子任务一 在线客户服务

一、引例

M公司是一家化妆品销售公司，他们代理了国内外几个知名的化妆品品牌。看到日渐兴起的网络市场，M公司也不甘落后，希望利用自身代理的优质货源的优势，通过网络来扩大销售。很快，M公司借助一家网络公司的技术力量，把公司的官方销售网站以及在各大销售平台的网络旗舰店建立起来了。凭借着正品保证和强大的价格优势，经过一段时间的运营后，公司就逐渐积累了一定数量的网络客户，但此时，客服的抱怨和顾客的投诉也多了起来。

客服抱怨说：顾客太多了，每天一上线就停不下来，总是一个人同时应付十几个顾客的咨询，一天下来打字都打得手发颤了，而我们在线的回答慢一点点就总是招来顾客的怨言甚至投诉；许多顾客来来去去都是问那几个问题，如进货渠道是哪里的？是不是正品？这款化妆品是不是适合我的皮肤？价格还能不能优惠一些？什么时候发货？

顾客则投诉：客服的服务态度太差了，问一句话半个小时都没见回答，爱理不理的；客服的水平也不专业，不能根据我的需求来推荐产品，总是让我自己看商品说明来决定买什么产品；在这买了好多次产品，也没给我点优惠，太小气了……

M公司主管网络销售的王经理有着丰富的销售管理经验，他知道，顾客是公司最宝贵的财富，是利润的源泉，留住老顾客就能给他们带来更多的新顾客，要取得网络销售的进一步发展，必须要重视网络客户服务，以好的服务来赢得市场，提升自己的竞争力。

案例思考：

王经理现在同时面临着在线客服和顾客两大问题。

在线客服每天面对顾客，是公司的服务窗口，也代表着公司形象。尽管在平时的培训中公司一再要求客服人员善待顾客，视顾客为上帝，但现在客服面对如此大的工作量，每天面对电脑屏幕已疲于应付，脾气再好也难以保持好心情。没有好心情的客服又怎能带给顾客好心情呢？优化客服的工作，让她们能从容面对更多的顾客，让顾客高兴而来、满意而归，这里面有什么样的技巧呢？

一个愿意通过网络窗口联系在线客服的顾客必定是对商品有着强烈兴趣的顾客，王经理深知，这些是他们真正的客户，可千万不能怠慢。从化妆品传统柜台销售经验来看，顾客最希望了解的是产品的安全性、功能、使用效果以及是否适合自己的皮肤，这就需要客服人员有化妆品的专业知识，并能根据顾客的需求来推荐产品。那么，采取什么样的方法能让顾客最大限度地获得他们所需要的信息呢？

二、任务描述

目前，越来越多的企业试水网络营销，建网站、开网店。网络作为全新的营销平台，与传统的营销模式相比既有某种程度上的一致，又有自身的特点。客户服务是营销中的一个重要环节，利用好网络平台开放性和互动性的特点，做好网络客户服务工作，将使企业形象得到提升，产品销售进一步扩大。在这个任务里，重点要解决以下 3 个问题：

（1）如何通过网站的设计使顾客得到更丰富的商品质量及销售信息？

（2）在线客服需要具备哪些顾客服务的技巧？

（3）如何利用网站与顾客互动？

三、任务要求

（1）通过考察企业网站的内容，对网站中各客户服务环节进行评价和分析，能够对网络客户服务存在的问题进行诊断并提出优化的措施。

（2）能对企业网站和网店的 FAQ（常见顾客问答）、留言版、论坛等版块进行设计，使之更有利于商品和交易信息的传达，以及加强与客户的互动，以便能及时获得客户对商品的意见和建议，快速处理客户的投诉。

（3）学习在线客户服务技巧。

四、实践步骤

（1）学生三人为一小组，对实验指导老师给定的某行业的三个以上典型企业网站进行对比分析。站在客户角度上进行网站体验，并总结各企业网站在产品信息传递、FAQ 及其他企业与客户进行交流互动各环节上的优缺点，写入实验报告。

（2）对比较分析的三个网站中诊断出客户服务功能最薄弱的网站，为其重新设计网站 FAQ，及开设客户交流区（即论坛）或留言版的具体方案。

（3）结合引例，在分析案例存在问题的基础上，为 M 公司设计线上客户服务手册。

五、理论知识点

（一）FAQ 设计

网络具有开放性的特点，一个好的销售网站能比传统的商品柜台承载更多的产品信息。据调查，大约 85%的顾客希望能自己动手来找到需要的信息，因此，在网站上建立顾客常见问题解答（FAQ）是最好也是最普遍使用的方法。FAQ 主要是为顾客提供有关产品、公司的情况，它既能够引发那些随意浏览者的兴趣，也能够帮助有目的的顾客迅速找到他们所需要的信息，获得常见问题的现成答案。

FAQ设计的主要工作有两方面：一是列出常见的问题，即在公司网站上建立FAQ；二是FAQ页面的设计。

1. 列出常见问题

列出哪些是常见问题对顾客服务部门的人来说是比较容易的，只要把公司客户服务部门的人集中在一起进行讨论，这个问题的列表很快就能提供出来。特别是工作在顾客第一线的人员能列出非常具体而有意义的常见问题。具体的做法是，首先按公司销售部门的经验来列出顾客常见问题，整理出简洁明了的回答，并在公司网页上开辟FAQ专栏供顾客查询。定期（以周或月为单位）召集网络客服人员开讨论会，对近期顾客咨询的热点问题进行梳理，以及时对FAQ进行更新。

FAQ可以设置成两套：一是面向新顾客和潜在顾客的，二是面向老顾客的。

面向新顾客和潜在顾客的FAQ主要提供的是关于公司及产品的最基本问题，以便使浏览者对公司及其产品有较为具体的了解。例如，公司的销售代理资质、商品来源；产品主要面向的使用对象；与网络销售相关的支付、物流运输、退换货等服务标准。

面向老顾客的FAQ主要是提供一些更深层次的技术细节、技术改进等方面的新产品的信息，以激发老顾客的潜在需求，产生新的购买欲望，同时也加深老顾客对本网站的关注。

2. FAQ页面设计

FAQ的页面设计应遵循清晰、简洁、易用的原则。优秀的页面设计能为顾客提供方便的查找服务，为顾客节约上网时间，避免顾客花费大量的时间却无功而返。为此，应做到以下几点。

（1）确认FAQ的效用。

每一个问题的回答是否有效非常重要。为了能在有效的页面容纳更多的内容，FAQ的设计往往走入过度简洁的误区，使对重要问题的回答过于简单而不能涵盖顾客所需要获取的相关信息。因此在设计FAQ时，必须保证有一定的信息量、广度和深度，以做到至少对80%的顾客有实际性的帮助，对于顾客所关心的较为复杂的商品信息，则可以在FAQ回答中提供详细解答页面的链接。FAQ可以包括很多问题，但其问题的排列顺序应是顾客提问频率的高低，这样可以让顾客在第一时间内找到自己所关心的问题，以节省顾客的搜索时间。

（2）要使FAQ易于导航。

FAQ是对顾客常见问题进行集中解答的栏目，它不应该是一份详细的产品说明书或产品使用报告，过于详尽的解答将占用太多的页面而不利于顾客迅速地找到自己想要的信息从而失去继续浏览的耐心。FAQ的设计应尽可能符合顾客使用的习惯，以方便、高效为原则来设计。常见的有三种方式。第一，列表式（见图10-1）。如果常见问题列表内容不多且答案简明，可以以列表的方式，按顾客提问频率高低的顺序列在栏目中，用一个页面来显示；第二，折叠式（见图10-2）。如果常见问题数量不多，能存放在一个页面，同时问题的答案较详细时，可以用“折叠”的设计方式，把常见问题在一个页面上罗列出来，当顾客点击问题的时候被折叠起来的答案就展开显示出来；第三，如果常见问题比较多，无法在一页内显示完全，则可以采用按主题将问题分类的分层目录式结构来组织

FAQ（见图 10-3 和图 10-4），但目录层次不能太多，最好不要超过四层。

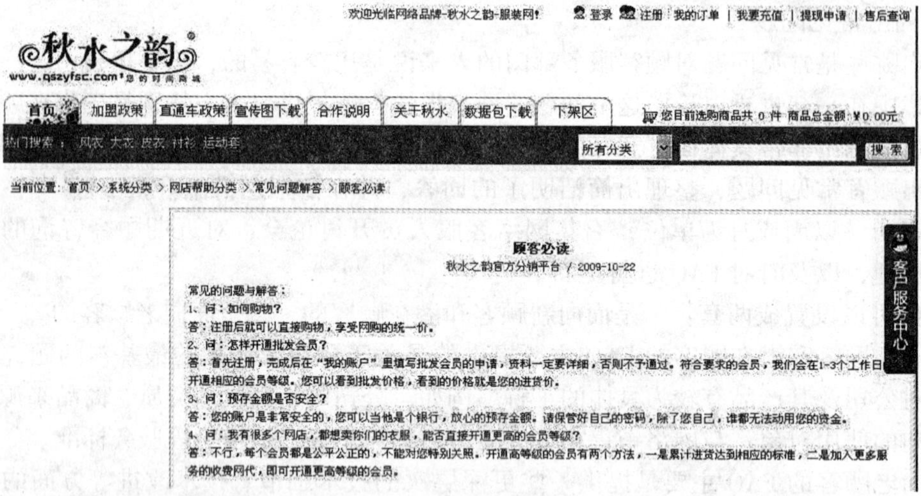

图 10-1　列表式 FAQ

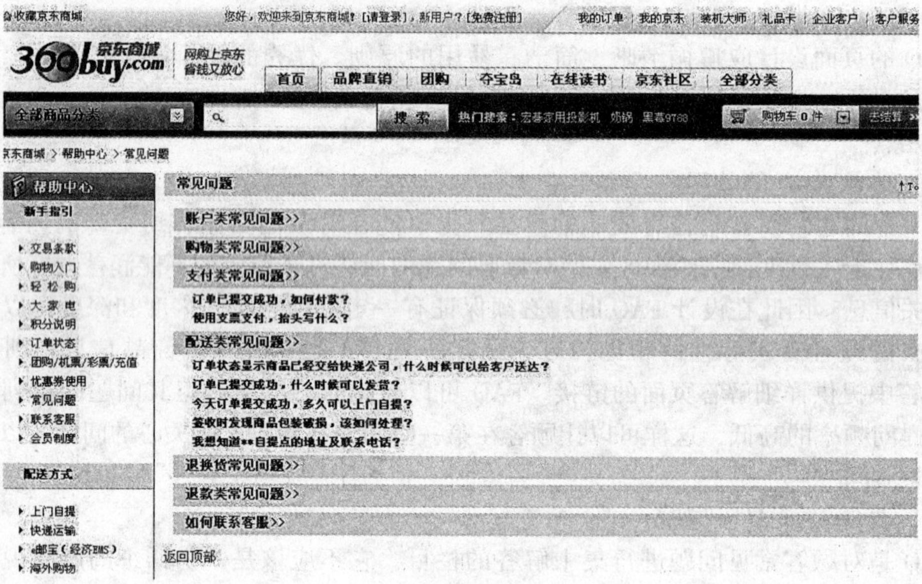

图 10-2　折叠式 FAQ

（3）组合式的 FAQ 模式。

在网站上 FAQ 可以不只一处，而是以组合形式出现（见图 10-5）。从顾客关注的问题来看，往往是可以区分为几个大类的，比如有的顾客重点关注公司的资质，有的顾客关注新产品的信息和相关的产品知识，而首次购物的顾客则更关心支付和物流的问题。好的 FAQ 模式可以让这些问题各有归属并让顾客很容易地找到答案。常用的方法是按主题将

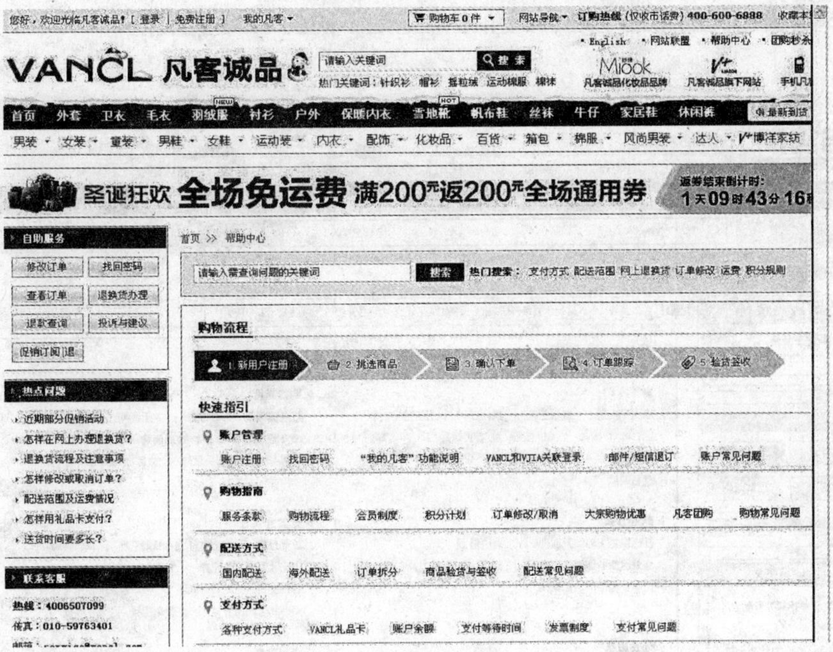

图 10-3　综合式 FAQ（a）

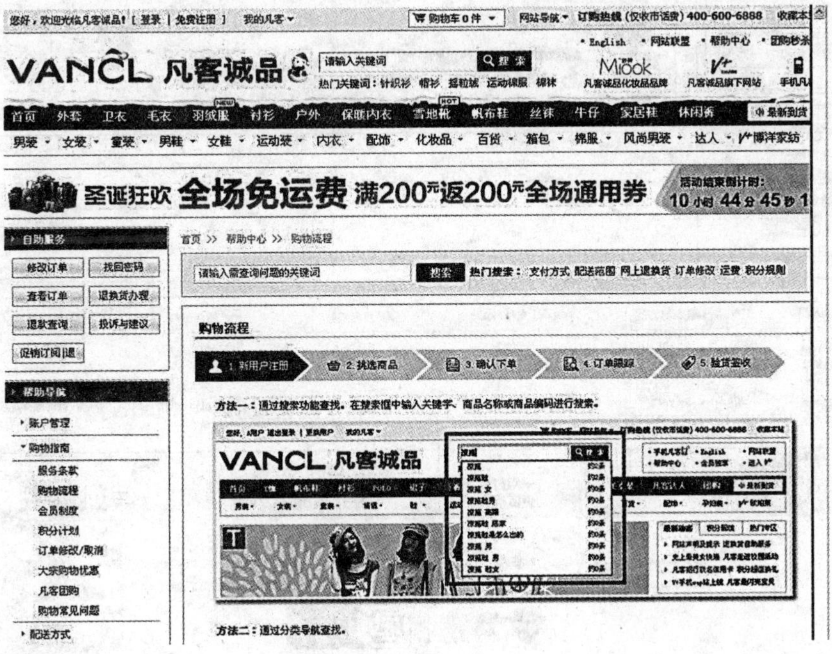

图 10-4　综合式 FAQ（b）

问题分成几大类，每类问题都有其对应的区域，并在网页上合理布局，使每位顾客能各取所需。

图 10-5 是当当网的帮助中心，圆角矩形里是不同的 FAQ 版块。

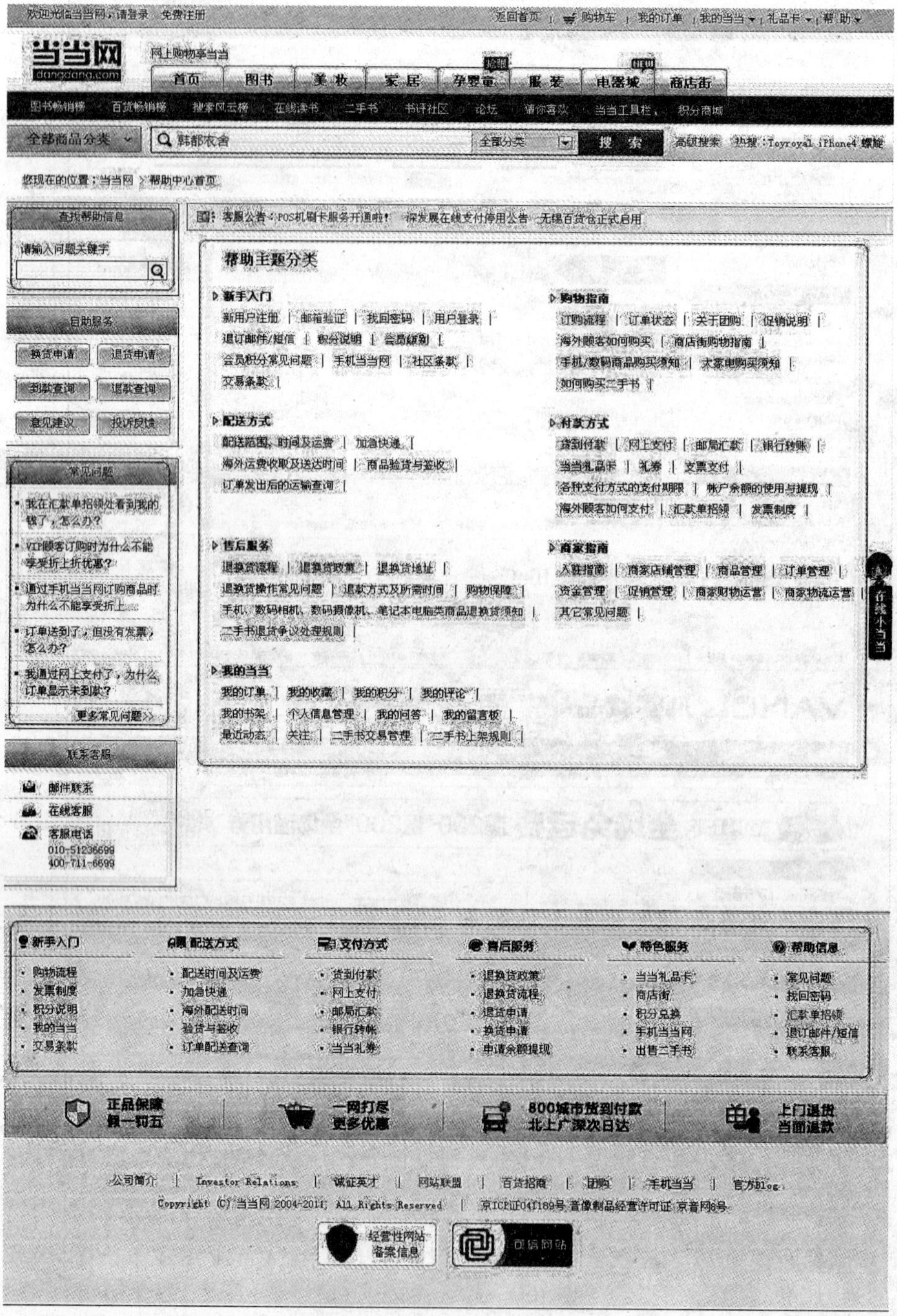

图 10-5　组合式的 FAQ

（二）在线客服

除了 FAQ，顾客还可以通过在线客服来直接沟通获取更多的信息，而在线客服往往是顾客由潜在客户转变为现实客户的关键所在。在线客服的形式通常是通过网站自带的即时通信软件来实现，比如在线 QQ、阿里旺旺等，还有一些是通过即时通信的插件来实现，可以实现文字聊天、视频、文件传输等功能。作为企业在网络上的服务窗口，在线客服人员的言行直接与公司的形象相关，他们必须是训练有素的。

1. 在线客服人员的基本素质

一个合格的在线客服，应该具备一些基本的素质。

首先是良好的品格，有“客户至上”的理念，真诚、热情、谦和、守信是一个优秀客服应有的素质。永远真诚和热情的服务态度让顾客得到温暖如家的亲切感觉，谦和可以避免与顾客争执，守信则获取顾客的信任。这些品格不仅可以让顾客实施购买行为，还能增加网站对顾客的“黏性”，增强顾客的忠诚度。

其次是良好的心理素质，包括应变能力、承受能力、坚持能力和积极进取的心态。每个客服人员都会碰到脾气火爆或者是刁钻古怪的顾客，这是对客服人员心理的挑战，良好心理素质的训练有利于在线客服人员始终有礼貌地面对这些顾客。

最后就是高超的技能素质。包括良好的文字语言表达能力、高超的语言沟通技巧和谈判技巧、丰富的专业知识和行业经验、对顾客心理的敏捷洞察力等。

2. 在线客服需要的基本知识

首先是商品知识，包括商品的专业知识和商品周边知识。客服应当对商品的种类、材质、尺寸、用途、注意事项等有深入了解，同时了解该行业的有关常识，对商品的使用方法、洗涤方法、修理方法等应有基本的了解。对于商品的功能所针对的目标用户应该有很好的把握，例如不同皮肤性质的客户在选择化妆品时的不同需求，为不同年龄阶段的儿童选择合适的玩具，为不同生活习惯的客户选择不同的生活用品等。

其次是网站交易规则的知识。在线客服是企业在网络上的代表，应该熟知交易的规则，一是要把握好交易的尺度，二是要帮助客户顺利完成网上交易。比如在淘宝上开店的规则，如何查看交易详情、如何付款、修改价格、关闭交易、申请退款、支付宝操作等。

最后是物流和支付方面的知识。客服应熟知物流方面的操作流程，能较准确地回答顾客提出的物流配送方式选择、物流计费、物流包装及送达时间方面的问题。能为不熟悉网络支付的顾客提供较为便捷且可信任的支付方式。如采用第三方支付平台支付或网络银行转账等。

在线客服是客户在访问企业网站时的一种人与人之间的对话，应该让客户感受到区别于机器的人性关怀，这是企业客户关系管理中的重要一环。因此，在线客服的培训和服务水平至关重要。在后面的拓展案例中给出了淘宝商城在线客服沟通技巧的资料。

（三）网络顾客服务的其他形式

1. 表单

表单是一种主要用于收集客户信息的表格式页面，它的主要功能包括用户注册、信息反馈及问卷调查等。表单也是顾客服务的一种有效工具，它充分体现了网络的交互、及时、丰富的强大优势，与电子邮件相结合构成了功能非常强大的企业与客户交流的桥梁。

用表单进行顾客服务的基本过程是：顾客通过表单填写咨询内容，提交到网站，由相应的顾客服务人员处理。可以事先设定一些格式化的内容，如顾客姓名、单位、地址、问题类别等。通过表单提交的信息比一般的电子邮件更容易处理，因此有为数不少的网站采用这种方式。中国消费者网的投诉表单如图 10-6 所示。

图 10-6　中国消费者网的投诉表单

2. 论坛

论坛又称 BBS（bulletin board system，电子公告板），是 Internet 上的一种电子信息服务系统。它提供网络公共白板，每个用户都可以在上面书写，可发布信息或表达看法。它是一种交互性强，内容丰富的电子信息服务系统。论坛广泛存在于互联网上，有综合社区型的论坛，如天涯、猫扑、奇虎等几大著名的中文论坛，人们分别在感兴趣的版块上发帖子或是参与互动；更多的论坛则是从属于各大小网站的，供会员交流互动的专区。对于一个企业而言，利用好论坛则可以开辟客户服务的另一个重要途径，某化妆品销售企业的论坛如图 10-7 所示。

论坛与在线客服的即时通信模式相比有其独特的功能与优势。

（1）使用论坛实施客户服务会更符合部分客户的习惯，客户可以不必在意客服人员是否在线，可以不分时间地发起帖子。

（2）在论坛上客服回答客户问题的消息记录可以永久保存，并供其他客户查询，变

图 10-7　某化妆品销售企业的论坛

成动态的 FAQ，可以有效减少客户的在线咨询量。

（3）在论坛上发起的帖子可以由多人参与互动，客服的服务也由即时通信时的一对一变成一对多，可以有效降低工作强度。

（4）企业可以利用论坛发帖的形式发布商业调查。

（5）企业可以利用论坛发帖的形式来发布新产品广告。

（6）企业可以利用论坛来发起一些商业活动，比如新品试用促销，网络互动游戏，会员聚会等活动。

（7）论坛不仅可供客户咨询信息，也可以让客户发起讨论或者是表达意愿，良好的产品使用反馈信息能形成良好的口碑效应。

（8）论坛的设立有利于企业与消费者间的交流互动，使企业获取第一手的消费者需求信息，促进企业改进生产经营策略。

论坛能否起到良好的效果，很大程度上要看参与者的数量，这不仅与论坛板块的设计、论坛激励的机制、日常的维护和各类话题的设计以及发起相关，也与网站本身的推广以及企业经营能力相关。论坛的设置可以不仅局限于本企业网站，还可以借助其他高知名度的论坛设立本企业的板块，以扩展服务范围。

3. 留言板

与论坛相似，留言板也是网站上供客户发布信息的地方，与论坛相区别的是，留言板模式下与客户的互动是一对一的，其他的客户不能参与。留言板作为一个小型交互场所可以比较灵活地进行设置，比如设置在每一个产品的销售页面之下，这样也能有针对性地进行客户服务，并取得良好的效果，京东商城的商品咨询留言板如图 10-8 所示。

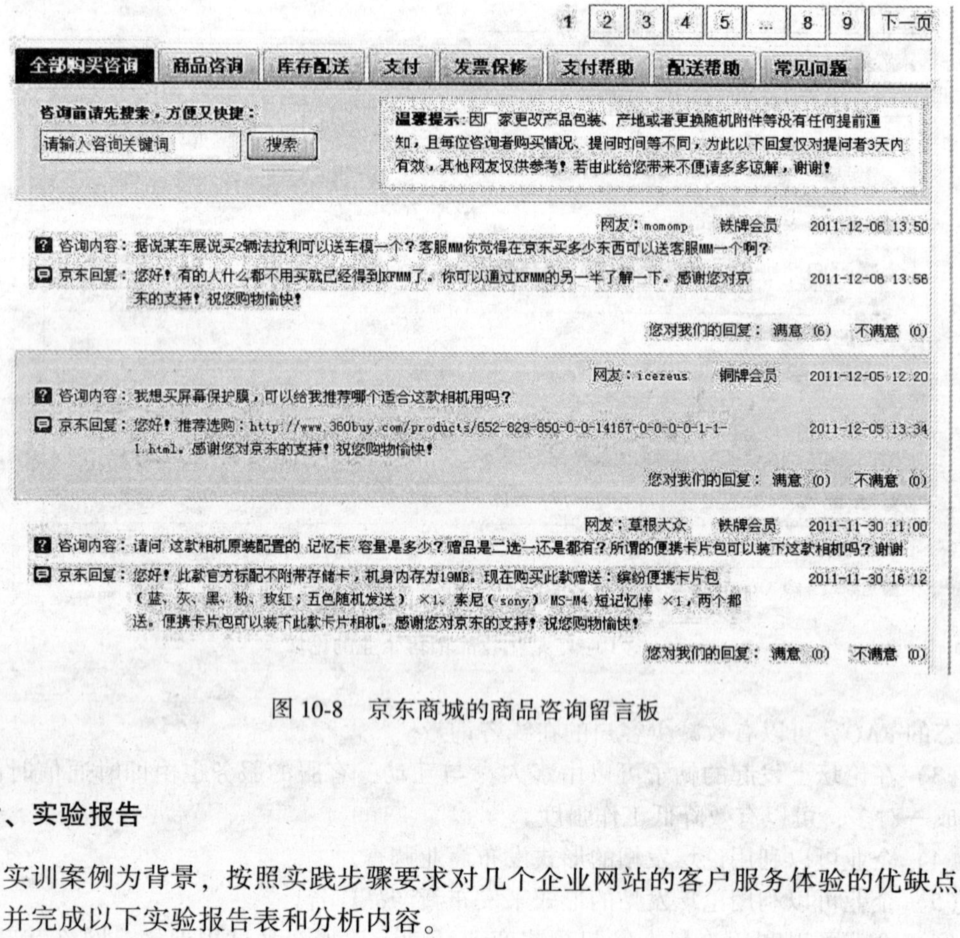

图 10-8　京东商城的商品咨询留言板

六、实验报告

以实训案例为背景，按照实践步骤要求对几个企业网站的客户服务体验的优缺点进行比较，并完成以下实验报告表和分析内容。

1. 实验报告书

实验项目名称	企业网站客户服务体验	课程名称	网络营销	实验类型	课程实训
学生姓名		班级		学号	
团队成员姓名				指导老师	
实验地点		实验日期		课时	

续表

实验目的和原理	通过对几个企业网站的客户服务体验的优缺点的比较，来学习网络客户服务的几大要素
实验内容和要求	内容：对企业网站的FAQ、客户交流论坛、留言板和在线客服水平进行体验和对比 要求：1. 把自己当成真正的消费者去考察三个同类的企业网站 2. 考察企业FAQ在网站的布局是否合理，是否简单易寻，FAQ覆盖的内容是否能满足消费者的需要 3. 与企业在线客服交流，并对其服务水平作出评价 4. 考察企业网站的表单、论坛、留言板的设计，观察能否有效为顾客服务，使用是否方便，交互是否迅速无障碍
实验软件或网站	IE浏览器、Office办公软件 调查网站包括：由指导老师指定三个同行业网站
实验操作方法与实验步骤	
实验数据记录和处理	
实验结果与分析	
实验讨论与心得	
实验指导老师评语	
成绩评定	成绩评定：＿＿＿＿＿＿＿＿签名：＿＿＿＿＿＿

2. 企业网站的改进

FAQ的改进方案	
企业论坛的内容设计	
留言板设计	

七、小组讨论及讲演

根据本子任务的学习内容，结合实训案例背景，组织各小组进行讨论，并制作 PPT 进行课堂讲演，讲演需包括以下几点内容。

（1）对三家企业网站的客户服务体验的对比分析和诊断报告。

（2）本小组为企业设计的 FAQ、客户论坛及留言板的展示。

（3）M 公司的客服员工手册介绍。

八、拓展案例

在线客服沟通技巧

网购因为看不到实物，所以给人感觉就比较虚幻，为了促成交易，客服必将扮演重要角色，因此客服沟通交谈技巧的运用对促成订单至关重要。

（一）态度方面

1. 树立端正、积极的态度

树立端正、积极的态度对网店客服人员来说尤为重要。尤其是当售出的商品有了问题的时候，不管是顾客的错还是快递公司的问题，都应该及时解决，不能回避、推脱。积极主动与客户进行沟通，尽快了解情况，尽量让顾客觉得他是受尊重、受重视的，并尽快提出解决办法。除了与顾客之间的金钱交易之外，还应该让顾客感觉到购物的满足和乐趣。

2. 要有足够的耐心与热情

我们常常会遇到一些顾客，喜欢打破砂锅问到底的。这个时候就需要我们有足够的耐心和热情，细心回复，从而会给顾客一种信任感。绝不可表现出不耐烦，就算对方不买也要说声“欢迎下次光临”。如果你的服务够好，这次不成也许还有下次。砍价的客户也是常常会遇到的，砍价是买家的天性，可以理解。在彼此能够接受的范围内可以适当地让一点，如果确实不行也应该婉转地回绝。比如说“真的很抱歉，没能让您满意，我会争取努力改进”或者引导买家换个角度来看这件商品让她感觉物有所值，就不会太在意价格了。也可以建议顾客先货比三家。总之要让顾客感觉你是热情真诚的。千万不可以说“我这里不还价”“没有”等伤害顾客自尊的话语。

（二）表情方面

微笑是对顾客最好的欢迎，微笑是生命的一种呈现，也是工作成功的象征。所以当迎接顾客时，哪怕只是一声轻轻的问候也要送上一个真诚的微笑，虽然说网上与客户交流是看不见对方的，但只要你是微笑的，言语之间是可以感受得到的。此外，多用些旺旺表情，也能收到很好的效果。无论旺旺的哪一种表情都会将自己的情感信号传达给对方。比如说：“欢迎光临！”“感谢您的惠顾”等，都应该轻轻地送上一个微笑，加与不加给人的感受完全是不同的。不要让冰冷的字体语言遮住你迷人的微笑。

（三）礼貌方面

俗话说“良言一句三冬暖，恶语伤人六月寒”，一句“欢迎光临”，一句“谢谢惠顾”，短短的几个字，却能够让顾客听起来非常舒服，产生意想不到的效果。

礼貌对客，让顾客真正感受到“上帝”的尊重，顾客来了，先来一句“欢迎光临，请多多关照。”或者“欢迎光临，请问有什么可以为您效劳的吗”。诚心诚意地“说”出来，会让人有一种十分亲切的感觉，并且可以先培养一下感情，这样顾客的心理抵抗力就会减弱或者消失。

有时顾客只是随便到店里看看，我们也要诚心地感谢人家，说声：“感谢光临本店”。对于彬彬有礼、礼貌非凡的网店客服，谁都不会把他拒之门外的。诚心致谢是一种心理投资，不需要很大代价。但可以收到非常好的效果。

沟通过程中其实最关键的不是你说的话，而是你如何说话。让我们看下面小细节的例子，来感受一下不同说法的效果：“您”和“MM 您”比较，前者正规客气，后者比较亲切。“不行”和“真的不好意思哦”；“恩”和“好的没问题”都是前者生硬，后者比较有人情味。“不接受见面交易”和“不好意思我平时很忙，可能没有时间和你见面交易，请你理解哦”相信大家都会以为后一种语气更能让人接受。多采用礼貌的态度、谦和的语气，就能顺利地与客户建立起良好的沟通。

（四）语言文字方面

（1）少用“我”字，多使用“您”或者“咱们”这样的字眼，让顾客感觉我们在全心全意地为他（她）考虑问题。

（2）常用规范用语：

▲“请”是一个非常重要的礼貌用语。

▲“欢迎光临”“认识您很高兴”“希望在这里能找到您满意的东西”。

▲“您好”“请问”“麻烦”“请稍等”“不好意思”“非常抱歉”“多谢支持”。

平时要注意提高修炼自己的内功，同样一件事不同的表达方式就会表达出不同的意思。很多交易中的误会和纠纷就是因为语言表述不当而引起的。

（3）在客户服务的语言表达中，应尽量避免使用负面语言。

这一点非常关键。客户服务语言中不应有负面语言。什么是负面语言？比如说：我不能、我不会、我不愿意、我不可以等，这些都叫负面语言。

▲在客户服务的语言中，没有“我不能”。当你说“我不能”的时候，客户的注意力就不会集中在你所能给予的事情上，他会集中在“为什么不能”“凭什么不能”上。

正确方法：“看看我们能够帮你做什么”，这样就避开了跟客户说不行，不可以。

▲在客户服务的语言中，没有“我不会做”。你说“我不会做”。客户会产生负面感觉，认为你在抵抗；而我们希望客户的注意力集中在你讲的话上，而不是注意力的转移。

正确方法：“我们能为你做的是……”

▲在客户服务的语言中，没有“这不是我应该做的”。客户会认为他不配提出某种要求，从而不再听你解释。

正确方法：“我很愿意为你做”。

▲在客户服务的语言中，没有“我想我做不了”。当你说“不”时，与客户的沟

通会马上处于一种消极气氛中，为什么要客户把注意力集中在你或你的公司不能做什么，或者不想做什么呢？

正确方法：告诉客户你能做什么，并且非常愿意帮助他们。

▲在客户服务的语言中，没有“但是”。你受过这样的赞美吗？——“你穿的这件衣服真好看！但是……”，不论你前面讲得多好，如果后面出现了“但是”，就等于将前面对客户所说的话进行否定。

正确方法：只要不说“但是”，说什么都行！

▲在客户服务的语言中，有一个“因为”。要让客户接受你的建议，应该告诉他理由，不能满足客户的要求时，要告诉他原因。

（五）旺旺方面

1. 旺旺沟通的语气和旺旺表情的活用

在旺旺上和顾客对话，应该尽量使用活泼生动的语气，不要让顾客感觉到你在怠慢他。虽然很多顾客会想“哦，她很忙，所以不理我”，但是顾客心理还是觉得被疏忽了。这个时候如果实在很忙，不妨客气地告诉顾客“对不起，我现在比较忙，我可能会回复得慢一点，请理解”，这样，顾客才能理解你并且体谅你。尽量使用完整客气的语句来表达，比如说告诉顾客不讲价，应该尽量避免直截了当地说：“不讲价”，而是礼貌而客气的表达这个意思“对不起，我们店商品不讲价”，可以的话，还可以稍微解释一下原因。

如果我们遇到没有合适语言来回复顾客留言的时候，与其用“呵呵”“哈哈”等语气词，不妨使用一下旺旺的表情。一个生动的表情能让顾客直接体会到你的心情。

2. 旺旺使用技巧

我们可以通过设置快速回复来提前把常用的句子保存起来，这样在忙乱的时候可以快速地回复顾客。比如欢迎词、不讲价的解释、“请稍等”等，可以给我们节约大量的时间。在日常回复中，如发现哪些问题是顾客问得比较多的，则可以把回答内容保存起来，达到事半功倍的效果。

通过旺旺的状态设置，可以给店铺做宣传，比如在状态设置中写一些优惠措施、节假日提醒、推荐商品等。

如果暂时不在座位上，可以设置“自动回复”，不至于让顾客觉得自己好像没人搭理。也可以在自动回复中加上一些自己的话语，都能起到不错的效果。

（六）针对性方面

任何一种沟通技巧，都不是对所有客户一概而论的，针对不同的客户应该采用不同的沟通技巧。

1. 顾客对商品的了解程度不同，沟通方式也有所不同：

（1）对商品缺乏认识，不了解。这类顾客对商品知识缺乏，对客服依赖性强。对于这样的顾客需要我们像对待朋友一样去细心地解答，多从他（她）的角度考虑去给他（她）推荐，并且告诉他（她）你推荐这些商品的原因。对于这样的顾客，你的解释越细致他（她）就会越信赖你。

（2）对商品有些了解，但是一知半解。这类顾客对商品了解一些，比较主观，易冲动，不太容易信赖。面对这样的顾客，这时就要控制情绪，有理有节耐心地回答，向她表示你的丰富专业知识，让她认识到自己的不足，从而增加对你的信赖。

(3) 对商品非常了解。这类顾客知识面广，自信心强，问题往往都能问到点子上。面对这样的顾客，要表示出你对她专业知识的欣赏，表达出“好不容易遇到同行的了”，熟练地和她探讨专业的知识，给他（她）来自内行的推荐，告诉她“这个才是最好的，你一看就知道了”，让她感觉到自己真的被当成了内行的朋友，而且你尊重他（她）的知识，你给他（她）的推荐肯定是最衷心的、最好的。

2. 对价格要求不同的顾客，沟通方式也有所不同

(1) 有的顾客很大方，说一不二，看见你说不砍价就不跟你讨价还价。对待这样的顾客要表达你的感谢，并且主动告诉她我们的优惠措施，我们会赠送什么样的小礼物，这样，让顾客感觉物超所值。

(2) 有的顾客会试探性地问问能不能还价。对待这样的顾客既要坚定地告诉她不能还价，同时也要态度和缓地告诉她我们的价格是物有所值的。并且谢谢他的理解和合作。

(3) 有的顾客就是要讨价还价，不讲价就不高兴。对于这样的顾客，除了要坚定重申我们的原则外，还要有理有节地拒绝她的要求，不要被她的各种威胁和祈求所动摇。适当的时候建议她再看看其他便宜的商品。

3. 对商品要求不同的顾客，沟通方式也有所不同

(1) 有的顾客因为买过类似的商品，所以对购买的商品质量有清楚的认识。对于这样的顾客是很好打交道的。

(2) 有的顾客将信将疑，会问：图片和商品是一样的吗？对于这样的顾客要耐心给他们解释，在肯定我们是实物拍摄的同时，要提醒她难免会有色差等，让她有一定的思想准备，不要把商品想象得太过完美。

(3) 还有的顾客非常挑剔，在沟通的时候就可以感觉到，她会反复问：有没有瑕疵？有没有色差？有问题怎么办？怎么找你们，等等。这个时候就要意识到这是一个完美主义的顾客，除了要实事求是介绍商品，还要实事求是把一些可能存在的问题都介绍给她，告诉她没有东西是十全十美的。如果顾客还坚持要完美的商品，就应该委婉地建议她选择实体店购买需要的商品。

(七) 其他方面

1. 坚守诚信

网络购物虽然方便快捷，但唯一的缺陷就是看不到摸不着。顾客面对网上商品难免会有疑虑和戒心，所以我们对顾客必须要用一颗诚挚的心，像对待朋友一样对待顾客。包括诚实地解答顾客的疑问，诚实地告诉顾客商品的优缺点，诚实地向顾客推荐适合她的商品。

坚守诚信还表现在，一旦答应顾客的要求，就应该切实地履行自己的承诺，哪怕自己吃点亏，也不能出尔反尔。

2. 凡事留有余地

在与顾客交流中，不要用“肯定，保证，绝对”等字样，这不等于你售出的产

品是次品，也不表示你对买家不负责任，而是不让顾客有失望的感觉。因为我们每个人在购买商品的时候都会有一种期望，如果你保证不了顾客的期望，最后就会变成顾客的失望。比如卖化妆品的，本身每个人的肤质就不同，你敢百分百保证你售出的产品在几天或一个月内一定能达到顾客想象的效果吗？还有出售出去的货品在路程中，我们能保证快递公司不误期吗？不会被丢失吗？不会被损坏吗？为了不让顾客失望，最好不要轻易说保证。如果要用，最好用尽量、争取、努力等词语，效果会更好。多给顾客一点真诚，也给自己留有一点余地。

3. 处处为顾客着想，用诚心打动顾客

让顾客满意，重要一点体现在真正为顾客着想。处处站在对方的立场，想顾客所及，把自己变成一个买家助手。

4. 多虚心请教，多倾听顾客的声音

当顾客上门的时候我们并不能马上判断出顾客的来意与其所需要的物品，所以需要先问清楚顾客的意图，需要具体的什么商品，是送人还是自用，是送给什么样的人等。了解清楚了顾客的情况，准确地对其进行定位，才能做到只介绍对的不介绍贵的，以客为尊，满足顾客的需求。

当顾客表现出犹豫不决或者不明白的时候，我们也应该先问清楚顾客困惑的原因是什么，是哪个问题不清楚，如果顾客表述得也不清楚，我们可以把自己的理解告诉顾客，问问是不是理解对了，然后针对顾客的疑惑给予解答。

5. 做个专业卖家，给顾客准确的推介

不是所有的顾客对你的产品都是了解和熟悉的。当有的顾客对你的产品不了解的时候，在咨询过程中，就需要我们为顾客解答，帮助顾客找到合适他们的产品。不能一问三不知，这样会让顾客感觉没有信任感，谁也不会在这样的店里买东西的。

6. 坦诚介绍商品的优点与缺点

我们在介绍商品的时候，必须要针对产品本身的缺点。虽然商品缺点本来是应该尽量避免触及，但如果因此而造成事后客户抱怨，反而会失去信用，得到差评也就在所难免了。在淘宝里也有看到其他卖家因为商品质量问题得到差评，有些是特价商品造成的。所以，在卖这类商品时首先要坦诚地让顾客了解到商品的缺点，努力让顾客知道商品的其他优点，先说缺点再说优点，这样会更容易被客户接受。在介绍商品时切莫夸大其词地来介绍自己的商品，介绍与事实不符，最后失去信用也失去顾客。其实介绍自己的产品时，就像媒婆一样把产品嫁出去。如果你介绍："这个女孩脾气不错，就是脸蛋差了些"和"这个女孩虽然脸蛋差了些，但是脾气好，善良温柔"，虽然表达的意思是一样，但听起来感受可就不大相同噢！所以，介绍自己的产品时，可以强调一下："东西虽然是次了些，但是东西功能俱全，或者说，这件商品拥有其他产品没有的特色"等，这样介绍收到的效果是完全不同的。此方法建议用在特价商品上比较好。

7. 遇到问题多检讨自己少责怪对方

遇到问题的时候，先想想自己有什么做得不到位的地方，诚恳地向顾客检讨自己的不足，不要一上来就先指责顾客。比如顾客有些内容明明写了，可是他（她）看不到，这个时候千万不要一味地指责顾客没有好好看商品说明，而是应该反省自己没有及时地提醒顾客。

8. 换位思考、理解顾客的意愿

当我们遇到不理解顾客想法的时候，不妨多问问顾客是怎么想的，然后把自己放在顾客的角度去体会他（她）的心境。

9. 表达不同意见时尊重对方的立场

当顾客表达不同的意见时，要力求体谅和理解顾客，表现出“我理解您现在的心情，目前……”或者“我也是这么想的，不过……”来表达，这样顾客能觉得你在体会他的想法，能够站在他的角度思考问题，同样，他也会试图站在你的角度来考虑。

10. 保持相同的谈话方式

对于不同的顾客，我们应该尽量用和他们相同的谈话方式来交谈。如果对方是个年轻的妈妈给孩子选商品，我们应该表现出站在母亲的立场，考虑孩子的需要，用比较成熟的语气来表述，这样更能得到顾客的信赖。如果你自己表现得更像个孩子，顾客会对你的推荐表示怀疑。

如果你常常使用网络语言，但是在和顾客交流的时候，有时候她对你使用的网络语言不理解，会感觉和你有交流的障碍，有的人也不太喜欢太年轻态的语言。所以我们建议大家在和顾客交流的时候，尽量不要使用太多的网络语言。

11. 经常对顾客表示感谢

当顾客及时地完成付款，或者很痛快地达成交易，我们都应该衷心地对顾客表示感谢，谢谢她这么配合我们的工作，谢谢她为我们节约了时间，谢谢她给了我们一个愉快的交易过程。

12. 坚持自己的原则

在销售过程中，我们会经常遇到讨价还价的顾客，这个时候我们应当坚持自己的原则。

如果作为商家在定价格的时候已经决定不再议价，那么我们就应该向要求议价的顾客明确表示这个原则。

比如说邮费，如果顾客不符合包邮条件，而给某位顾客包了邮，钱是小事，但后果严重：

（1）其他顾客会觉得不公平，使店铺失去纪律性。

（2）给顾客留下经营管理不正规的印象，从而小看你的店铺。

（3）给顾客留下价格产品不成正比的感觉，否则为什么你还有包邮的利润空间呢？

（4）顾客下次来购物还会要求和这次一样的特殊待遇，或进行更多的议价，这样你需要投入更多的时间成本来应对。在现在快节奏的社会，时间就是金钱，珍惜顾客的时间也珍惜自己的时间，才是负责的态度。

资料来源：淘宝网。

子任务二 网络会员制度的设计与应用

一、引例

迪克超市的秘密

肯·罗布是迪克连锁超市的高级营销副总裁，这是一家在威斯康星州乡村地区拥有八家分店的超级市场。

罗布有一个秘密，就是当他的顾客来商场采购时，他十分了解这些顾客想要买些什么。在迪克超市每周消费25美元以上的顾客每隔一周就会收到一份定制的购物清单，购物清单上是各种特价商品。这不是很常见的促销吗？这里请注意，每位顾客的购物清单是不一样的，甚至连特价商品的价格也是不一样的，而这些促销商品总是能恰如其分地满足每位顾客的需要。这一点连同超市所提供的优质服务的良好声誉，是迪克连锁超市对付低价位竞争对手及同类别杀手的主要防御手段。

秘密的答案在于迪克超市采用数据优势软件（DataVantage）——一种由康涅狄格州的关系营销集团（Relationship Marketing Group，RMG）所开发的软件产品。

软件是这样运行的：购物清单是由顾客以往的采购记录及厂家所提供的商品现价、交易政策或折扣共同派生出来的。顾客购物时可随身携带此清单也可以将其放在家中。当顾客到收银台结账时，收银员就会扫描一下印有条形码的购物清单或者顾客常用的优惠俱乐部会员卡。无论哪种方式，购物单上的任何特价商品都会被自动予以兑现，而且这位顾客在该店的购物记录会被刷新，生成下一份购物清单。于是，顾客就能“恰如其时地”享受到各种特惠价格。

“这对于我们和生产厂家都很有利，因为你能根据顾客的需求定制促销方案。由此你就可以做出一个与顾客商业价值成正比的方案”罗布说。

迪克超市还依靠顾客特定信息，跨越一系列商品种类将定制的促销品瞄准各类最有价值的顾客。比如，非阿司匹林产品（如泰诺）的服用者可以被分成三组：全国性品牌、商店品牌和摇摆不定者。这些组中的每组顾客又可以根据低、中、高用量被分成三个次组。用量就代表着在某类商品中顾客对迪克超市所提供的长期价值（仅在这一个产品种类中，就有六个“模件”，产生出总共9种不同类型的顾客——这足以发动一次批量定制营销活动了）。

假设超市的目标是要把泰诺用户转变成商店品牌的用户，那么罗布就会将其最具攻击性的营销活动专用于用量大的顾客，因为他们最有潜在价值。给予大用量顾客的初始折扣优惠远高于给予低用量和中等用量的顾客。促销活动的时间会恰好与每一位顾客独有的购买周期相吻合，而对这一点，罗布通过分析顾客的以往购物记录即可做出合理预测。

“顾客们认为这太棒了，因为购物清单准确地反映了他们要购买的商品。如果顾客养有狗或猫，我们就会给他提供狗粮或猫粮优惠；如果顾客有小孩，他们就可以得到孩童产品优惠，比如尿布及婴幼儿食品；常买很多蔬菜的顾客会得到许多蔬菜类产品的优惠，"罗布说，"如果他们不只在一家超市购物，他们就会错过我们根据其购物记录而专门提供的一些特价优惠，因为很显然我们无法得知他们在其他地方买了些什么。但是，如果他们所购商品中的大部分源于我们商店，他们通常可以得到相当的价值回报。我们比较忠诚的顾客常会随同购物清单一起得到价值为30到40美元的折价券。我们的目标就是回报那些把他们大部分的日常消费都花在我们这儿的顾客。"

资料来源：百度文库。

案例思考：

迪克超市真是一个神奇的超市，它能够洞悉每个顾客的需求，恰如其分地为他们送去每周的促销方案，以至于它的顾客忠诚度非常的高，因为一旦离开这家超市而改换其他的超市消费，就再难以得到为自己量身定做的促销清单了，这是顾客所不愿意的。这个案例告诉我们什么是精准营销，而显然除了一套高超的信息管理系统外，精准营销的实施还有赖于其会员制度的设计。

二、任务描述

精准营销在信息时代得到更广泛的应用，在电子商务中，由于大量的顾客购买行为得以准确记录，如何利用信息技术来管理好顾客，利用顾客购买信息设计营销方案，提高顾客忠诚度，是我们要思考的问题，也就是网络会员制度的设计问题。在这个任务中，我们应该了解为什么要开展和如何开展网络会员营销。

三、任务要求

（1）通过考察多家企业的网络会员营销制度来了解网络会员营销的基本模式及其应用领域。

（2）为一个未开展网络会员营销的企业设计一个合理的网络会员制度和实施方案。

四、实践步骤

（1）学生三人为一个小组，由实验指导老师指定三个典型的企业案例，各小组自由寻找三个以上的企业案例，站在客户的角度上对他们的网络会员营销制度进行对比分析，从激励老顾客、提升客户忠诚度、交叉销售、个性化服务等方面的效用进行评价，写入实验报告。

（2）以实验指导老师指定的或自由寻找的一个尚未实施网络会员制度的企业网站为背景，结合企业实际情况，为其设计一套网络会员制度和实施方案。主要包括：

①会员注册表单设计；

②会员积分制度设计；

③会员促销邮件、会员社区方案设计；

④个性化会员营销方案设计。

五、理论知识点

营销学研究表明，实现第二次销售的成本仅是第一次销售的20%，“老主顾”不仅能带来稳定的销售收入，而且企业也能省去一笔开发新顾客的费用。因此，“会员制”成了商家们获取客源的法宝。通过建立会员制，让“老顾客”获得额外的服务和利益，从而提高顾客忠诚度，实现再次或多次销售，是企业实施会员营销的目标。而在网络环境下，消费者的网络购买行为较传统购买行为更容易记录，网络会员制度的设计有利于企业实现良好的客户关系管理。

（一）网络会员营销的概念及效用

网络会员营销，就是把经过互联网获得的客户，通过网络会员管理，提供差别化的服务和精准的营销，提高顾客的忠诚度，挖掘顾客的后续消费力，汲取终身消费价值，并通过客户转介绍等方式，将一个客户的价值实现最大化。网络会员制营销可以帮助企业准确找到目标消费者群，帮助企业判定消费者和目标消费者的消费标准并准确定位。其效用为：

（1）网络会员营销成本最小化，效果最大化。互联网信息传递的成本低廉，使企业能以最低的成本在最合适的时机发布最合适的产品信息来满足顾客的需求。

（2）顾客终身价值的持续性提高。互联网技术与信息技术能够记录顾客的消费行为，以及顾客的消费反馈信息，有利于企业作出针对性强的市场分析，使企业更加了解顾客，其生产和经营更符合消费者需求。

（3）形成消费者群落。网络会员营销可以通过网站的会员交流区、论坛等形成有相同兴趣的消费者群落，使企业发展新的服务项目并促成购买过程简便化，通过信息的互动传播带来消费者的重复购买和交叉购买，扩大销售。

（4）实现双向个性化交流。通过网络企业与会员实现互动交流，使会员通过在线客服获得个性化的服务，提升顾客满意度。

（5）提升客户忠诚度。通过网络会员积分制或会员等级制的管理，使会员得到老顾客地位的认可和利益回馈的激励，有利于提升客户忠诚度和增加客户消费。

（二）网络会员营销的步骤

开展网络会员营销的具体步骤有五步：

第一步：顾客基本信息收集方案的设计与实施；

第二步：对顾客购买记录信息的收集和利用以及积分制度的设计与实施；

第三步：顾客联系邮件、短信的设计和发送；

第四步：建立会员社区，促进会员互动；

第五步：个性化的客户服务。

1. 顾客基本信息收集方案的设计与实施

顾客基本信息收集是网络会员营销工作的第一步。包括顾客信息表单设计、信息收集方案设计，以及信息的归档。这一步要求能够尽可能地收集到顾客更多的个人信息，其中最重要的信息是顾客的电子邮箱及电话号码，这为下一步的信息互动提供了必要的渠道。

顾客信息主要包括顾客固有的基本信息以及动态购买信息。基本信息如性别、年龄、收入、职业和通信地址等，但除非是顾客非常信任这个网站，或者是受到网站给出的某种激励，如填写详细资料可以获得丰厚积分或者礼物等，多数的顾客并不愿意提供详细的私人信息。因此，有效的顾客管理应更着重于从顾客的消费行为中发掘信息。

顾客信息的收集从两个环节进行，一是对网站会员注册信息的收集；二是对会员购买信息的管理。

网站会员注册信息表单的设计应以简洁鲜明的风格为主，以既能让顾客迅速便捷地注册成为会员，又能获取企业营销所需要的必要信息为宜（见图 10-9）。让会员以电子邮件地址作为登录账号是一个巧妙的办法，一是让会员将来不会因为在过多的网站上注册过而忘记本网站的登录账号，二是有效获取会员的电子邮箱，为将来的信息互动做好准备。

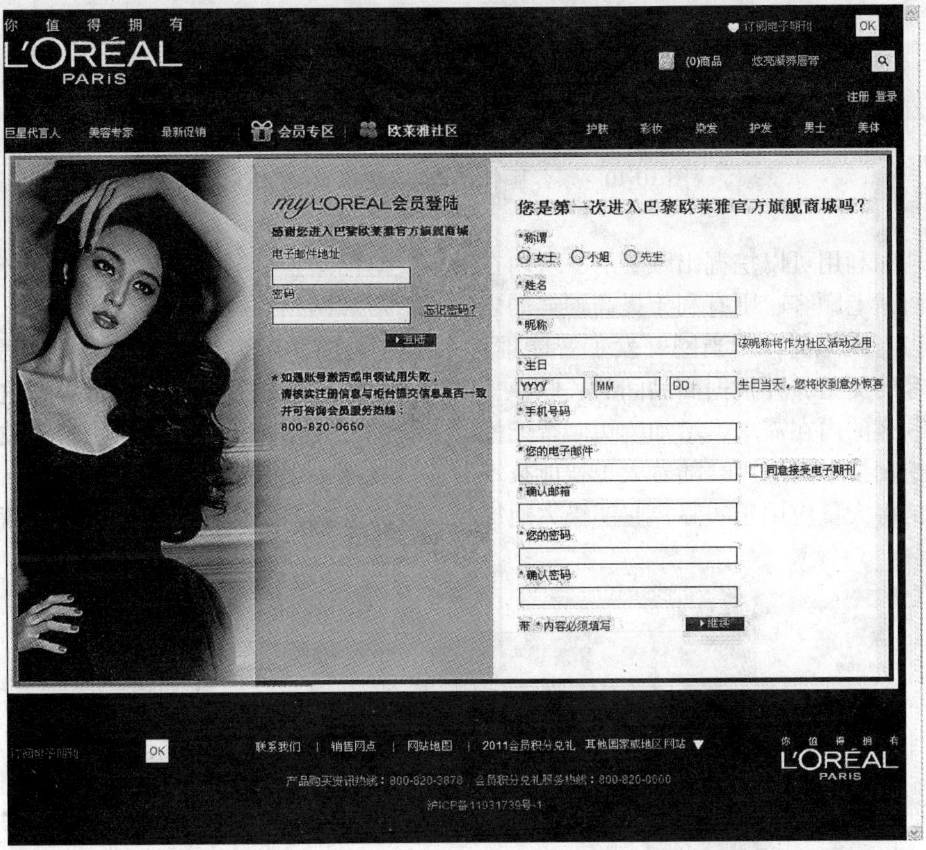

图 10-9　顾客基本信息收集表单示例（a）

网络购买行为必然能使网站获取顾客的真实地址及电话号码等信息（见图 10-10），网站应该及时提取有关信息来进行管理和有效利用。例如在会员生日时寄送生日礼物，在网站促销时发送促销短信等。

2. 对顾客购买记录信息的收集和利用以及积分制度的设计

顾客进行网络购买时的信息在一定程度上可以反映出顾客的消费偏好，对顾客购买信

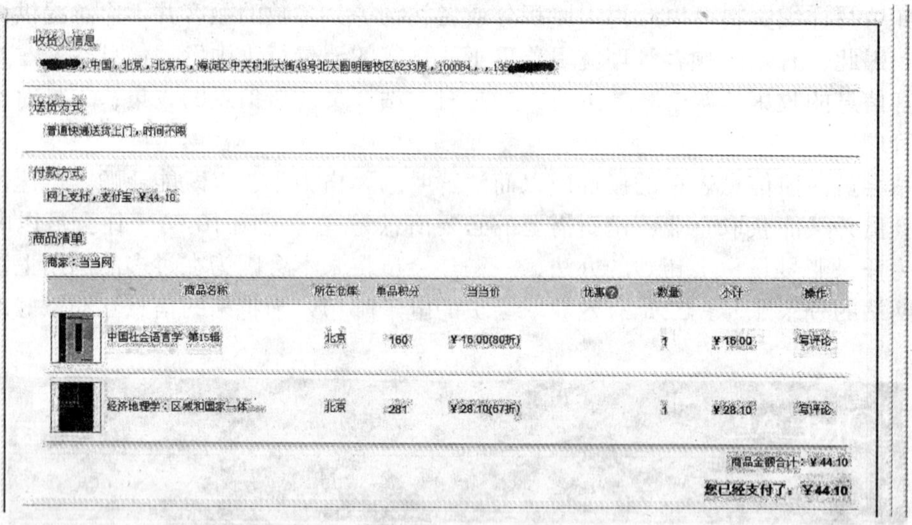

图 10-10　顾客基本信息收集表单示例（b）

息的管理和利用可以挖掘出顾客的一些内在需求。对网站积分制度进行设计，以开展积分活动来回馈老顾客，则有利于提高顾客的忠诚度，增加网站对顾客的黏性。

以当当网为例，当当网开发了智能推荐系统（见图 10-11），根据顾客的消费记录，识别顾客的类型，并根据商品间的关联性，实现为每位顾客进行自动商品推荐，这样就可以激发顾客的内在需求，增加购买。智能推荐系统的开发依赖于计算机人工智能技术尤其是数据挖掘技术的应用。随着人工智能技术的逐步成熟，以及消费者数据的累积，企业数据库营销将大量应用于实际，它能极大地提高顾客服务效率，实现一对一的精准营销。

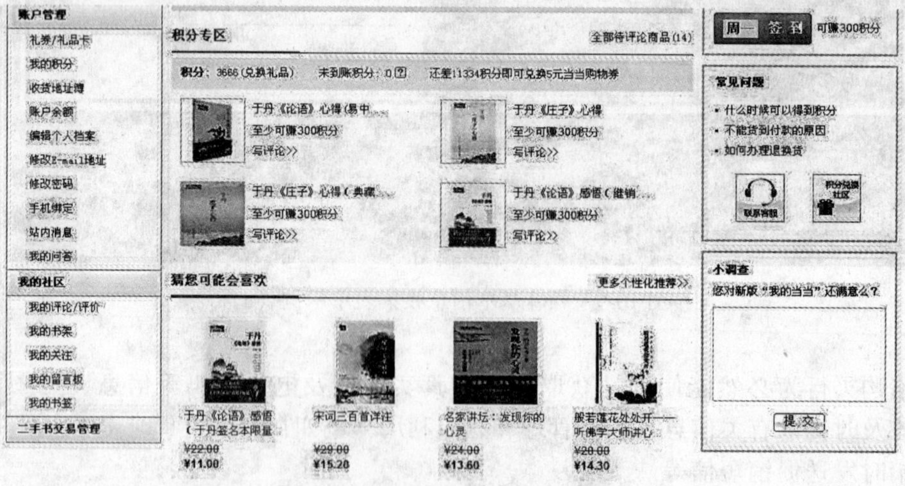

图 10-11　当当网的智能推荐

会员积分制度在现实中被很多企业所采用，如各类商场、超市、专卖店等。积分制度通常是通过会员的购买行为按照积分规则来累积分数，并据此实施优惠或返利。具体形式主要有以下两种：

（1）每次购物按金额积分（如每消费 1 元积 1 分），在年终或一年中某特定的时间可以用积分兑换现金或礼品。

（2）按消费金额确定 VIP 会员身份，并向不同级别的会员提供有区别的服务。

例如某服装专卖店规定，一次性购买 500 元或一个月内累计购买 1000 元以上本品牌服装，可以成为本店银卡会员，享受本店购物 9 折优惠；一次性购买 2000 元或累计购买 5000 元以上本品牌服装，可以成为本店金卡会员，享受本店购物 8 折优惠。

在网络上，会员积分制度也可以参照实体制度来制定，同时，因为网络平台信息传播更为便利，会员的网络行为也更容易收集，从而可以使网络会员积分制度更为灵活多样化。积分制度积分活动的开展，一方面使老顾客获得额外的利益，另一方面显示出企业对老顾客的重视，让老顾客备感尊重，从而建立起良好的客户关系。会员积分制度示例如图 10-12 至图 10-15 所示。

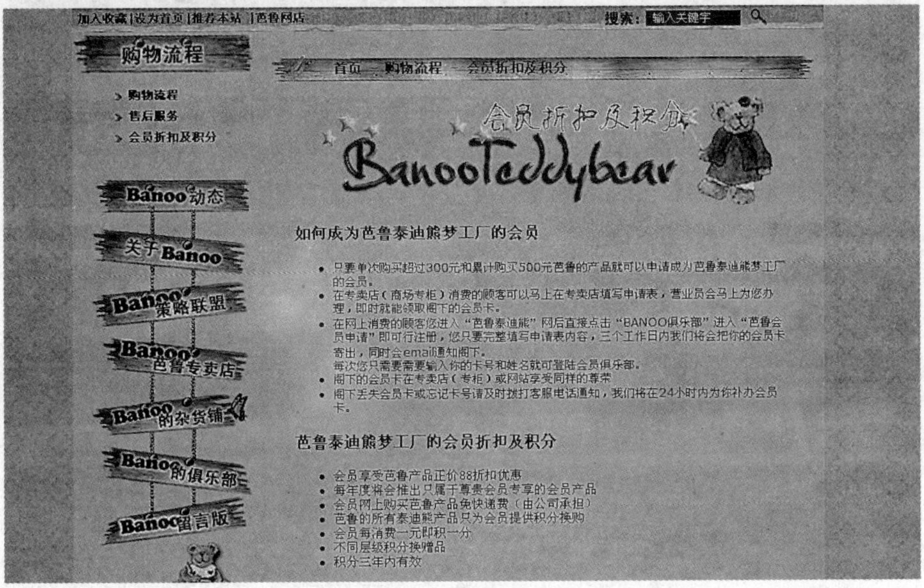

图 10-12　会员积分制度示例

3. 顾客联系邮件、短信的设计和发送

当收集了会员的基本信息后，企业应加强与会员的日常联系，一是商品促销信息的发布，二是服务信息的发布，三是一些个性化顾客问候信息的发送。

商品促销信息发布是企业的一项日常工作，应有专业的团队设计促销邮件（详见实训任务七：许可 E-mail 营销），及时发送到愿意接收邮件的顾客邮箱中。值得一提的是，促销邮件有提醒顾客和刺激消费的作用，但过多的促销邮件则会引发顾客的反感而被认定为垃圾邮件，企业在进行促销邮件发布时应按照行业特点来调整信息发布的频率。例如服

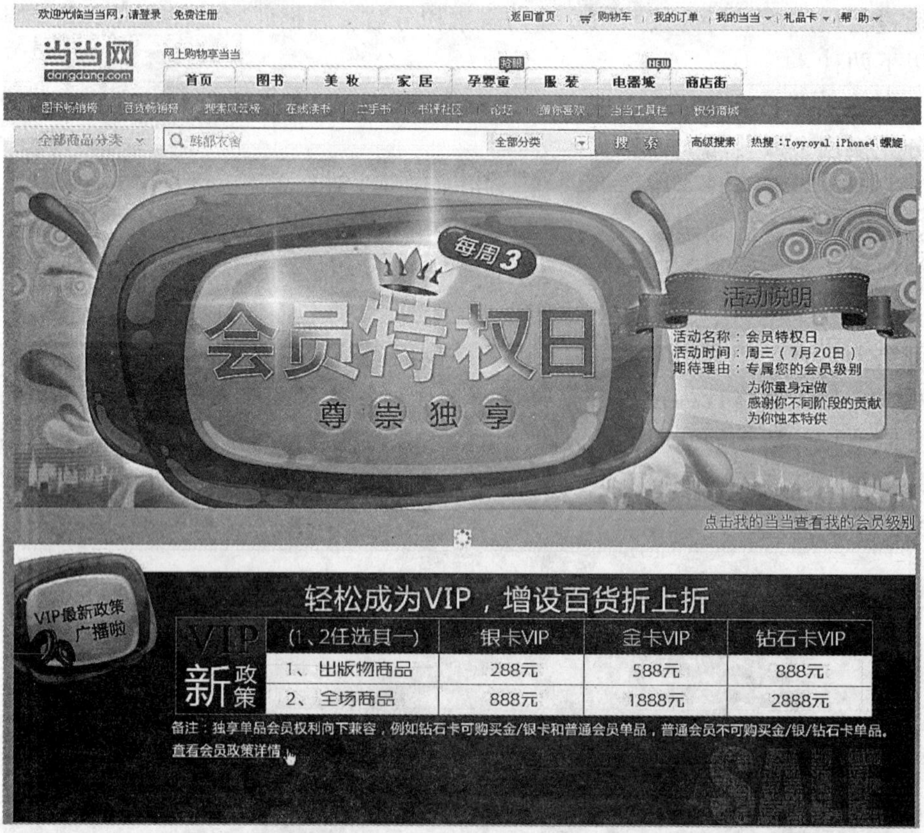

图 10-13　会员积分制度示例

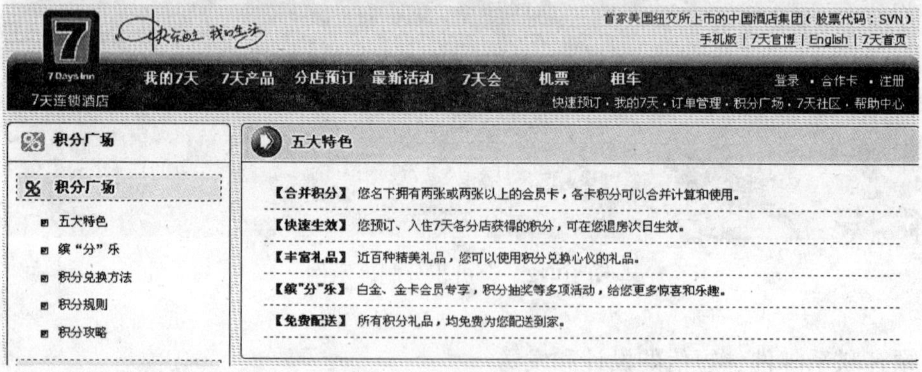

图 10-14　会员积分制度示例

装销售企业可以在征得会员同意的情况下，每两周一次向会员发布新产品信息邮件，在换季促销的时候不定期发布促销优惠邮件及短信通知。（分别见图 10-16 和图 10-17）

服务信息的发布是企业售后服务的组成。当顾客实施购买行为后，企业可以通过短信

图 10-15　会员积分制度示例

图 10-16　会员促销邮件示例

平台来发送相关信息，如商品发货信息、优惠券到期信息等。

例如一条典型的服务短信是：亲爱的××会员，您所购买的商品××××××××已经由顺丰快递发出，预计在 1 到 2 天内到达，请注意查收。咨询电话：400-12345678。

个性化顾客问候信息的主要目的是加强与顾客的情感交流，让顾客备感亲切而更加信任和忠诚于企业。通常的做法是在一些传统节日或纪念日如春节、中秋节、母亲节或者是顾客的生日给顾客发去电子贺卡或祝福短信，让顾客感受企业浓厚的人情味。

4. 建立会员社区，促进会员互动

会员社区是企业获取第一手市场信息的重要渠道。通过建立会员社区，打造让拥有共

图 10-17　会员促销邮件示例

同兴趣和爱好的顾客参与交流和互动的平台，非常有利于增进企业与客户间的关系，还有利于企业品牌和文化的传播，同时有利于顾客需求、产品评价等重要市场信息的获取，还可以迅速便捷地开展网络促销活动。

会员社区的建设与论坛（BBS）的建设类似，但内容版块的设计与维护应围绕企业产品和顾客交流来开展。通常可以设置新产品讨论、产品相关常识的普及以及顾客交流互动的版块，还可以根据需要开设产品调查的主题版块。图 10-18 是李宁公司的会员社区。

图 10-18　会员社区示例

5. 个性化的客户服务

每一个企业都致力于提高服务客户的水平，但是要超越客户预期，让客户获得惊喜却不是常规服务能做到的，在各企业比拼服务水平的时候，实施个性化的客户服务至关重要。虽然前述的原因提到通过计算机人工智能技术能一定程度地识别客户的需求，但是对于一些特殊客户的需求，还是要靠一对一的人工服务才能实现。这时，真诚对待每一位客户，应该是企业处理客户关系的基本态度，也是实现个性化客户服务的前提。个性化的客户服务没有固定的模式，出其不意的一些方式和重视细节的服务往往让客户获得惊喜，而让客户满意的关键则是了解和满足客户的真实需求。在后文拓展案例《强生公司的会员营销》中，对强生公司网站定位，服务模式和营销效果的剖析正体现了强生公司在丝丝入扣的个性化客户服务中取得消费者信任的成功模式。例如，图 10-19 是某品牌化妆品在淘宝网上建立的帮派，帮派也是会员社区的一种，企业通过帮派，让会员充分表达各种诉求，认真倾听建议，及时解答客户疑问，也可以实现对有特殊诉求客户的一对一服务。

图 10-19　某化妆品公司建立的“帮派”

六、实验报告

（1）学生三人为一个小组，由实验指导老师指定三个典型的企业案例，各小组自由寻找三个以上的企业案例，站在客户的角度上对它们的网络会员营销制度进行对比分析，从激励老顾客、提升客户忠诚度、交叉销售、个性化服务等方面的效用进行评价，写入实验报告。

（2）主要包括以下内容。

①会员注册表单设计；

②会员积分制度设计；

③会员促销邮件、会员社区方案设计；

④个性化会员营销方案设计。

（3）实验报告书。

<table>
<tr><td>实验项目名称</td><td>企业网络会员制度比较分析</td><td>课程名称</td><td>网络营销</td><td>实验类型</td><td>课程实训</td></tr>
<tr><td>学生姓名</td><td></td><td>班级</td><td></td><td>学号</td><td></td></tr>
<tr><td>团队成员姓名</td><td colspan="3"></td><td>指导老师</td><td></td></tr>
<tr><td>实验地点</td><td></td><td>实验日期</td><td></td><td>课时</td><td></td></tr>
<tr><td>实验目的和原理</td><td colspan="5">通过考察多个典型企业网站网络会员制度的优劣势比较，了解网络会员制度的作用和基本模式</td></tr>
<tr><td>实验内容和要求</td><td colspan="5">站在客户的角度对它们的网络会员营销制度进行对比分析，从激励老顾客、提升客户忠诚度、交叉销售、个性化服务等方面的效用进行评价，写入实验报告
内容：考察指导老师指定的和自己寻找的各个企业网站的会员营销制度
要求：1. 把自己当成真正的企业客户去考察
2. 考察各网站收集会员基本信息的方法手段有哪些？收集到的会员信息有哪些方面？注册会员过程是否快捷方便？作为客户是否自愿填写所有信息
3. 考察各网站的会员积分制或会员分级制。对各种制度下对会员的消费激励有效性进行评价
4. 对各网站的会员营销手段进行观察，并对其有效性进行评价
5. 总结和归纳各企业的个性化营销手段</td></tr>
<tr><td>实验软件或网站</td><td colspan="5">IE 浏览器、Office 办公软件
调查网站包括：由指导老师指定的三个网站以及各小组自己寻找的三个网站</td></tr>
<tr><td>实验操作方法与实验步骤</td><td colspan="5"></td></tr>
<tr><td>实验数据记录和处理</td><td colspan="5"></td></tr>
<tr><td>实验结果与分析</td><td colspan="5"></td></tr>
<tr><td>实验讨论与心得</td><td colspan="5"></td></tr>
</table>

续表

实验指导老师评语	
成绩评定	成绩评定：________________签名：__________

（4）以实验指导老师指定的或自由寻找的一个尚未实施网络会员制度的企业网站为背景，结合企业实际情况，为其设计一套网络会员制度和实施方案，方案中应包括文字描述和设计图表。

会员注册表单设计	
会员积分制度设计	
会员促销邮件、会员社区方案设计	
个性化会员营销方案设计	

七、小组讨论及讲演

根据本子任务的学习内容，结合实训案例背景，组织各小组讨论并制作 PPT 以及进行课堂讲演，讲演需包括以下几点内容。

（1）对多家企业网站的企业会员营销制度的比较分析报告。

（2）本小组为企业设计的会员注册表单、会员积分制度 FAQ、会员促销邮件、会员社区方案以及个性化会员营销方案的展示。

八、案例拓展

强生公司的会员营销

19 世纪 80 年代，一种无菌的、可包扎的、密封于单独包装、不会被感染且立即可用的外科敷料成品的开发标志着强生公司的诞生。它的使用大大减少了手术后病人感染和再次得病的机会，从而使企业迅速发展起来。

今天，强生已发展成为拥有180多个公司、近10万雇员的世界大家庭，生产婴儿护理、医疗用品、家庭保健产品、皮肤护理用品、隐形眼镜和妇女卫生等系列产品。著名的“邦迪”牌创可贴更是人人居家外出的必备品。

显然，策划这类企业网站比策划通用汽车、德尔和高露洁之类的企业网站要难得多。因为设计单一产品企业网站时，当以纵横捭阖为旨；而建立多种产品企业网站时，则以聚敛收缩为要。这有点类似于书法要诀中“小字贵开阔，大字贵密集”之辩证关系。

面对旗下众多的企业、产品和品牌，强生网站如果不厌其烦地一味穷举，就可能做成“医疗保健品大全”之类。当然，“大全”本身并无不好，问题是互联网生来就是“万类霜天竞自由”的辽阔天地，人们稀罕的不是遍地“山花烂漫”，而是在寻觅哪边“风景独好”？今日网上谁主一方沉浮，谁就为一方豪杰，可谓英雄割据正当时。

所以，强生以“有所为，有所不为”为建站原则，以企业“受欢迎的文化”为设计宗旨，明确主线，找准切入点后便“咬住青山不放松”，将主题做深做透，从而取得极大的成功。

（一）站点主题及创意

管理学者素来对强生公司的“受欢迎的文化”推崇备至。该企业文化的内涵体现在公司信条中。这是自其成立之初就奉行的一种将商业活动与社会责任相结合的经营理念：第一，公司需对使用其产品和服务的用户负责；第二，对公司员工负责；第三，对所在社区和环境负责；第四，对公司股东负责。这些信条自开创者做起，已为历届继任者坚持至今，而且他们坚信，只要做到信条的前三条，第四条就会自然做到，企业也会受到公众的欢迎。强生的百年成功历史，就是因为其执著地实践了这些信条。

所以经验告诉强生，企业网站的成功必须与其奉为圭臬的“受欢迎”和“文化”联系起来。但进一步，网上的“受欢迎”是什么？它是指企业对千百万网民实际需求的关注与满足，而且这种满足必须是与互联网媒体特性、企业现有产品相结合，同时在网上还要具有特色的、别人难以模仿的新颖服务项目。最后，这种服务对于网民和企业都必须是可持续性的、能不断交流的、可增进双方亲和力与品牌感召力的项目。

明确这些边界条件后，强生就选择其婴儿护理品为其网站的形象产品，选择“您的宝宝”为站点主题，整个站点就成了年轻网民的一部“宝宝成长日记”，所有的营销流程自然就沿着这本日记悄然展开。

将一家拥有百年历史，位居《财富》500强企业的站点建成什么“您的宝宝”网站?!变成一部“个人化的、记录孩子出生与成长历程的电子手册”?!这一创意是否太滑稽、太离谱了？但请慢下结论，任何人只要客观地顺其网站走上一遭，就会发现这的确是个“受欢迎”和充满“育儿文化”气息的地方。

在这里，强生就像位呵前护后、絮絮叨叨的老保姆，不时提醒着年轻父母们该关注宝宝的睡眠、他的饮食、他的哭闹、他的体温、如何为他洗澡……年轻父母们会突然发现，在这奔波劳顿、纷乱繁杂的世道中，身边倒确实需要一个这类角色的不断指点。尽管随着孩子的日日成长，这老保姆会时时递来“强生沐浴露”、“强生安全棉”、“强生尿片”、“强生围嘴”、“强生2合1爽身粉”、“强生Ve保湿蜜”，以及其他几十种“强生××、强生××、强生××”。

虽然“不尽强生滚滚来”，但这份育儿宝典会告诉您这些用品正是孩子现在所必需的。而且这时的网站又成了科学与权威的代言人，每种产品都是研究成果的结晶，还有各项最新研究报告为证，您只需按照吩咐去做准没错！所以人们不会觉得她比街头推销员更讨厌。一个站点做到这样，能说它不成功吗？

（二）内容与功能

进入强生网站，左上角著名的公司名标下是显眼的“您的宝宝”站名。每页可见的是各种肤色婴儿们的盈盈笑脸和其乐融融的年轻父母，这种亲情是化解人们对商业站点敌意的利器。首页上“如您的宝宝××时，应怎样处理？”“如何使您的宝宝××？”两项下拉菜单告诉来访者，这是帮人们育儿答疑解难的地方。

整个网站页面色调清新淡雅，明亮简洁。设有“宝宝的书”、“宝宝与您及小儿科研究院”、“强生婴儿用品”、“咨询与帮助中心”、“母亲交流圈”、“本站导航”、“意见反馈”等栏目。

“宝宝的书”由电子版的“婴儿成长日记”和育儿文献交织组成。前者是强生在网上开设的日记式育儿宝典，任何用户登录后，站点就生成一套记录册，并可得到强生“为您的宝宝专门提供的个性化信息服务”。具体为：

- 育儿日记（网上电子版）
- 记事及提醒服务（重要数据与预约项目）
- 可打印的格式化婴儿保健记录
- 成长热线（提供与年龄相关的成长信息）
- 研究文献（输入婴儿的周、月数，站点就提供相应内容的育儿文章；也可按主题查询）

事实上，育儿宝典的服务是从孕期开始的，其中有孕期保健、孕期胎儿的发育、娱乐与情绪控制、旅行与工作、产前准备、婴儿出生、母婴保健……然后是初生婴儿的1周、2周、3周、…、4月、5月、…，使用者按此时序记录婴儿的发育进展时，站点就不断提供各类参考文章，涉及婴儿的知觉、视觉、触觉、听力系统，对光线的反应、如何晒太阳、疾病症状等。

各项操作指导，可谓细致周全。如教人如何为婴儿量体温，居然分解出6个步骤进行。至于如何为孩子洗澡，更是先论证一番海绵浴和盆浴不同的道理，然后再要求调节室内温湿度，再分解出浴前准备6步骤和浴后处理6步骤……一个网站认真到了这份地步，不由你不叹服其“对服务负责”信条的威力，相信其进入《财富》500强绝非偶然。

网站还为年轻父母提供了心理指导，这对于某些婴儿的父母来说具有特别重要的意义。如“我的宝宝学得有多快?”栏目就开导人们，不要将自己的孩子与别人的孩子作比较，“将一个婴儿与其兄弟姐妹或其他婴儿比较是很困难的，只有将他的现在和他的过去作比较；而且你们的爱对婴儿来说是至关重要的。因此，无条件地接受他，爱他，就会培养出一个幸福、自信的孩子来。”

促进人们的交流是互联网的主导功能，强生参与运作了一个“全美母亲中心协会”的虚拟社区。“全美母亲中心”是分布于各州的妇女自由组织，目的是“使参加者不再感到孤立无助，能展示其为人之母的价值，切磋夫妇在育儿方面的经验，共同营造出一个适合孩子生长的友善环境”。如今，强生助其上网并归入自己站中，除保留原来的交流作用外，还从相关科研动态与信息方面来帮助她们解决问题。

强生网站提供服务时，客户输入的数据也进入其网站服务器。这是一笔巨大的资产，将对企业经营起着不可估量的作用，这也是对其认真服务的回报。当然，网站对任何登录的客户数据均有保密的承诺，但这些信息对该公司却是公开的。它需要登录者提供自己与婴儿的基本信息，并说明其与婴儿间的关系（母亲、父亲、祖父、祖母……)。对于愿意提供“婴儿皮肤类型”、“是否患尿布疹”、“如何喂养（母乳、牛乳、混合、固体食品）”者，就可获得皮肤保健、治疗尿布疹和喂养方面的专项信息服务。当然，对于顾客主动从“反馈”栏发来的求助与问询，网站的在线服务自会给予相应解答。

同样，凡参加“母亲中心”论坛的妇女在被正式接纳前，也需按“极感兴趣”、“有兴趣”、“不太感兴趣”、“不感兴趣”的选项，对各种讨论题作出回答，如“母亲工作”、“残疾儿童”、“抚养婴儿”、“取名字”、“孩子出生前后家庭关系变化”、“孕朗保健”、“婴儿用品”、“我的宝宝做得如何”、“趣闻轶事”等。

上述这些客户登记及回答信息到了公司营销专家、心理学家、市场分析家等的手中，自然不久就会形成一份份产品促销专案来，至少对企业与顾客保持联系起相当重要的作用。并由于这些方案具有极强的家庭服务需求针对性，故促销成功率应当不低。

（三）网站点评

面对庞大的企业群和无数产品，强生网站若按一般设计，可能就会陷入“前屏页面查询+后台数据库”的检索型网站之流俗格局。从网络营销角度上看，这类企业站点已呈“鸡肋”之颓势。这就如同各种典籍类工具历来都有，但任何时候都不会形成阅读热潮和建立起忠实的顾客群体，且对强生来说，那样做还无助于将其底蕴深厚的企业文化传统发挥出来。

如今，企业站点在设计上作了大胆的取舍，毅然放弃了所有品牌百花齐放的方案（当然，强生为旗下每家公司注册了独立域名，并能从站点“Websites”目录中方便地查到)，只以婴儿护理用品为营销主轴线。选择“您的宝宝”为站点主题，精心构思出“宝宝的书”为其与客户交流及开展个性服务的场所。力求从护理层、知识层、操作层、交流层、情感层、产品层上全面关心顾客痛痒，深入挖掘每户家庭的需求，实时跟踪服务。

于是，借助于互联网络，强生开辟了丰富多彩的婴儿服务项目；借助于婴儿服务项目，强生建立了与网民家庭的长期联系；借助于这种联系，强生巩固了与这一代消费者间的关系，同时又培养出新一代的消费者。

强生这个名字，必然成为最先占据新生幼儿脑海的第一品牌，该品牌可能将从其记事起，伴随其度过一生。网络营销做到这一境界，已是天下无敌。

实训任务十一　网络营销实施效果评价

子任务一　网络营销评价指标

一、引例

小红书福利社：口碑营销开创跨境电商新模式

在如今口碑为王的营销时代，作为最大的全球购物社区，小红书利用自身天然的优势，将购物分享社区和跨境电商板块——小红书福利社进行完美结合，为用户开启全新 CtoB 的消费模式。小红书福利社旨在帮助用户把发现到购买国外好物的路径缩至最短，让中国消费者更快享受到高品质的生活，不再担心购物买到假货。

最近两年，中国消费者的购买力一直是国际媒体关注的焦点。国人购物的选择范围已从国内迅速扩展至全世界，对生活品质的要求也越来越高。

然而，由于国内外购物信息的不对称，中国消费者在海外购物过程中都会遇到同样的问题：不知道买什么。小红书 APP 正是切准了用户的这一痛点，通过海外购物分享社区的模式，完美解决了这个难题，因而迅速在国内走红，受到千万用户的喜爱。小红书的内容全部来自用户分享，通过口碑传播，帮助用户找到国外的好东西。

2014 年 10 月小红书福利社上线，旨在解决海外购物的另一个难题：买不到。小红书已累积海量的海外购物数据，分析出最受欢迎的商品及全球购物趋势，并在此基础上把全世界的好东西，以最短的路径、最简洁的方式提供给用户。"在口碑社区的基础上增加购买板块是顺应用户的需求。"小红书运营副总裁娄伊琳介绍说，"我们要做的就是倾听大家想买什么，然后把这些好物保质保量地送到消费者手上。"

小红书福利社应用户需求而生，并逐步探索出全新的 CtoB 电商模式，即由用户行为数据决定卖家的商品选择。同时，小红书福利社与跨境电商保税区合作，采取保税自营模式，严格把控供应链的每一个细节，杜绝假货，保证用户享受到跨境电商的极致消费体验。

资料来源：新华网广西频道，http：//www. gx. xinhuanet. com/2015-05/25/c_ 1115396561. htm.

案例思考：

企业进行网络营销活动时，都要对活动进行效果的总结和评价，使得对网络营销活动有一个准确的判断，从而更好地把持营销活动的方向。这是一个值得大家认真思考的问题。

（1）小红书福利社通过口碑营销是否达到了预期的目标呢？

（2）该如何进行评价呢？

（3）具体的评价指标有哪些呢？

（4）这些评价指标在评价别的公司网站时能用吗？

二、任务描述

在网络营销活动的评价方面，由于企业网站可能是公司的形象网站、产品推广网站、电子商务型网站、行业门户网站，网站的定位不同，所采取的评价方法、设定的指标就必然有差异。如何建立比较科学有效的评价指标体系，提高网络营销的评价水平就显得尤为重要。

【实训案例】淘宝商城——李宁品牌店（见图 11-1）

该网站是以销售李宁品牌的运动系列产品为主要目的的营销网站，那么该网站的衡量标准是什么呢？

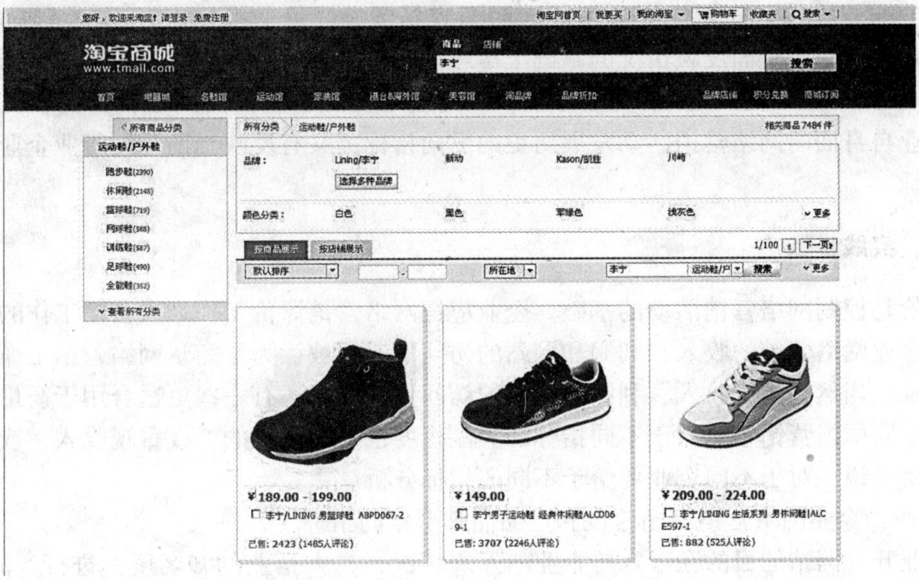

图 11-1　淘宝商城——李宁品牌店

①网站的交易量，即有多少用户在网站上购买了商品？

②有多少销售额产生，单位客户的购买额度是多少？

③有多少投诉情况在提供服务的过程中发生？

④顾客的满意情况怎么样？

⑤有多少的利润？

在网络营销模式中，衡量业绩的最直接标准是争取并维持了多少客户。在一个出卖实物产品的实例中，企业收到的电话数、通过网站生成的销售订单以及返修率或退货率都会成为衡量网站业绩的标准。

三、任务要求

指标是对工作绩效进行衡量的标准，网络营销指标体系的构建必须符合企业发展的要求。由于企业之间产品特点的不同，对于产品在营销过程中的关注方面也是不同的，也许很难列出很多有共性的要求，不过，从建立网络营销网站的目的出发，仍然有一些可供遵循的规律。根据衡量对象的不同，网络营销评价指标体系分为四大类，分别用以衡量企业网络营销网站建设和产品的品牌形象、网络营销企业的经营能力、网络营销网站的经营效果、网站的技术水平。企业可根据网络营销在企业营销活动中的重要程度将网络营销评价指标与传统的营销绩效评价指标有机结合，建立符合企业实际的企业网络营销评价指标体系。在建立网络营销评价指标体系时要注意以下要求：

（1）客观性。指标体系的建立要紧贴客观实际情况，尽可能不掺入主观因素，数据信息的获得要客观。

（2）指导性。即使用统一的、量化的统计手段评价营销绩效，根据情况选择反映长期或短期目标的指标，这样能够为营销决策提供依据和帮助。

（3）可操作性。即指标应尽可能简明而容易掌握，每个指标应有明确清晰的含义，指标的数量应在较全面反映情况的基础上尽可能精练，同时各指标都是可以计算的。

（4）全面性。即指标体系应全方位、多角度地反映企业面向网络营销的状况，既有反映企业自身面向网络营销活动发展历史的纵向指标，又有反映当前与同行业企业比较的横向指标。

四、实践步骤

评价是控制网络营销活动的基础。企业应把网络营销评价工作列入营销工作的战略层面上。企业网络营销的收入、利润和网站的访问量通常被认为是衡量网络营销工作业绩的主要标准。当然，除了收入、利润和网站的访问量以外，还有一些更适合用于衡量业绩的标准。不同网络营销企业对于不同指标的关注程度也是不一样的，或重视收入，或重视访问量。所以说，对于不同企业要给予不同的指标分析。

1. 衡量企业网络营销网站建设和产品品牌形象的指标

企业开办网站的目的在于宣传企业的发展情况，扩大企业的知名度，进行产品介绍，扩大招商影响范围，增加产品的销售。从营销的角度讲，网站不仅仅是一个企业的网上窗口，而且是一个重要的营销媒介。由于网络营销突破了传统商业中有限陈列空间的限制，使得消费者对商品的可选择性无限扩张。在面临多种选择的情况下，消费者的选择往往更集中于知名品牌。在网络经济时代创建知名度高的品牌是战胜竞争对手的有力武器。在网络环境下企业的竞争更加激烈，如果不是第一品牌，往往就意味着无法生存。所以，网络营销企业网站建设情况以及产品的品牌知名度成为评价网络营销的重要指标。可以通过下列指标来衡量：

（1）网站出现在媒介中的次数和频率。

（2）网站的口碑情况。

(3) 根据网站访问者的停留时间来测定网站的水平。停留时间是指访问者关注某一网站的持续时间。停留时间越长，网站对其影响越大，对企业越有利。

(4) 网站的注册用户数量。注册用户数量是指通过提供个人信息登录来获得网站提供的某种服务的用户数量，直接反映用户对网络营销企业网站的兴趣程度。

(5) 网站的访问量。访问量就是网站的访问者数量。它直接反映了网络营销企业网站在公众心目中的地位。它不见得马上会给公司带来明显的收益，但却是公司的客户基础，也是显示网站规模的重要指标。访问量可以用点击率来衡量。

(6) 企业的产品、服务等被大众接受的程度。衡量一个网站是否成功，所使用的评估标准之一就是要与网站建立之初所设定的目标相一致。

2. 衡量网络营销企业经营能力的指标

网络营销企业的经营能力是由管理者能力和经营实力水平两方面构成：

(1) 衡量管理者能力方面的指标。

①创新精神与能力。由于因特网世界是人造的虚拟世界，创新或者创意是因特网企业的生存前提，无论是雅虎的网络门户模式、亚马逊的网络超市模式，还是易趣和淘宝的网上拍卖模式，不断地创新思维是网络企业增长的原动力。

②管理理念水平。在这个时刻需要创意来提升企业价值的虚拟世界里，可以说思路决定出路。如果一家网络营销企业的管理层仍然用实体产品公司的思路来管理网络世界，必将遭遇虚拟世界的无情拒绝。所以说，管理层对于管理理念的更新和提升也对网络企业的发展起到关键的作用。

③实施战略规划的能力。即执行力情况是衡量管理团队能力的另一个重要指标。执行力包括了管理层对业界变化的预见能力、对战略进行调整的速度以及实施新战略的情况。其中，对于变化的预见能力很重要。因为这可以缩短调整和实施战略的时间。所以，强而有力的执行力要求管理层能够灵活应对现行的战略并做出改变。

(2) 衡量网络营销企业经营实力的指标。

①数据信息的利用能力。包括收集和处理消费者行为信息的能力以及不断开发网站功能的能力。具体包括：停留时间、日均访问量、消费者较为关注的网站内容等。

②客户服务质量。这是根据企业为其网上业务提供的支持服务的范围和质量来进行评价，关键是看能否为消费者提供个性化的服务；同样，从网络营销企业自身来说，开放的网络结构意味着向顾客提供自有品牌之外的其他多个品牌的多种产品，而开放的结构将有助于增加选择的多样性，增强顾客对网站的依赖度并增加停留时间；再者，顾客从网站订货至货物到达顾客手中所需要的时间长短，构成了服务质量的重要方面，也是衡量企业实力的重要指标。

③现有企业的规模、客户基础以及发展潜力。这是针对正在转型的电子商务企业而言的。企业的规模和客户基础是企业转型的重要资本和发展源泉，也是考察一家企业是否具备发展潜力的重要指标。

④网络营销企业盈利是否多元化。盈利来源的多元化指一个企业在其原有的网络业务之外增加收入来源的能力——扩大业务范围，尽量提供一站式服务的能力。提供一站式服务由产品线的宽度和深度决定。产品线的宽度强调的是不相关的产品种类的丰富程度，如

与日常生活这一主题有关的吃穿住行等产品类别的丰富性；而产品线深度强调的是互补产品种类的齐全程度，如与汽车消费有关的购买、维修、保险以及汽配等系列产品的齐全性。提供多样选择是网络经济的主要优点之一。现今社会，消费或者交易方式便利是吸引消费者、增加停留时间、扩大销售额的原因之一。网络营销企业通过提供一站式服务尽可能解决消费者消费过程中出现的所有要求，这将体现极大的便利，延长企业价值链条。

⑤先行优势。因率先进入市场而取得的优势。由于这种优势有利于企业吸引注意力、创建品牌或者提高盈利能力，对于产品区别不大的企业间的竞争尤其重要。不过这种优势的持续时间要根据具体情况来定。

3. 衡量网络营销企业经营效果的指标

衡量网络营销企业的经营效果，可以通过下列指标来确定：

(1) 确定保持顾客和重复购买顾客的数量。

这需要企业具备良好的客户关系管理水平。所谓客户关系管理（CRM），是一种商业策略，主要涉及目前的和潜在的用户对一个商业投资的需求、参与、理解和反应。

一个完整的客户关系管理解决方案包括：①获取精确的完整的客户数据；②整理并存储这些数据；③对数据进行分析；④将分析得到的结果分配给处理客户关系的工作人员，解决相关问题。客户关系管理追求的目标是提供良好的用户服务并且支持长期的、可获取利润的客户关系。

(2) 销售额是衡量网络营销企业经营情况的直接指标，它可以反映出网站经营的状况以及规模大小。

(3) 衡量各种情况的指标比率。

①客户转化率是指一定时期内，客户数与浏览数的比率；②长期客户率是指一定时期内长期客户数与客户总数的比率；③长期客户销售额比率是指一定时期内长期客户销售额与总销售额的比率。这些比率都是网站访问数量相互比较或者将其与销售额进行比较的结果，反映网站定位的准确度与网站对顾客的促销力度。

(4) 市场渗透水平。

市场渗透水平一般是用市场渗透率来反映，是一种以百分比的形式来表达的衡量标准。主要描述赢得了多少潜在的客户或者市场、进行了多少次交易。例如，如果想要扩大一间酒店的影响力，必定要知道通过网络营销争取到了多少客户。这个顾客数目不但包括了有酒店消费需求的顾客数，而且也包括那些表面看起来没有酒店消费需求的顾客数。

(5) 利润额，决定了一家网络营销企业的发展基础和发展潜力，是进行再发展的动力所在。

(6) 争取和维持用户成本的减少。

成本控制的观点在网络营销中也是适用的。在网络营销经营过程中，人们自然也会考虑争取一个客户的成本与该客户将要消费的金额之间的比例，也会调查维持一个客户以及把该新客户转化成老客户所花费的成本。便于将前后成本进行相关比较，发现问题找出原因。

4. 衡量网站技术水平的指标

网站的经营是要有相关技术作为支持的，网站的专业性与否将直接影响网络营销的最终效果，因此对网站进行专业性的评价是网络营销评价的重要内容之一。

（1）对网站考核的5个指标。

美国专业电子商务资讯网站（www.btobonline.com）根据网站建设情况在营销效果方面的体现，每年评估全美800个知名企业网站，评出各行业B2B企业在网站建设方面的佼佼者。评比总分是100分，对每个网站主要进行5个方面的考核。这5个指标是：

①网站信息质量的高低。其中包括：网站提供的信息质量和信息呈现方式，公司业务的介绍情况，是否有关于产品和服务的信息，是否有完整的企业联系方式的信息，是否有产品说明或评估工具等。

②网站导航的便利性。其中包括：网站的页面结构是否清晰并做到一目了然，网站是否有提供搜索引擎服务以及搜索引擎的效果，网站是否有针对顾客提问进行解答的部分等。

③网站设计美观性。网站设计的美观及愉悦程度，文本是否容易阅读，图片是否使用适当，是否采用了适当的音频与视频手段增强宣传效果。

④网站的营销功能。在线订购与支付是否方便，支付之后是否提供对于产品发货的时间以及去向信息，并向买家确定到货时间。

⑤网站的功能建设。网站是否建有社区或者论坛，是否有计算器或者其他可以增强用户体验的工具，访问者能否注册电子邮件通信，用户能否通过网站获得适时帮助，网站是否有通往相关信息的互补性资源的链接等。

（2）对网络营销人员工作绩效的评价。

除了上述基本的评价之外，还需要建立相应的评价标准，以作为评价网络营销人员工作绩效的参考指标。这些指标包括网站设计、网站推广、网站流量等方面。

①网站设计方面。网站外观是企业在网络世界的形象化身，是与消费者进行面对面交流的窗口，外观建设的重要程度不言而喻。企业在设计网络营销网站时，首先要满足网站本身对功能、风格和视觉设计等方面的特定要求，也就是所谓主体目标功能明确。因此应把网站设计的评估工作放在首位。在网站设计方面，除了要对网站的功能、整体设计风格、视觉效果进行评估，还要把网站主页的下载时间、有无无效链接、不同浏览器的兼容性、使用是否方便等作为评估的内容。在网站设计方面，有一些具体通用的指标，主要有：a. 在不同网速情形下，主页下载时间；b. 有无无效链接和拼写错误；c. 不同浏览器的适应性；d. 对搜索引擎的友好程度；e. 网络安全性。网上交易是一项信用交易，绝大多数涉及电子现金流，电子现金流的正常运转有赖于网络的高度安全性，从而避免不必要的信用问题和纠纷。

网络安全主要包括两方面，一是要保证自身营销网站不被恶意入侵，防止未经授权的访问以及病毒的传染，保证系统不被破坏，网站数据不被窃取，主要的防范手段是各种防火墙技术；二是要保证交易的安全，保证交易者的交易信息不被他人窃取，即便窃取了也无法破译，主要的防范手段是数字加密以及由认证中心提供数字认证。由第三方提供的数字认证是电子商务中保证支付安全的最为有效的措施。

关于上述这些指标的评价，除了网络营销企业自己进行测试外，还可以参照第三方提供的测试结果，如Netscape提供的网站自动测试报告。检测的综合结果分为四个等级：很好、好、一般、差。要根据评价结果具体分析原因。应该指出：第三方测试的指标体系也只是从某一角度出发，显然也存在问题，只能作为参考。

②网站推广方面。网站推广的深度和广度决定了网站在消费者中的知名度，直观的反映就是网站的访问量。网站推广评估可以有定量和定性评估的指标。这些指标主要有：

a. 使用搜索引擎的数量和排名。一般来说，登记的搜索引擎越多，对增加访问量越有效果。另外，网络营销企业在搜索引擎的排名也很重要，虽然在搜索引擎注册了，但如果网站排名在第三名之后，或者在几百名之后，同样起不到太大的作用。

b. 在其他网站链接的数量。在其他网站链接的数量越多，对搜索排名结果越有利，访问者通过相关链接情况可以直接进入企业的网站，这对增加网站的访问量是有非常大的帮助的，企业在这一过程中可以充分享受到搭“顺风车”的方便和优越。

c. 注册用户数量。注册用户数量是一个网站价值的重要体现，在一定程度上反映了网站的内容为用户所接受的程度，也代表着顾客对于网站提供的价值的认可程度。而且，注册用户数量也就是最稳定的顾客数量。

③网站流量方面。网站的流量表示一定时期内访问网站的网民数量。流量大说明企业在网站设计和网站推广两个方面的成功。这些指标主要有：

a. 访问者数量，即指在一定时期内访问网站的人数。

b. 网页总浏览数和平均浏览数。网页总浏览数：在一定时期内所有访问者浏览的页面总数量。如果一个访问者浏览同一网页 3 次，那么网页浏览数就计算为 3 个；平均浏览数：即在一定时间内平均每个浏览者浏览的网页数。

c. 用户在网站的停留总时间和平均停留时间。网站的停留总时间：在一定时期内所有访问者在网站停留的时间之和；平均停留时间：每位浏览者在网站上的停留时间。访问者停留时间的长短反映了网站内容对访问者的吸引力大小。

当然，上述指标体系还不完善，只是初步反映了网络营销运营的基本情况。如果各类指标与同类网站相比处于领先地位，足以说明该网络营销计划是富有成效的。通过这些统计信息，网络营销企业可以有针对性地开展促销活动。

五、理论知识点

网络营销评价是指借助一定的定量和定性的指标，对企业开展的网络营销活动的各个方面（包括网站访问量、个人信息政策、顾客服务和产品等）进行评价，以达到总结和改善网络营销活动，提高企业的网络营销水平的目的。网络营销活动的评估是为了评价所执行的网络营销计划和方案是否有效。当评价的结果未能达到预期目标时，就要调整网络营销计划和具体的方案，从而对网络营销活动进行适当控制。

由于网络运行有其独特的规律性，而网络营销所利用的媒介是网络空间，网络营销评价的工作系统同其他的工作系统相比就略有不同。那么，相比之下，网络营销评价对于网络营销企业及其网站的发展起着决定性的作用。

①通过对网络营销系统运行状况的评价，了解网络营销工作的效果，形成对系统的各个组成部分的良性刺激，带动系统正常持续发展；同样，该评价可以检查网络营销系统运行状况与设定目标之间的差异，并且随时进行纠正，以确保网络营销系统正常运转，使得

网络营销企业持续健康发展。

②通过宣传权威机构的评价，可以迅速扩大网络营销企业及其网站以及产品的品牌知名度，从而提升网络营销企业的价值，盈利更多。

③网络营销评价是网络营销管理的需要，是实施有效网络营销的关键环节之一，提高企业网络营销的水平。

子任务二　营销网站综合评价

一、引例

别克汽车网络营销

1. 别克汽车营销策略

(1) 尊重消费者。

生产符合不同社会层次的，满足不同功能需求的，符合不同群体消费者个性需求的汽车。别克家族中的荣御从庄重尊贵的外观到典雅豪华的内饰配备，从超强性能的动力到安如泰山的防护保障，无不独运匠心，贯穿着现代科技与人性化的设计理念，并注重舒适乘坐享受与激情驾驭感受，迎合中国政界商界杰出领导者追求胸怀博大、远见卓识、力量与智慧的气度及特质。而君威时代感的外形，人性化的精致内饰及豪华的高科技配置，充分体现了别克对成功领导人士的尊重；别克君威特有的 V6 强劲动力和宁静顺畅的驾乘感受满足了顾客对商务座驾的高度要求。GL8 公务舱打造外观、空间、配置、安全与动力的“全五星级”地位，满足政府机关和中高端集团企业用户追求形象和展示实力的需求，彰显其尊贵气质。另外凯越和 HRV 则比较符合普通白领或大学教师等收入较稳定的人群，两款车设计时尚动感，价格在 12 万元以下，也符合初期成功的年轻人的购买能力。

(2) 优质的购车服务。

别克不仅仅是普通的产品销售，还为消费者提供上牌帮助及贷款等一条龙服务，解决消费者上牌和贷款的困难，吸引了购买者。

优质的售后服务，体贴的维修过程，加上满意的跟踪服务给买车人以安全感。别克通过“守候至深夜的——星月服务”，树立“别克关怀”的品牌形象，让驾驶者开得安心。

(3) 广泛的社会活动。

关心时事，别克汽车助威航天、荣耀百年复旦、挑战高原、弘扬音乐文化——彰显品牌文化等。众多新闻媒体的报道，广泛的交际活动，提高了别克的品牌档次。别克充分利用媒体资源，多做免费广告，实现其营销目标。

为实现以上营销目标，BUICK 设计中文网页，以网络营销为主要平台，别克官方网站首页如图 11-2 所示。

图 11-2　别克官方网站首页

2. BUICK 汽车中文网页设计框架

（1）BUICK 简介；（2）BUICK 车型；（3）BUICK CARE；（4）BUICK 新闻；（5）SGM 站点链接；（6）BUICK 问卷调查。

3. 对网页各子菜单的内容（分析结论）

（1）BUICK 简介中包括 BUICK 精神、BUICK 历史、BUICK 在中国、BUICK 标志的变化 4 个子菜单。

BUICK 精神详细地介绍了 BUICK 锐意超越的精神符号广告的意义，使人联想到别克君威“心致行随，动静合一”的品质，别克凯越“全心全力，志在进取”的个性；诠释别克品牌“心静、思远，志在千里”的精神。在 BUICK 标志的变化这一栏中采用流动画面，欲使人随着岁月的变迁，一同陪伴别克汽车标志的更新而前进。

对 BUICK 车型的介绍，网站采用多角度图片与数字、文字相结合的方法对 ROYAUM 荣御、REGAL 君威、GL8 FIRSTLAND 公务舱、EXCELLE 凯越及 HRV 5 种别克的车型、品质特点、消费额等进行了介绍。

（2）BUICK CARE 中对别克汽车的购车流程、维修流程、星月服务、保养服务进行了详细的描述，使消费者了解别克的工作流程。星月服务“守候至深夜”欲树立“别克关怀”的品牌形象，并强调别克售后服务的专业性和主动性，提高消费者的购买欲及对别克的信心。

（3）BUICK 新闻追踪关于别克的各项市场营销、促销活动，对别克助威航天，别克荣耀百年复旦等活动进行详细报道，提高别克在群众心目中的档次。

通过SGM站的链接，有助于消费者登录其各个专题网站。

资料来源：http：//www.baidu.com/s？wd=BUICK.

案例思考：

别克为了达到营销目的，设计了相关的网页，并决定把网络营销作为实现上述营销目标的营销平台，并付诸实施。那广大消费者订购下单的过程是否方便、快速？商品信息的数量、质量及其相关性如何？可选择的产品价格相对于同类价格水平怎样？网站导航以及外观，网站下载的速度、版面和图片质量是否有错误链接？产品表现如何？处理顾客投诉的速度，解决问题的状况如何？BUICK是否达到了上述预期目标，如何来评价呢？即评价的方法和步骤是怎样的呢？

二、任务描述

目前因特网的形势是遍地开花，有新浪、搜狐、网易三大门户网站，有谷歌、百度搜索，还有阿里巴巴、慧聪等综合性B2B网站，以及大大小小、各行各业的行业网站，如中国化工网、中华机械网、中国食品网等。像大型的门户网站新浪、搜索网站百度，电子商务网站阿里巴巴等实力强，宣传力度大，受众面广，大部分上网的中国用户知道，或者正在使用它们。当然，还有许许多多行业网站，因为定位于某个行业，公司实力、知名度不如大型网站，但每个行业网站都有自己的特色，能够把内容做得更深、更细、更贴近本行业的用户才是这类网站的目的。面对众多的行业网站，以电子商务行业为例，在百度中搜索“商业网”，可以找到成千上万家商业类的行业网站，我们怎么知道哪个网站比较好呢？我们无法知道每个网站的真实访问量（page view）、注册会员的数量等资料，该如何去了解行业网站的情况呢？

【实训案例】

戴尔公司网络营销

戴尔计算机公司于1984年由企业家迈克尔·戴尔创立，除了门店直接式销售PC外，最主要的营销方式就是网络营销。迈克尔·戴尔理念非常简单：按照客户要求制造计算机，并向客户直接发货，使戴尔公司能够更有效和明确地了解客户需求，继而迅速地做出回应。戴尔公司设计、开发、生产、营销、维修和支持一系列从笔记本电脑到工作站的个人计算机。显然，每一个系统都是根据客户的个别要求量身定制的。

为了实现戴尔公司的经营理念，通过“直线订购模式”，与大型跨国企业、政府部门、教育机构、中小型企业以及个人消费者建立直接关系。为了更好地实现戴尔的营销模式和经营理念，戴尔公司在1994年推出了网站并在1996年加入了电子商务功能，推动商业向互联网方向发展，进一步推广其直线订购模式。戴尔官方直销网站首页如图 11-3 所示。

直线订购模式使戴尔公司从每天与众多客户的直接洽谈中，掌握了针对客户需要的第一手资料，提供最佳价值的技术方案，使戴尔公司能以更富竞争力的价格推出最新的相关技术产品，提供广泛的增值服务，包括安装支持和系统管理，并在技术转换方面为客户提供指导服务。通过 Dell Ware 项目，戴尔公司设计并定制产品以及服务、销售包括外围硬件和计算机软件等在内的广泛产品系列。

该网站销售额占公司总收益的 40%～50%。戴尔 Power Edge 服务器运作的网址包括 80 个国家的站点，目前每季度有超过 4000 万人浏览。客户可以评估多种配置，即时获取报价，得到技术支持，订购一个或多个系统。

戴尔公司作为一个国际性公司，为更好地满足不同的市场需求，在推行网上直销时专门针对不同区域市场推行特定的网上直销，有专门针对我国市场客户提供的直销服务，网站设计使用的是中文而且考虑了中国人的习惯，允许电话联系订货。戴尔公司改变了传统营销的手段和方式，而且在互联网上开展网络营销所具有的价格竞争优势。这些将推动网络营销开创一个划时代的革命性的营销新纪元。

这些重要的革命性的举措已经使戴尔公司成为全球领先的计算机系统直销商，跻身业内主要制造商之列。戴尔公司的收益达到 $ 270 亿，名列全球第二，是增长最快的计算机公司，全球有 35800 名雇员。在美国，戴尔公司是商业用户、政府部门、教育机构、个人消费者市场名列前茅的主要个人计算机供应商。

据戴尔内部消息，戴尔公司年营业额的 40%～50% 来源于戴尔公司的网站，为什么戴尔公司的网络营销如此成功呢？

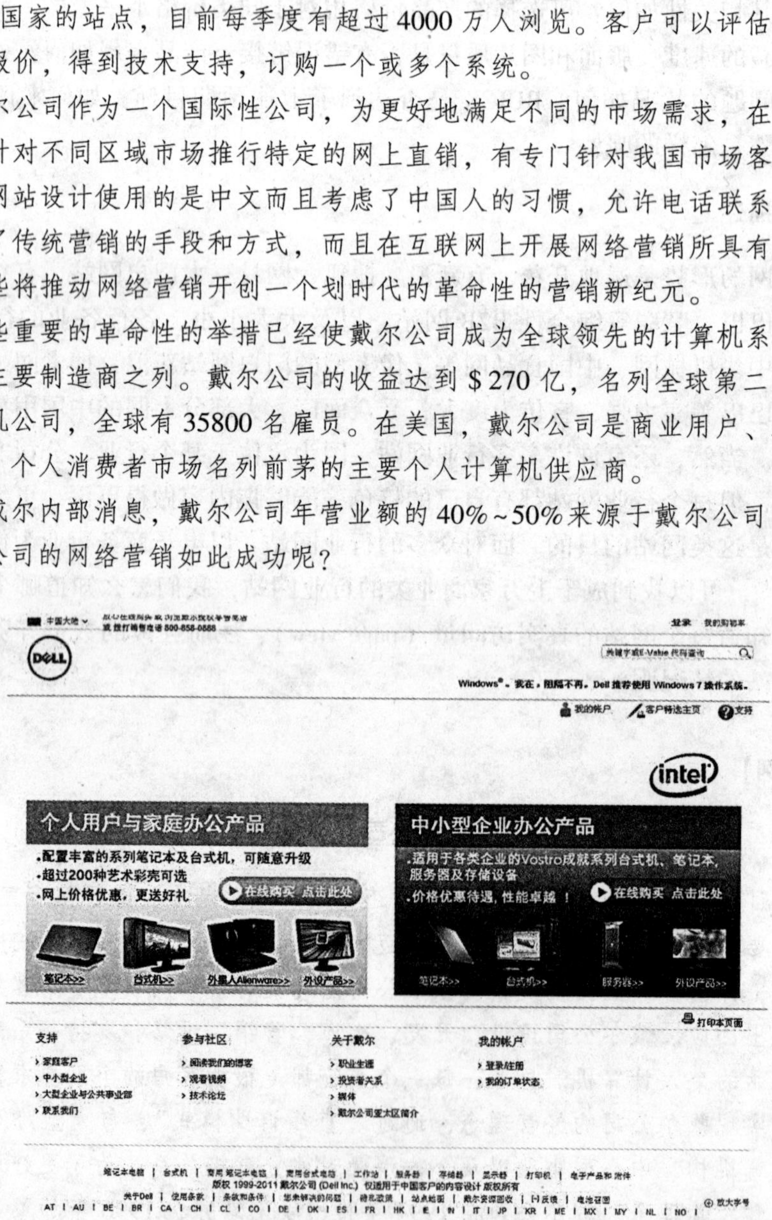

图 11-3　戴尔官方直销网站首页

三、任务要求

根据网站的定位和功能，使用相应的方法按照一定的步骤进行评估网站或网站营销活动是否达到预期要求：

（1）使用什么方法进行评价。

（2）按照什么步骤来进行评价。

四、实践步骤

1. 网络营销评价的步骤

（1）确定网络营销的总体目标和分阶段目标。

通过相关的调研，分析行业的特点和本企业的情况。制订适合本网络营销企业发展的营销计划书，为整个营销活动提供总体以及分阶段的目标，从而指导整个企业的发展。

（2）选择合适的评价方法。

对网络营销的评估通常采用对比的方法，其方法有二。一是横向对比，通过与具有相同商业模式的网络营销企业进行比较，来估计网络营销企业的相对价值；二是纵向对比，通过对比其他具有相同商业模式的网络营销企业在某一成长阶段的评价标准来对本网络营销企业进行评价估值。

（3）确定评价标准。

根据确定的网络营销计划书，在实际操作上确定具体的标准和工作范围，应该说，每一个关键点的标准都是可以确定的。我们在上一节已经专门介绍了一些标准。实际运作时，企业根据自身状况还会有更适合的标准，只要目的明确，寻找标准不是很困难的事情。

（4）网络营销效果与标准进行对比，检查计划目标实现情况。

根据目标和标准之间的对比，判断网络营销的实际效果，总结经验教训，补足差距，促进网络营销系统的正常运行。

（5）撰写评价报告。

评价报告应该包括：①评价目的，这是指导评价方向的依据，以及进行评价工作的出发点；②评价标准体系，这是实际评价工作过程中进行数据采集的方面；③运行实际效果数据以及数据分析，进行相关数据的采集、整理和分析工作；④综合评价，对数据分析的结果进行描述和说明；⑤存在问题与对策，找出数据所体现的自身优势与劣势，提出对策。

2. 评价网站的主要方法

（1）通过一些网站工具来评价网站。

①Alexa 排名，可以通过这个网站来了解某网站当前在全球的访问排名，一个行业网站，如果能够排在 15000 位以内，已经是挺不错的了。

②Google PR 值，这是个很有创意的网络工具，Google 判断你的页面的重要度，PR 值范围为 0~10。对于国内行业网站，能达到 3~4 就已经算不错了。

③搜索引擎收录，也可以通过各大搜索引擎收录某网站多少信息量来做个判断。

（2）查看行业网站的数据量。

一个网站的数据量丰富，从侧面证明这个网站的访问量肯定不错，但需要注意的是，现在很多网站通过抓取的方式从别的网站采摘信息，所以该指标只能起到一种参考性的作用。

3. 网络营销评价途径

网络营销企业在不同时期对网络营销系统的评价目的是不同的，有时是要提升系统水平，有时是要通过评价提升网络营销系统的知名度，有时是要针对经营方面的某一问题进行研讨，所以，针对网络营销企业不同的功能需要，网络营销评价的途径也各不相同：

（1）网络营销企业通过自己的网站。运用一定的调研方法，进行数据收集与评价。对于大多数网站来说，可以运用统计工具、程序包等来取得和分析相关数据，目前相关的程序比较多。要注意分析和研究来自下列资源的信息：①服务器、网络以及操作系统的日志文件；②用户注册数据库；③交易系统数据库；④第三方服务机构提供的数据报表。

（2）由第三方服务机构进行评价。在网络营销评价领域中，第三方评价是比较有影响力的。由于第三方评价服务机构是专业网络营销评价组织，它的专业性更强、评价参考的标准更丰富、评价内容也比较广泛，其评价结果的社会认可度也比较高。当然，选择第三方评价服务机构进行评价的原因是其专业性和权威性。第三方评价服务机构的服务机制也有差异。有的采用会员制，有的采用企业申请，由行业权威机构受理的形式，也有的专门为特定的公司进行网络营销系统评价服务，如以下几种机构。

①中国互联网络信息中心（CNNIC），中国互联网络信息中心是中国权威的网络评估机构，它提供网站的第三方流量认证与其他方面的网络评价工作。1998 年 8 月，中国互联网络信息中心接受搜狐公司的委托，采用 Webtrends 公司的 LogAnalyzer 软件，对访问者流量进行认证，并推行了访问者流量新标准。此后，中国互联网络信息中心又分别对广州视窗、上海热线、中国证券报等多家网站进行访问者流量的认证。

②Consumer Reports Online，由消费者联盟（CU）发布管理，消费者联盟是一个独立的、非营利性测试和信息组织。自从 1936 年起，消费者联盟的使命一直是检验产品，向公众发布检测报告，保护消费者权益。消费者联盟的非营利性质有助于其在公众心目中的公正形象，主要刊物《消费者报告》有 460 万用户，还有数百万消费者通过消费者报告在线网站了解相关信息，在线付费用户数量达到 37 万人。

③Forrester Power Ranking，是一个独立的研究咨询公司，Forrester 强力评价是在线用户调查与专家公正分析的结果，这种独特的组合为电子商务网站提供了一个全面的评价。Power Ranking 为消费者提供客观研究调查以帮助他们为选择领先的网站提供较好的决策，对于电子商务网站来说，得到了在市场地位的公正评价。

评价方法：Forrester Power Ranking 采取专家实际购物测试与消费者调查资料相结合的方式，两类数据结果将赋予权重，消费者资料为 2/3，而专家购物资料为 1/3，最后得分以百分制表示。

④Open Rating，特色在于为网站的买卖双方提供服务，让双方以销售的观点互相比较，主要是针对 B2B 和拍卖市场，Open Rating 的评价同时也面向各种形式和规模的消费品零售商，比其他评价网站覆盖更多的公司，得到更多的详细反馈的信息。

参考文献

[1] 德峰，王世胜. 网络营销. 北京：中国人民大学出版社，2015.
[2] 刘春青，梁海波. 网络营销 . 北京：清华大学出版社，2014.
[3] 赵光辉，荀关玉，刘绍吉. 网络营销原理与实务. 北京：北京交通大学出版社，2015.
[4] 郑聪玲，徐盈群. 市场调查与分析实训. 大连：东北财经大学出版社，2008.
[5] 汪豪. 笔尖创意文案 42 式. 北京：企业管理出版社，2015.
[6] [美] 沃德 · 汉森. 网络营销原理（第 1 版）. 成湘州，译. 北京：华夏出版社，2001.
[7] 曹明元. 电子商务网站推广与营销. 北京：清华大学出版社，2015.
[8] 胡升腾. 网上商店建设教程（第 1 版）. 北京：北京科海集团，2001.
[9] 滕芫. 电子商务与网络营销（第 2 版）. 北京：中国财政经济出版社，2013.
[10] 成荣芬，汪焰. 网络营销策划实务. 北京：中国人民大学出版社，2013.
[11] 惠亚爱，乔晓娟. 网络营销：推广与策划. 北京：人民邮电出版社，2016.
[12] 刘向晖. 网络营销导论. 北京：清华大学出版社，2014.